**New Wun Ching Developmental Publishing Co., Ltd.**
New Age · New Choice · The Best Selected Educational Publications — NEW WCDP

導覽
解說

第二版

實務與理論

吳偉德 著

The Practice and Theory of Interpretation and Guide Tour

SECOND EDITION

Northern Lights

吳 偉德

學歷／銘傳大學　觀光研究所

經歷／行家綜合旅行社業務部副總經理、洋洋綜合旅行社海外部經理、東晟旅行社專業領隊、上順旅行社專業領隊、格蘭國際旅行社專業領隊、麥斯特國際旅行社專業領隊、翔富旅行社業務、太古行旅行社外務、福華飯店中西餐服務員、弟第斯DDS 法式餐廳高級專員及調酒師、國家考試命題委員、交通部觀光局旅行業經理人訓練班講師、解說世界七大洲五大洋，導覽百國千城

證照／華語導遊證照、華語領隊證照、英語導遊證照、英語領隊證照、旅行社專業經理人證照採購專業人員證照等，相關觀光休閒餐旅證照數 10 張

專長／ 32 年旅行業管理實務，28 年領隊兼導遊資歷、導覽解說人員訓練、領隊導遊人員訓練、國際領隊導遊、旅遊行銷管理、旅遊資源開發與規劃、旅遊業人力資源、旅遊業策略管理、觀光旅遊管理、觀光心理學、旅遊行程設計與管理、輔導旅遊相關考照、知識管理、國際會議展覽、獎勵旅遊

現任／中華國際觀光休閒商業協會理事長、中華民國經理人協會理事、勞動局產業人才投資講師、觀光旅遊相關考試證照命題委員、領隊導遊人員證照輔導講師、各大旅行社訓練講師、各大企業機關訓練講師、各大專院校競賽評審委員

現職／大學觀光系　助理教授

著作／領隊導遊實務與理論、觀光學實務與理論、觀光資源實務與理論、旅行業經營管理實務與理論、旅運管理實務與理論、觀光行政法規實務與理論、生態旅遊實務與理論、觀光領隊及導遊人員考試考前總複習精要題庫、領隊與導遊實務操作，A 旅行社專業訓練計畫技術報告及相關論文期刊 10 多篇

　　導覽解說之功用於觀光旅遊產業而言，是絕對不可或缺的工具，俾使旅客瞭解與體驗旅遊求知慾之催化劑，也可說是一帖藥之藥引，其功能等於廚師烹飪一道美味料理，若少了鹽糖等調味料，那可就沒滋沒味了；其實簡單而言，導覽解說即將說話技巧，進而蛻變成向眾人演說的一種演講技巧；1940年代德國元首暨總理阿道夫‧希特勒，利用煽動的演講技巧內容，鏗鏘有力的論點，成功的說服德國軍民發動第二次世界大戰；美國第44任總統巴拉克‧歐巴馬，以精湛的演講技巧、精準發音與細膩用詞的表達，聽其演講如沐浴於春風中，雲遊於九霄之外，俾成為美國史上第一位非裔美國總統。

　　而今，舉凡國內外政府相關單位，於各處所積極培育導覽解說志工人員，每一年都有一連串的導覽解說志工培訓計畫，但無論是說話技巧或演講技巧，還是導覽解說，這都是實務中的實務。一步一腳印，英文"Practice"一字，動詞翻譯為「練習」，名詞翻譯為「實務」，由此引申，透過不斷的練習重複做，熟能生巧，與人接觸而有了實務經歷，進而達到滾瓜爛熟之程度；然而重複重複再重複，這就是導覽解說技巧的真諦嗎？本書經過3年的思考鋪陳，下筆撰寫過程中一度認為，不就是一本導覽解說的書，將30年來在業界的實務歷練，帶團當中源源不斷的解說過程，百國千城的導覽經歷付諸於文字而已，但非也！非也！之後經過請教多位導覽解說方面專長前輩，閒餘時走訪觀光旅遊場域博物館與廟宇間，聆聽其導覽解說，並在自己導覽解說的過程中，反覆思考，終於有了定調，而逐步完成這本著作，不知不覺時間又過了2年。

　　書中啟示，論述導覽與解說之差異性，並分類為文化與自然導覽解說方式，在第3章中表露了導覽解說技巧與導覽解說心理技巧，導覽解說雖無法有一定標準程序但絕對有其技巧性可言，是身為一個導覽解說人員必須具備的能力；在資訊科技進步下，除了人員導覽解說外，還可利用科技媒體及解說器達到非人員的解說形式介紹，再者遊客的滿意度必將成為再遊意願的指標，此書也摘入在內。第5章導覽解說資料蒐集與重整，可說是此書之精華，身為一個稱職的導覽與解說人員，若不能將田野資料咀嚼消化後重整，那可就無法進步了，資料蒐集後在重整過程中，如能加入自己觀察後提出論點，是創新的能力，若

又能將其改編或創作成故事來呈現給聽眾，就更大大的加分。

坊間導覽解說之書籍著重在環境教育理論的部分，僅就人員導覽解說著墨，幾位學者提出之論點相當豐富；相對的，本書別於一般相關之書籍，除了理論外，強調導覽解說實務之應用與產業需求之專才加以陳述；自 2004 年領隊與導遊人員改制成「專門職業及技術人員考試」是專技人員高普初考，列為一年舉辦一次的國家考試，真正的定位了領隊與導遊人員的資格。相關人員就導覽解說工作，或許只有 2 小時時間，但若是成為領隊或導遊人員，動輒 5 小時以上的解說，如何讓話題源源不絕，而又不陳腔濫調，這「梗」就特別重要了。在此列舉旅行業領隊人員類別、領隊工作流程與內容、領隊解說資訊規範等。第 7 章導遊人員規範與導覽解說，將導遊工作流程與內容、導遊人員導覽解說等，詳細鋪陳。接著在博物館導覽解說部分著墨，並敘述博物館導覽志工規範，當然少不了環境教育與生態導覽解說，包含環境教育理念與環境破壞問題。最後，在最重要的資源中，國家公園與國家風景區導覽解說亦有整理與規範，文末就導覽解說單位與訓練概述，使讀者能夠真實的得到完整的教育與訓練。

本書全彩出版，輔以跨頁與整頁圖說，務使讀者能理解導覽解說之真諦，其不僅是觀光旅遊的專利，更是人生階段晉升的一大利器，綜觀觀光旅遊領隊、導遊與導覽解說人員演說時，充滿魅力的風度，超強時空背景的記憶、抑揚頓挫的語調、使人愉快的幽默、迎合旅客的心意、掌握旅客的情緒等，希望能藉由此書的閱讀，使讀者盡快達到此目標。古云道：「讀萬卷書者，還需行萬里路」，若已讀萬卷書，卻未行萬里路，可能成為書呆子；但已行萬里路，卻未讀萬卷書，充其量可能是個流浪漢，這其中的原委，萬卷書者無實際經歷體驗，行萬里路者缺少了導覽解說內容之薰陶，是故兩者缺一不可，同樣的閱讀，卻是不一樣的結果，選用本書，絕對是你的最佳選擇。

編著者

吳偉德 敬致

2019 年

目 錄
CONTENTS

導覽與解說概述

The Practice and Theory of
Interpretation and GUIDE TOUR

綜觀全球各世界國家地區已積極將無煙囪之「觀光產業」，共同視為 21 世紀的明星產業，在創造就業機會及獲取外匯的功能上兼具明顯效益；臺灣的地理位置優越，環境特殊，又有豐富多樣的人種文化與人情味，其擁有的自然資源及人文視野，加上人民熱情友善，社會治安良好等條件，造就了發展觀光事業的雄厚潛力，稱為「臺灣軟實力」。

觀光產業也是國家制定發展長遠目標的重點投資計畫之一。舉凡世界擁有五大文明古蹟之地區，如中國大陸、埃及古物、印度文化、中南美洲、小亞細亞（土耳其、希臘、美索不達米雅等區域）等。先人遺留下來的文化古蹟，如義大利、法國、西班牙與英國等，擁有自然景觀的國家瑞士、奧地利、加拿大、美國與紐西蘭等。生態旅遊四大區域，如南美洲巴西亞馬遜雨林、非洲剛果、非洲坦尚尼亞肯亞之動物大遷徙、馬來西亞沙巴中國寡婦山等。

英國莎士比亞故鄉史特拉福
Stratford-Upon-Avon

英國大文豪家威廉莎士比亞 (William Shakespeare) 之故鄉，唯美的城市 Stratford-Upon-Avon 雅芳河上的史特拉福，1564 年誕生於此，享年 52 歲。此城因莎翁而貴，城民因此城而富，這就是觀光的魅力，只要來到英國大家一定都想來此處沾染文學與藝術之氣息，此處不過離倫敦 160 公里，搭火車 2.5 小時即可到達。

遊客來朝聖莎士比亞故居，探訪雅芳河畔的人文藝術氣息，為觀光之重鎮，此城下車後印入眼簾的是一座發人省思之小丑雕像，正面的底下寫著：「O Noble Fool! A Worthy Fool 高尚的傻瓜，一個可尊敬的傻瓜」《皆大歡喜》(As you like it)，莎士比亞在很多作品中都有丑角的角色，所以丑角在莎翁的戲劇中占有很重要的角色，是導覽解說非常好的題材，這雕像四個面都刻有一句經典名句，而發人深省。華僑尊稱莎翁是全世界暨英國文學史上最傑出的戲劇家，戲劇有各種語

一座發人省思之小丑雕像

言之譯本及改編電影不可計數，其創作時期英國文藝復興時期，早期劇本主要是喜劇和歷史劇，晚期主要創作悲劇，影響後世無數作家。

　　雅芳河畔之紀念碑 (The Gower Memorial) 紀念莎士比亞，有四座象徵四部經典作品為：「象徵哲學的憂鬱王子雙眉緊鎖沉思的哈姆雷特 Hamlet」 "To be, or not to be" 為其經典名言；「象徵悲劇的馬克白夫人 (Lady Macbeth) 悲劇緊扭雙臂」；「象徵喜劇的法斯塔夫喜劇開懷大笑的法斯塔夫 (Falstaff)」；「為歷史高舉王冠的哈爾王子 (Prince Hal)」，整座城圍繞著威廉莎士比亞的故事及創作，莎士比亞大道上為莎翁出生地就在這邊，這條街上充滿了販賣莎翁的周邊商品。莎士比亞之墓在雅芳河畔史特拉福的聖特里尼蒂「三一教堂」的高壇處，用一塊石板覆蓋在他的基碑上，傳說與移動他的屍骨而帶來的詛咒相關，充滿了張力。皇家莎士比亞劇場每天上映莎士比亞的著名歌劇與舞台劇，吸引大量遊客前來朝聖。

莎士比亞故居吸引大批遊客前來參觀

牛羚渡過馬拉河至對岸覓食鮮草，也是最驚心動魄的一刻

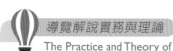

非洲動物大遷徙 Animal Migration

　　東非坦尚尼亞的賽倫蓋提國家公園和肯亞的馬賽馬拉保護區，每年 7 月都會上演一齣生命寫實片，那超過 100 萬頭黑尾牛羚（wildebeest，俗稱角馬）、25 萬頭斑馬和 42 萬頭瞪羚 (gazelle)，從原本南部賽倫蓋提國家公園，往北遷移到肯亞的馬賽馬拉保護區，在那裡度過豐草期，2~3 個月後，又返回原居，年復一年生生息息，動物在一年中會走共 4,000 公里的路，途中危機四伏，歷盡生老病死，有多達一半的牛羚、斑馬、瞪羚在途中被獵食或體力不支而死。但同時間亦有約 40 萬頭牛羚在長雨季來臨前出生。這樣的動物大遷徙每年會發生，每年遷徙的時間及路線都會有些偏差，原因是季節與雨量的變化無常。大遷徙模式，是雨水充沛時，正常約在 12 月至隔年 5 月，動物會散布在從賽倫蓋提國家公園東南面一直延伸入阿龍加羅 (Ngorongoro) 保護區的無邊草原上，位於賽倫蓋提與馬賽馬拉之間。雨季後那裡是占地數百平方公里的青青綠草，草食性動物可在那裡享受綠綠青草，但肉食性動物則在一旁虎視眈眈，等落單的個體進行獵食。約 6~7 月間，隨著旱季來臨和糧草被吃得差不多，動物便走往仍可找到青草和有一些固定水源的馬賽馬拉；持續的乾旱令動物在 8~9 月間繼續停留在此，在馬賽馬拉保護區有一條河直接將馬賽馬拉一分為二，當從東面印度洋的季候風和暴雨所帶來的充足水源和食物，草食性動物就必須越過那條險惡的馬拉河 (Mara River)，河中盡是飢腸轆轆體長可達 3.5 公尺的尼羅河鱷魚 (Nile crocodile)，等待著大餐上門，即將過河前可見斑馬與牛羚領導先鋒一聲令下前進，無怨無悔，哪怕水深滅頂、河中有天敵，都必須達成過河使命，這一波波的撼動，激勵人心，我們稱為「生命之渡」。每年數十萬來自世界各國到達這一片全世界最大的生態保護區的旅客，無不讚嘆大自然生生不息的生物鏈，帶給肯亞無限之觀光效益，也是生態導覽解說最好註解，期許您一生中一定要來一次。

臺灣的專業導覽和解說服務近年來在政府的政策下,在軟硬體建設與設施的各方面蓬勃發展。硬體建設,如博物館、展示陳列館、國家公園、訪問者服務中心、森林遊憩區與步道等。軟體設施,如廣告媒體、行銷全球、導覽解說、實物標本、解說牌、印書出版品、多媒體、模型圖版與 DIY 等體驗。

導覽解說人員需要專業訓練,使其達成教育遊客與傳承文化歷史重要的工作

任務,與各事業目的主管機關設置之專業導覽人員相較下,導遊領隊人員需要更多的歷練與方式,綜觀一般的導覽解說技巧與知識都是必備的專業技能技術。導覽與解說之意義不完全相同,但卻有其相關聯的地方,具有一些相同的特性,如溝通傳達、服務群眾、教育體驗、豐富人生與拓展視野等。

展覽解說

每年國立臺灣博物館有特展,其中展出「樸埔風情－躍動的先民身影」特展及 17 公尺「康熙臺灣輿圖」全幅動畫展示,重現臺灣早期平埔先民的生活樣貌,此展以臺博館鎮館之寶「康熙臺灣輿圖」為主體,結合番社采風圖和文獻史料的紀錄,運用數位科技以全幅動畫展示及描述平埔族群生活風俗的動畫故事,透過跨越時空的文物、圖像及數位多媒體展示,重現臺灣早期平埔先民的生活樣貌,讓民眾認識及瞭解平埔族群的文化內涵。此展以鎮館之寶「康熙臺灣輿圖」為目前所知最早的單幅彩繪卷軸臺灣全島地圖,被喻為臺灣古地圖之最,圖中描繪了清初臺灣西部由南至北的地理與人文景觀,記

樸埔風情特展

載了近 120 個平埔原住民聚落,可說是當時臺灣社會文化生活的縮影,除了社名及地理分布外,屋舍型態、經濟活動、交通方式及當時的自然環境都有細緻的紀錄。主體巨幅牆面的廣告,也是解說最好之題材,引導旅客一窺「康熙臺灣輿圖」之真面目。

 機場導覽服務

服務人員有英語、日語及韓語等3種語言服務，設備有（Automated External Defibrillator 自動體外心臟電擊去顫器）、中英文臺北市地圖、臺北捷運路網圖捷運地圖與導覽手冊等資料，符合觀光客之需求一應俱全。

松山機場第一航廈出境大廳
交通部觀光局旅遊服務中心

 黑貓宅急便，商品服務介紹

出國差旅真輕鬆，無論是返鄉、出差或旅遊，便利的機場宅急便服務，讓出境或入境臺灣的旅客不用再攜帶笨重的行李出門，可以盡情享受輕鬆無負擔的旅程，有宅配服務、打包服務、包裝資材與行李寄存服務等營業項目。

松山機場第一航廈出境大廳　黑貓宅急便

1. 出境旅客：請在出境日兩天前先用機場宅急便服務交寄行李至黑貓宅急便在機場設置的服務臺代收保管（註：目前僅適用「松山機場」），待出國日即可輕鬆前往機場，並在該處領取行李後再行劃位登機。

2. 入境旅客：請在黑貓宅急便服務臺將行李寄回家或寄至飯店、高爾夫球場或其他指定地點。

3. 僅適用於「臺灣本島各縣市」往、返「松山機場」。（松山機場入境旅客如有離島寄送需求，相關運費與規定請洽詢松山機場黑貓宅急便櫃檯，不適用出境旅客）

喔熊組長 (OH BEAR)

　　源於 2013 年觀光局超級任務喔熊組長 (OH BEAR)，構思來源為臺灣黑熊（學名：Ursus thibetanus formosanus），是臺灣特有的亞洲黑熊亞種，胸前的 V 字型斑紋是亞洲黑熊共有的特徵。臺灣黑熊現存族群數量不多，出沒於中央山脈海拔 1,000~3,500 公尺的山區，由於近幾十年大量的土地開發，導致棲息地喪失，臺灣黑熊的數量正在下降中。

　　交通部觀光局 2014 年舉行臺灣喔熊就任「超級任務組」組長宣誓布達典禮，正式從網路虛擬世界走進真實的社會環境，6 個月試用期滿，成績合格，授予 11 職等組長榮銜，有專屬的辦公室和小官章，從此帶領「超級任務組」為臺灣的風景、美食、節慶、活動宣傳，並出訪美、日、韓等國，爭取更多的觀光客來臺灣體驗。

　　觀光局選擇臺灣黑熊為吉祥物，創作出超可愛的卡通明星，兩腮有胭脂紅，胸前則有 V 型特殊標誌，還加了代表臺灣的「T」字母，背披橘色斗篷，還加了「Taiwan」字樣；尾部還有個粉紅色花心，取名「臺灣喔熊」，英文為「Oh Bear」，這是看圖說故事解說臺灣特有動物最好之題材，其基本資料如下。

喔熊組長個人資料		
I	生日	2013 年 12 月 3 日
2	星座	射手座
3	身高	170 公分
4	體重	目測 210 公斤以上
5	最喜歡的顏色	橘色
6	最喜歡的飲料	珍珠奶茶
7	最喜歡的食物	滷肉飯（最好加滷蛋）

1-1　導覽概述

一、導覽的定義

「人」的導覽，其帶領者稱為：「導覽員」或「解說員」(Docent, Interpreter, Guide)。

導覽的英文 Docent 一詞，則係出自拉丁文 docere，為「教授」(to teach) 之意。而 Interpretation（解說）源自拉丁文 Interpretatio，為仲介、解釋之意。

導覽之定義：「導覽最早用在國家公園，而且是所有解說技術最古老的一種 (Ambrose & Crispin, 1993)。」1987 年藍燈書屋出版的英文辭典中，將「導覽員」定義為：「一個知識豐富的引導者，是引導觀眾如何參觀博物館，並針對展覽提出解說論述之人」（劉婉珍，1992；余慧玉，1999）。而波士頓美術館的祕書－吉爾門 (Gilman)，早在 1951 年美國博物館協會的年會上，首度引用了「Docent」一詞，稱呼負責博物館教育之義務工作人員。

解說志工

臺灣地區的國家公園是依據國家公園法第 1 條、第 6 條規定所設立，特別是第 1 條中明定「為保護國家特有之自然風景、野生物及史蹟，並供國民之育樂及研究」，因此國家公園的 3 大主要目標－保育、育樂、研究，意義分別是：

台江國家公園解說志工

1. 保育：永續保存園區內之自然生態系、野生物種、自然景觀、地形地質、人文史蹟，以供國民及後世子孫所共享，並增進國土保安與水土涵養，確保生活環境品質。

2. 育樂：在不違反保育目標下，選擇園區內景觀優美、足以啟發智識及陶冶國民性情之地區，提供自然教育及觀景遊憩活動，以培養國民欣賞自然、愛護自然之情操，進而建立環境倫理。

3. 研究：國家公園具有最豐富之生態資源，宛如戶外自然博物館，可提供自然科學研究及環境教育，以增進國民對自然及人文資產之瞭解。

因此，深究其資源特色與管理方式，國家公園則是具備 4 項功能：

(1) 提供保護性的自然環境。

(2) 保存物種及遺傳基因。

(3) 提供國民遊憩及繁榮地方經濟。

(4) 促進學術研究及環境教育。

臺灣幅員雖小卻富含多樣性，國土之美，盡在國家公園。從墾丁的熱帶海洋，到玉山的高山生態、陽明山的火山活動、太魯閣的峽谷景觀、雪霸的崇山峻嶺、金門的戰役史蹟、東沙環礁的珍稀地景、澎湖的珊瑚礁生態，以及台江的歷史風華與生態環境，還有壽山國家自然公園，每個區域都代表著這塊土地的印記，具現各自的生物多樣性，也孕育出繽紛的生命現象。

黑面琵鷺保護區數量統計告示

行政院農業委員會林務局，2018 黑面琵鷺全球普查結果出爐，全臺各地 51 個樣區與全球同步進行調查，總共紀錄到 2,195 隻黑面琵鷺，全球普查總數則與去 (2017) 年同為 3,941 隻。臺灣黑面琵鷺約占全球族群 56%，是全球黑面琵鷺度冬族群最多的地區。導覽解說人肩負著教育與傳承之重責大任。

資料來源：https://conservation.forest.gov.tw/latest/0062156

國立傳統藝術中心及志工要點

一、國立傳統藝術中心

國立傳統藝術導覽人員

2002 年成立，主要職掌統籌規劃全國傳統藝術之維護、調查、研究、保存、傳承與發展等業務，以拓展傳統藝能的影響層面，因此傳藝中心之組織定位係以「政府機構」為主，園區部分設施及推廣業務「委託民營」為輔，雙軌並行。後因文化資產保存法修正案公布，傳藝中心依法為「傳統藝術」、「民俗及有關文物」之主管機關。2007 年為傳統藝術之典藏、保存、展演、教育、推廣，並作為無形文化資產政策實踐與展示場域。2008 年，傳藝中心（含民族音樂研究所）、教育部所屬國立國光劇團（含豫劇隊）及實驗國樂團等機構進行整併，成立「國立臺灣傳統藝術總處籌備處」，下設傳統藝術中心、國光劇團、臺灣豫劇團、臺灣國樂團及臺灣音樂中心等 5 個派出單位，期使傳統藝術之扎根與推廣能發揮更大的功能。

二、志願服務工作人員及導覽人員要點

國立傳統藝術中心志願服務工作人員及導覽人員要點（簡述），其宗旨為提供雅好傳統藝術並具服務熱忱者相關志願服務之機會，擴大各項傳統藝術活動實施、推廣人力及效益，特訂定本中心志願服務工作人員，工作內容為遊客及民眾一般諮詢、服務事項、一般導覽解說、展演專業導覽解說、教育推廣、傳習活動業務支援服務、各項諮詢服務等。

志工參加資格，凡儀容端莊、口齒清晰及具服務熱忱者，具有語言專長（精通本國各地方言、外國語言）者得優先錄取為傳藝預備志工資格。在志工之研習實習與授證，預備志工應參加本中心志工基礎組訓課程。凡通過研習組訓課程、測驗，且達成服務實習規定時數者，授證為傳藝志工。志工基本考核，服勤採預先排班制，服勤時間每月不得少於 8 小時或 1 年不得少於 96 小時。服勤記錄採簽到與簽退方式。

收涎抓周生命禮俗

　　人的一生歷經出生、嬰幼兒期、青少年期、成年期、老年期以至終老，每一階段的轉換，都是生命中的關鍵期，也就是一個關口。當人們面對關口時，需要年長者或親友的指導與協助度過關口，這些做法在社會中會形成較固定的模式，也就是「生命禮俗」。在以往醫藥較不發達的年代，父母更是擔憂小嬰兒是否能順利健康地長大，於是傳統社會藉由許多禮俗來為小寶寶祈求平安。

　　當小嬰兒滿四個月時，會為其進行「收涎」儀式，由親朋好友剝收涎餅，一邊收涎一邊說祝福的吉祥話，祝福小寶寶健康成長。到出生滿一年，代表邁向一個新的成長歷程，家長會為小寶寶「做週歲」，其中最重要的禮儀就是「抓周」，以此預卜小孩的將來，期望未來能有傑出的發展和成就，會在桌上擺各式工具，如書本、算盤或刀劍等各個代表未來不同行業之方向，讓小孩去抓取作為參考值。目前國立傳統藝術中心「平安收涎抓福氣」活動辦法，不限定年齡，都可提前預約報名，活動日期 1 月 1 日至 8 月 31 日，每週四公休。

米蘭展覽

米蘭三年展中心 (Triennale di Milano)，創立於 1923 年在米蘭是世界最重要的當代設計及藝術博物館之一，獨有義大利式的設計與創新思維，設計展覽品深入人們的一般日常生活中，常也因展示品無顯著的解釋內容讓參觀者一頭霧水需自我領悟，這也是有趣之處，導覽人員也僅能用所學及經驗值來解釋作品展出者之意境，參觀者必須從自己的角度詮釋展出作品。

導覽人員講解展出作品

米蘭三年展中心外觀

最後的晚餐

達文西《最後的晚餐》永遠是藝術創作者能自我發揮的作品之一，5 幅畫如果加以再次排列組合或獨立展示，會有所不同意境，那您看到了什麼？

創新藝術 1

一位女子裸露半身，此作品是否與美國作家丹‧布朗先生的暢銷書《達文西密碼》有所關聯呢？因為書中曾經預測著 12 位門徒中有一位是女子，已經和耶穌完婚而且有了後代，故事得以顛覆傳統的劇情發展，使此書成為全世界暢銷之書籍，2003 年由蘭登書屋出版，以 760 萬本的銷售成績打破美國小說銷售紀錄，全球累積量已突破 8,500 萬冊，也因此改編成電影上映。此需要導覽人員依經驗值及研究作品之能力來作註解，沒有正確答案，但也不能荒腔走板，需要厚實之能力專業度。光是故事的張力與解說，達到不可思議的效果。

創新藝術 2

吳偉德指出：「導覽人員對於來訪者的服務工作，主要目的是迅速使來訪者與目標物拉近距離，使其有通俗的認識與深刻的體驗，除了達到教育與學習的目的，還需有些娛樂的效果，這是一種經驗累積的能力，而轉化昇華為一種藝術的表現」，再進一步的提出：「導覽與解說最大的不同是導覽有明顯目標物或標地物，可以清楚目視；解說則不然，或許可以用模型、圖片或書本作為參考物，大部分需要運用想像力來意會，解說難度較高。」

吉貝石滬文化館

石滬漁業乃是一種人與大海相互依存的捕魚方式，也是人熟悉大海潮汐現象與天爭命之生存之道，亦是傳統珊瑚礁棚的一種捕魚事業，全世界石滬約為 700 口，全澎湖總共有將近 600 多口，其中吉貝就超過 100 口石滬，是臺灣地方區域上一種觀光與文化資產。

吉貝石滬文化館成立於 2004 年，交通部觀光局澎湖國家風景觀管理處的吉貝遊客中心所附設的會議室做為室內展場，來展示和石滬漁業相關的圖片、文獻、小型的漁具和模型，也定時播放石滬影片，以供參觀者初步的認識吉貝的石滬漁業。此外，每年都會以「雇工顧料」的方式，動員居民來參與吉貝沿岸現有石滬的整修和維護，以便恢復石滬的捕魚功能，將吉貝嶼沿岸的石滬群打造成現地的生態博物館。2006 年布建戶外展示園區，展出大型的石滬地圖和石滬照片，草地上關設了一座配置有各式「巡滬人」的石滬模型。2008 年已完成在吉貝北岸設置了一座「石滬教室」看板及六具「滬厝」的解說牌，以便遊客一面遊覽北海岸風光一面增加對石滬的認識。

吉貝石滬文化館

文化館內利用牆面壁畫來顯示漁民工作內容，整間展示館利用燈光達到唯美效果　　　　　石滬工作者工作配備

石滬種類

澎湖有玄武岩、珊瑚礁與石灰岩天然石材，沿岸也有岩石可做為建立石滬之石材使用，在與灘岩可使用利用潮間帶（潮水漲退潮的區域）堆疊兩道長圓弧形堤岸，自淺水處一路至深水處，在深水處盡頭向內做成彎鉤狀。漲潮時，魚群順著海水進入石滬中覓食海藻；退潮後，石堤已高於海面，魚洄游至彎鉤捲曲處被阻，困於滬內，漁民藉此捕捉漁獲。吉貝居民通常都把距離海岸比較近，退潮時水深不到 1 公尺的石滬稱為「淺滬」或「高頂滬仔」；而把離

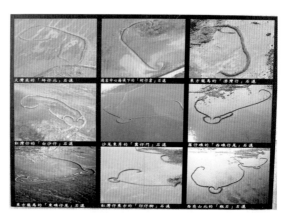

澎湖吉貝島石滬種類概述

海岸比較遠，退潮時水深還有 1 公尺以上的石滬稱為「深水滬」。但是在構造上，無論是淺滬仔還是深水滬，都有簡單型（俗稱為「籠仔圈」）和有滬房的兩種類型。籠仔圈可以說是吉貝石滬的原型，早期可能只是一道弧形的滬堤，後來才因為經驗的不斷累積，而在淺水的滬堤裡頭增建一道俗稱為「岸仔」的矮堤，來縮小捕魚的水域。深水的籠仔圈則除了常會在石滬的大門口增建岸仔之外，還會根據個別石滬的需要而設置一些「滬牙」，以方便滬主站在滬牙上面（不用下水）撈捕丁香魚或白鱙仔。

導覽人員播放石滬影片與親自示範，使遊客初步的認識澎湖的石滬漁業，遊客再至七美居高臨下觀賞美麗及動人的雙心石滬，雖然不能像專業漁民一樣熟悉與操作石滬捕魚，但是身為一個遊客可以藉由參觀體驗與瞭解澎湖居民利用天然石材跟大自然潮汐現象與天共存，創造不朽捕魚求生之事業供子孫生存，在全島盡是玄武岩、珊瑚礁與石灰岩的貧瘠下，化腐朽為神奇，不但延續捕魚事業更能帶動觀光產業，導覽人員之導覽解說臻至完美，已達到編者所述之導覽人員：「導覽人員對於來訪者的服務工作，主要目的是迅速使來訪者與目標物拉近距離，使其有通俗的認識與深刻的體驗，除了達到教育與學習的目的，還需有些娛樂的效果，這是一種經驗累積的能力，而轉化昇華為一種藝術的表現」。

廣義的導覽：「一種引導旅客或旅客認識自然人文環境，或展覽標地的事務之技術，且須透過一位專業且經過訓練此展覽標地的事務之導覽人員解說，使旅客能迅速進入此情境」（張明洵，林玥秀，1992）。在導覽活動中，應包含資訊的、引導的、教育的、啟發性的服務。

透過專業導覽技巧使旅客迅速融入其中，是導覽人員的天職。讓人感動或接收更多的知識，達到探索美好事物的境界，唯因文化的不同，在進行專業導覽前，必須與導覽人員先進行溝通，如時間的控制，導覽的範圍及解說的重點等。

二、導覽的態度

曾是新武器大觀的主持人，現為卡內基訓練大師黑幼龍提到：「決定我們能做什麼事的是－能力，決定我們能做多少事的是－抱負，決定我們能做得多好的是－態度。」因此，一個導覽人員要做好導覽解說工作態度非常重要，需要兼具能力、抱負與態度，以下幾點必須注意：

（一）角色定位

導覽人員要瞭解自己在工作時的身分，是教育者也是服務人員，更是親善大使，主要工作是負責導覽解說及服務人群，包含各項安排，如景點行程、參觀路徑與引人入勝等，同時也兼具負責遊程順暢、人身安全等相關事宜。

（二）專業知識

導覽人員必須走在時代尖端，科技進步，引發現代爆炸型的知識，並帶給現代人無限的想像空間。因此，造成全世界的旅遊熱潮，旅客的需求也越來越多，導覽人員不但要上知天文下知地理、歷史典故、正傳野史、宗教信仰、國際大事淵博的知識，還要不斷的學習，充實自我，虛心求教，才能得到尊榮尊敬，一生受用。

（三）表達方式

導覽人員面對旅客不同的年齡、不同的族群、不同的訪問目的，都要進行事前的瞭解及準備，可以利用不同的表達方式，達到各階層不同的需要以至賓主盡歡。

（四）服務熱忱

導覽人員解說時的態度，必須保持尊重、體諒、關懷及接納。導覽人員服務的情緒，內心充滿熱忱感恩，無私忘我，皆能完成每次導覽使命。

（五）傳承使命

導覽人員在旅客離去時，要對整個導覽內容進行檢討與分析，並反應回報單位，把好的、適用的保留下來匯集成冊接續傳承，作為日後案例分析，對後進人員有加倍的幫助。

博弈課程

一、娛樂場發牌員 (Dealer)

據保守估計綜合渡假村預計提供 3,000~5,000 個工作機會，博弈產業第一線工作人員－發牌員，高薪資、高福利、優質的工作環境。發牌員待遇高，美式體系工作制度，鄰近國家澳門的起薪為約新臺幣 50,000 元起，新加坡的起薪約新臺幣 55,000 元起，小費另計，升遷制度完善，可當終身職業。

二、博弈專業講師、助理講師 (Trainer)

學員經由培訓完成博弈進階課程，並接受訓練中心安排之專業教官課程，給予臨場學習、教學經驗後，經由全采博弈訓練中心－ADTC(Ace Dealer Training Center) 國際專業認證考試，考試通過給予證照，全采將約聘為公司講師或助理講師。

三、CASINO 賭場 Ace Dealer Training Center 行銷業務 (Sales)

學員完成博弈知識、行銷、業務管理及經營課程，可至 CASINO 賭場內，擔任業務推廣人員，專業服務高消費客層，協助顧客安排觀光旅遊博弈休閒行程，與顧客建立良好服務關係，幫渡假村創造最佳經濟效益。

四、綜合渡假村導遊領隊及相關從業人員 (Tourism)

旅遊業者、導遊領隊、飯店餐飲與產業服務人員都需要具備有關的知識瞭解。

1. 二十一點專業荷官初階認證。

2. 加勒比海專業荷官初階認證。

3. 百家樂專業荷官初階認證。

4. 骰寶專業荷官初階認證。

5. 德州撲克專業荷官初階認證。

6. 輪盤專業荷官初階認證。

三、導覽的功能

發展觀光條例對導覽人員的功能定義：「指為保存、維護及解說國內特有自然生態及人文景觀資源，由各目的事業主管機關在自然人文生態景觀區所設置之專業人員。」

一般的導覽指是駐當地或是定點導覽解說員，當旅客到達當地進行預約或申請聘僱專業導覽人員，則分強制派遣及非強制派遣，需付費及免付費等方式如下表1-1。

● 表 1-1

派遣	地區規定
強制派遣	大部分歐洲區域的美術館及博物館需強制派遣，且須付費；中國大陸部分需強制派遣，不須另行付費。
非強制派遣	大部分美洲、大洋洲區域的美術館及博物館，無強制派遣，但如派遣，要另行付費。

強制派遣與非強制派遣服務人員

中國大陸因人口眾多，早期一般有分地陪、全陪與導覽員，往往一個團體就有3~4服務人員服務，舉例說明，中國大陸江南七日遊，由臺灣A旅行社承辦為組團社，交給廈門國旅為地接社，再委託上海國旅、南京國旅、杭州國旅為承接社，行程到蘇州博物館有導覽人員解說。其中關係錯綜複雜利益糾結，每個承接社只負責自己的區域，地接社則確保3方所簽訂合約內容，還有確保地接社利潤，組團社要善盡維護旅客權益，確定合約內容，如下表說明。

大陸內蒙博物館導覽員（強制派遣）

旅行社	人員名稱	工作內容	派遣任務
臺灣A旅行社（組團社）	華語領隊	執行團體合約、維護旅客權益	強制派遣
廈門國旅（地接社）	全陪導遊	執行出團社、組團社與地接社合約	非強制派遣
上海國旅（承接社）	地陪導遊	執行出團社、組團社與地接社合約、導覽解說	強制派遣
南京國旅（承接社）	地陪導遊	執行出團社、組團社與地接社合約、導覽解說	強制派遣
杭州國旅（承接社）	地陪導遊	執行出團社、組團社與地接社合約、導覽解說	強制派遣
蘇州博物館（地方景點）	導覽人員	導覽解說博物館	強制派遣

四、導覽的特性

　　導覽人員功能具有傳達知識要素及專業服務之特質,說明如下表 1-2。

● 表 1-2

區分	種類	說明
知識要素	旅遊知識	交通指示、通訊聯繫、貨幣使用、食宿安排、季節氣候。
	解說知識	歷史、地理、文學、建築、宗教、民俗、動植物等知識。 善於解說如娛樂傳達、帶動氣氛、人員互動、角色扮演。 他國國人與本國人民之間生活方面交換心得,語言差異講解及俚語精髓的對話。
	人際關係	熟習國際禮儀,應對進退得宜才能獲得訪客人員敬重。
服務特質	服務效益	發展觀光事業是國際趨勢,亦是國家經濟來源之一,提高觀光服務品質,樹立良好的形象,旅客有口碑,可提高重遊率。導覽人員是接觸訪客人員第一線的人員,為成敗關鍵的守護者。 文化效益上,導覽人員的服務,可促進文化交流。如不能滿足旅客對本國文化的認知,則服務的效益將大打折扣。 國際觀光是國民外交的環節,使訪問人員對國人民生活水準、文化及道德觀與其他國家相互比較並對外宣傳。
	服務特性	應真誠好客、熱心服務,使訪問者有賓至如歸之感,並在工作範圍主動積極配合。 滿足及尊重對方,不崇洋媚外。

土耳其地毯工廠,領隊正在翻譯工作人員示範地毯編織單結與雙結之編法,傳遞知識

土耳其地毯工廠,工作人員送給小朋友羊毛手環,是一種服務效益

1-2 解說概述

一、解說的定義

解說是一種旅客服務，是一種教育活動；解說是一種溝通人與環境之間的過程或活動，是一種經營管理的方法；解說是一種提供資訊、引導、教育、遊樂、宣傳、啟發等，6種服務的綜合；解說是一種發現與創造，是一種藝術的表現。

Wagar (1976) 曾說解說將導致以下結果：「集中注意力於所呈現的事物、資訊的保留、態度的轉變、永久的行為改變及欣賞的能力。」國際遺產解說組織在它的任務中提到：「每一位解說從業人員應該承諾，透過解說的藝術，來呈現並保育世界上的自然與文化遺產，以使公眾瞭解並欣賞它」(HII,1997)。

世界上大多數廣泛公認 Freeman Tilden(1957) 定義的，Tilden 內容為：「解說是一種教育性活動，目的在經由原始事物之使用，以指示其意義與關聯，並強調親身之經驗及運用說明性之方法或媒體，而非僅是傳達一些事實與知識。」解說是一種過程、一種表現，藉此，旅客親身所觀看、學習、感受，並透過第一手的體驗得到啟發。解說是在訴說某一區域的景色與歷史背後的故事，它是一種過程，幫助人們看到非本能所見的。

吳偉德指出：「解說屬於高深之技巧，必須通透瞭解解說之人事物，基本資訊之傳達是必備要素，但不能僅有如此，還需要融會貫通其內容知識，曉悟其中道理，進一步表達出另一番見解，若能不涉及是非對錯，只求博得嫣然一笑又有何妨。」

林登燦 (2009) 解釋：「是將某特定區域內自然和人文環境特性經由媒體或活動方式傳達給某些訪問者。其目的在於引起當地環境之關注與瞭解，經由欣賞與知性的瞭解，提升高品質的旅遊體驗，並經由新的感受與愉快的經驗產生對環境保育的關懷，進而培養積極參與環境保育的工作」。

陳育軒 (2001) 定義：「解說是正式教學的轉變及非正式學習的附加物。它多於教育、解釋、描述及資訊；它是靈感、資訊交流、刺激及遊憩，提供有趣的休閒經驗給非強制性的觀眾。」進一步指出：「解說是一種訊息傳遞的服務，目的在告知及取悅遊客，並闡釋現象背後所代表之涵義，藉著提供相關資訊來滿足每一個人的需求與好奇，同時又不偏離主題，期能激勵遊客對所描述的事物，產生新的見解與熱忱。」

自由之火

1987 年製成捐贈給法國巴黎市區的展示品，此火炬取自於美國自由女神像手中握著的火炬之大小而製作的展示品，位於巴黎艾瑪橋的北端。1997 年 8 月 31 日晚上，在巴黎麗茲酒店用餐的前英國王妃黛安娜與男友多迪法耶德，用餐後搭乘賓士座車離開，為防止狗仔隊的追蹤，駕駛於艾瑪橋隧道時，以時速 100 公里以上速度閃躲追蹤者，而失控撞擊燈柱和石牆，當場車身支離破碎，兩人皆身亡，全球連 3 日報導此一悲慘事件，當時黛安娜僅 36 歲，而狗仔隊追蹤名人之行為成為公憤；因車禍發生處正好位於艾瑪橋隧道，自由之火炬儼然成為紀念黛安娜王妃的紀念火炬，紀念火炬的大理石牆檯上有來自世界各國悼念黛安娜的字句與花束，成為一追思聖地。很多遊客都以為此火炬是紀念全球最平易近人的黛安娜王妃而建立的自由之火紀念碑，其實不然，這代表著自由女神生生不息的精神，也意味著黛安娜王妃在人們心中重生的意念，生生不息！紀念火炬是何時所建，是為誰所建，應該都不重要了。另外，這裡還有一個有趣的插曲，美國自由女神像是一座位於美國紐約曼哈頓紐約港的雕像，是法國人送給美國紀念 1776 年 7 月 4 日 100 週年美國獨立宣言的禮物，之後聲名大噪，於 1984 年列入世界文化遺產，現在法國人取自美國自由女神像手中握著的火炬，而製作的自由之火紀念碑，是否有一點想拿回來的意味？此處僅為猜測，但求博君一笑。

此一解說印證了編者提出之理論：「解說屬於高深之技巧，必須通透瞭解解說之人事物，基本資訊之傳達是必備要素，但不能僅有如此，還需要融會貫通其內容知識，曉悟其中道理，進一步表達出另一番見解，不涉及是非對錯，只求博得嫣然一笑。」在此解說中睹物思景，沒有辦法帶遊客回到 1997 年 8 月 31 日晚上在隧道的場景，運用目睹自由之火紀念碑來敘述解說整個事件，順便帶上狗仔隊不顧倫理道德揭人隱私的行徑，若能應用些肢體語言來輔助將更為生動，最後再用感性的詞語「應該都不重要了」來結尾，結語再調侃一下法國人，解說只為博君一笑，這就是身為一個解說人員之深度與風範。

巴黎塞納河畔的自由女神像

自由之火紀念碑

二、解說的功能

　　解說是一種教育性的活動，其結合環境生態、保育、遊憩體驗等對自然環境的說明；即將自然景觀或歷史文化古蹟等資料轉變成可吸收性的及娛樂性的各種方法與技巧，使遊客在歡愉、輕鬆的遊憩氣氛下，獲得知識及產生環境保育的觀念與實質的行動。

肯亞樹屋

　　肯亞阿布戴爾國家公園 (Aberdare National Park) 自下車處至飯店樹屋 (TREETOPS) 約步行 20 分鐘，樹屋高度 2,100 公尺（6,450 呎），位於肯亞阿布戴爾國家公園內雖然四周有用鐵網隔離但面對動輒幾百公斤的非洲水牛與伊蘭羚羊這種中型動物，防備應該作用不大，所以導覽人員必須攜帶槍枝，但此種槍枝並非用真實子彈，而是有一定劑量的麻醉藥所製成的實彈，因肯亞已經禁止獵殺動物，而非洲水牛與伊蘭羚羊這種草食性溫馴動物其實對人類並沒有威脅，但動物若是在群體行進間就無法顧及其他生物，這才是危險所在，電視中常看到肯亞警衛在國家公園拿著先進的武器巡邏，那不是對付動物的，真正目的是阻嚇盜取象角及犀牛角這些盜獵者。

　　肯亞於 1932 年建立樹屋旅館，聞名全世界，因為英女王伊麗莎白二世曾二度到此造訪，在 1952 年英國伊麗莎白公主來此度蜜月時，因其父王喬治六世駕崩，公主於是在旅館中登基成為伊莉莎白女王二世，回英國倫敦登基，樹屋也因此成為肯亞最著名的旅館，有這樣的傳說：「住一晚樹屋旅館可能改變你一生的命運」之妙談。阿布戴爾國家公園內旅館也多在旅館前開挖一大水池供動物食用水，讓動物聚集於此喝水，而晚間動物則會利用溫度較低的時間進行活動，旅館會適時派出之熱情的導覽人員就景點行程、參觀路徑一一詳盡解說，並告知肯亞政府對於野生動物之保育觀念，使遊客受益良多，也對遊客的人身安全加以保護，盡到其職責。

旅館標示牌與作者

導覽人員與槍枝

解說是一種訊息服務、引導服務、教育服務、娛樂服務、宣傳服務、靈感服務，藉由原生資料及媒體的利用，賦予人們新的理解力、洞察力、熱忱和興趣（歐聖榮，1984）。解說主要是協助遊客對環境的認識、瞭解及欣賞，使其獲得豐富的遊憩體驗，並讓遊客得知管理單位的職責，促進遊客與管理單位間的溝通，使遊客瞭解當地環境的重要，減少對資源的衝擊及破壞，使自然資源的經營更加完善。

解說 (Interpretation services) 是國家公園經營管理的一種方法，為國家公園管理機關、公園資源與公園遊客和當地社會四者之間的溝通橋樑。

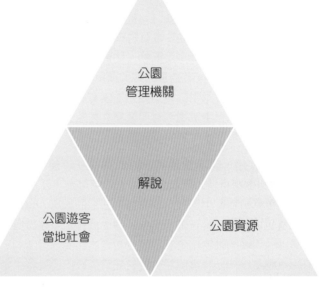

解說與國家公園管理機關、公園資源、公園遊客與當地社會之關係圖（吳鳳珠，1994）

（一）就管理機關而言，解說服務之功能為

1. 解說服務可以對遊客敘述公園的法令、政策、計畫、規範等。
2. 藉由解說，能使遊客直接參與公園資源經營管理工作。
3. 解說服務可以塑造管理機關形象。
4. 透過解說服務能提供遊客經營管理的訊息，間接促進遊客與管理單位之合作。

（二）就公園遊客與地區居民而言，解說服務之功能為

1. 增進遊客對自然環境的認識，獲得更充實的體驗。
2. 教導遊客有關生態學的知識，使其瞭解

人類在自然環境中所扮演的角色，進而對自然環境資源有更深刻的想法，更愛護大自然。

3. 啟發遊客對自然、文化、歷史、資源的興趣及愛心，減少有意或無意的破壞。

4. 透過解說能使遊客避開危險的地區。

5. 引導遊客遠離環境較敏感、易受破壞的地區。

6. 可以加強遊客與當地居民之關係。

7. 可以促進地方團體對國家公園功能之認同感。

（三）解說服務之功能在公園資源為

1. 藉由解說服務，可以使自然與文化資產獲得保護。

2. 透過解說可減少遊客與遊憩活動對自然環境與資源所造成的衝擊。

3. 解說可以增加遊客對國家公園資源之認識與瞭解。

4. 透過解說可以減輕環境汙染，並節約能源。

（四）以解說資源主題為

根據國家公園選定區域及劃定準則，國家公園在本質上屬於環境敏感地區，具有下列六點特性（李朝盛，1986）：

1. 具有獨特之地形及珍貴之野生動植物。

2. 現有之自然生態體系具健康、保育之價值。

3. 於特有地形、地質、土壤、水域及氣候等自然因素下具有高歧異性之生物物種及群落。

4. 為稀有珍貴物種之重要棲息地。

5. 適於科學研究及具教育價值。

6. 適於整體規劃，以其優美景觀提供遊憩觀賞價值。

三、解說的原則

本地區與其他地區的觀光資源並不盡相同，在此提出較適合本地解說原則上的建議：

（一）題材輕鬆與生活結合，藝術的表現；內容應在教育關懷上與保育等重點。

（二）解說不應是流於形式，一成不變，而是要有更多的涵義，並加入適當的註解。

（三）解說是一種藝術的表現，一定要有豐富內容，不能都是穿鑿附會。

（四）解說的目的是讓人啟發思考的能力，追尋目標，實現願望，有夢最美。

（五）解說必須有主題，要整體性，典故必須有來由，適當提供一些傳奇性故事。

（六）對於年齡層不同的要有所變換方式。

（七）可以利用現代的科技資訊呈現出來，如放一段音樂、一段影片、一段表演。

（八）解說時注意時間的分配，如時間長適合解說段落式的事物，如聖經的故事、臺灣傳奇人物的故事；如時間短就必須直接切入介紹主題。

（九）解說時應避免尷尬及不必要贅述的話題，如宗教信仰、黨別派系、八卦緋聞、男女關係等。

（十）解說時要注意人與人最基本的尊重及溝通技巧，禮貌必須要周到。

（十一）解說的內容應該以客為尊，訪問者想要瞭解知道、有興趣的為主。

四、解說的影響

（一）使旅客充實體驗當地的資源，達到旅遊寓教於樂的效果。

（二）讚嘆造物者的神奇，人類渺小而尊敬自然，探索人類宇宙生在價值重要性。

（三）讓旅客豐富人生，擴展視野，擁有國際觀。

（四）可以保護當地的環境資源不被破壞，達到永續經營。

（五）使當地居民有收入，回饋當地進而繁榮，人才回流，造福社會。

（六）喚起人們保護人文與自然資源，重視歷史遺跡及自然環境，保有人類的傳承。

（七）重視歷史遺跡及自然環境，視為文明人，進而提升國際形象，爭取國際資源。

（八）促進國際觀光資源合作，增加國家經濟效益，提高國民所得，增進國際關係。

肯亞伊蘭羚羊

參考文獻 ✈ Reference

1. 陳育軒 (2001)。東部海岸國家風景區管理處解說義工參與動機及解說認知之研究。國立臺中師範學院環境教育研究所碩士論文,臺中

2. 李英周 (2006)。漁業署:休閒漁業解說服務之原則與技巧

3. 徐純譯 (2000)。博物館實務基礎入門。(Timothy Ambrose & Crispin Paine 原著)南投市:省文化基金會

4. 黃瓊玉 (2006)。導遊實務(一)(第一版)。臺北:大華傳真出版社

5. 吳忠宏譯 (2000)。21 世紀的解說趨勢。(L. Beck & T. Cable 原著)。臺北:品度股份有限公司

6. 林燈燦 (2006)。觀光導遊與領隊:理論與實務(八版)。臺北:五南圖書出版

7. 張明洵、林玥秀 (1992)。解說概論。花蓮:太魯閣國家公園管理處

8. 發展觀光條例

9. 吳偉德 (2010)。綜合旅行社躉售業一線人員與專業經理人之知識管理研究。臺北私立銘傳大學觀光研究所碩士論文,臺北

10. 挖靠三藩市,臺灣觀光局宣布 2014「品嚐臺灣」主廚徵選結果,2015.08.26
http://wacowsf.com/2014-taste-taiwan-chefs/

11. 駐多倫多臺北經濟文化辦事處,2014 品嚐臺灣。徵選多倫多名廚一名,2015.08.26
http://www.roc-taiwan.org/cayyz/post/2360.html

12. 國立臺灣博物館,臺博館展出「樸埔風情－躍動的先民身影」特展,2015.08.26
http://www.ntm.gov.tw/tw/news/news_d.aspx?d=620&no=239

13. 交通部觀光局,喔熊出沒!2016 臺灣自行車節彩繪列車上路多樣行銷活動開跑,2015.08.26
http://taiwan.net.tw/m1.aspx?sNo=0023047

14. 趙信甫 (2014)。臺灣的觀光代言熊,清流月刊中華民國一百零三年十月號,法務部調查局

15. 黑貓宅急便,商品服務介紹,2016.08.26
http://www.t-cat.com.tw/product/air-port.aspx

16. 國立傳統藝術中心,法律法規及行政規則,2016.08.26
http://www.ncfta.gov.tw/information_88_44445.html

17. 郭元益,收涎抓週生命禮俗,2016.08.26
http://www.kuos.com/museum/activity-intro.html

18. 內政部營建署,認識國家公園,2016.08.26
http://np.cpami.gov.tw/youth/index.php?option=com_content&view=article&id=73&Itemid=72

19. 吉貝遊客服務中心,吉貝石滬文化館,2016.08.28
http://www.shihu.org.tw/about/#

20. 社團法人臺灣博弈發展協會,產業資訊,2016.08.02
http://www.tgda.tw/join.php

文化導覽與
自然導覽解說

The Practice and Theory of
Interpretation and GUIDE TOUR

文化與自然遺產在導覽解說之間的實務上重要關聯性，是依循聯合國教科文組織 (UNESCO) 文化與自然遺產分類所制定，這樣的一個明確的概念已遍布全世界的七大洲與五大洋，是現今旅遊業者安排旅遊行程中不可或缺之要素，亦是旅遊消費者趨之若鶩之目標，藉由導遊與導覽人員導覽解說，引導進入深度文化與大自然的奧妙及讚嘆造物者的神奇，進而啟發無限的想像空間，產生參觀體驗與旅遊學習之興致，養成對文化自然遺產瞭解及形成過程之動機，而開啟眼界與豐富人生，為導覽解說最佳的註解。

人文解說與自然解說分類法，以適用聯合國教科文組織，所評定世界遺產的分類與內容：

★文化遺產（暨文化景觀）：埃及的吉薩金字塔群，比較適用人文解說。

★自然遺產加拿大：加拿大洛磯山脈公園群，比較適用自然解說。

★綜合遺產：澳洲，適用自然解說及人文解說。

★人類口述與無形遺產（非物質文化遺產）：中國崑曲，比較適用人文解說。

斯芬克斯

一、胡夫金字塔與斯芬克斯

埃及開羅吉薩金字塔群 (Memphis and its Necropolis - the Pyramid Fields from Giza to Dahshur)，埃及開羅吉薩高原陵墓群，於埃及第四王朝，主要是三個金字塔組成，而當中最大的是胡夫金字塔（又稱大金字塔）塔高約 104 公尺，邊長約 240 公尺，由 250 萬塊巨石搭建而成，最重的石塊約 50 噸，最小的約 1.5 噸。次大的是卡夫拉金字塔；最小的是孟卡拉金字塔，在這三個主要金字塔旁有著名的獅身人面像（斯芬克斯 Sphinx）與 3 座皇后的小型金字塔，於 1979 年登入聯合國教科文組織世界文化遺產。

胡夫金字塔與斯芬克斯

胡夫金字塔、卡夫拉金字塔與孟卡拉金字塔

斯芬克斯 (Sphinx) 獅身人面像，是希臘神話中的帶翼獅身女怪，在歐洲很多國家的古代雕塑中都有類似的形式，吉薩的這尊斯芬克斯應是世界上最大最著名的一座，而且像是由一整塊巨型岩石雕製而成，長約 73 公尺，高約 21 公尺，臉高 5 公尺。傳說這尊斯芬克斯獅身人面像的頭像是按照法老卡夫拉外貌雕成，作為看護卡夫拉金字塔的守護神，經過多年的風化，現今的斯芬克斯獅身人面像，是埃及人從沙土中再次挖掘出來的，它凝視前方，表情肅穆，雄偉壯觀。

二、斯芬克斯之謎古希臘神話故事

底比斯城的人民得罪了天神，天神震怒，在底比斯的土地上降下一個名叫斯芬克斯的女怪，背上長著翅膀，上半身是美女，下半身卻是獅身，她向進城的過路人提出一個謎語：「在早晨用四隻腳走路，中午兩隻腳走路，晚上用三隻腳走路。」對於這個奧妙費解的謎語，過路人沒有一個人猜中，全被斯芬克斯吃了，底比斯城人陷入一片恐懼之中，隨時都有被女妖吃掉的可能，於是他們發誓，誰破了這個謎語，誰就是此城的國王。就在此時，科仁托斯國王波里玻斯的養子俄狄浦斯，聽太陽神阿波羅說，他將大難臨頭，因此他不敢回家，逃往底比斯城避難，城內人告訴他，斯芬克斯是一個如何殘忍、吃人不眨眼的妖魔；於是，聰明勇敢的俄狄浦斯會見女妖，猜中女妖的神祕奧妙之謎。俄狄浦斯回答：「是人」，人的生命如同一日早晨，是個嬰兒，用兩隻手和兩條腿爬行；到了壯年有如如日中天，只須用兩條腿走路；到了生命的黃昏，如同老年體衰，必須藉助拐杖行走，所以有三隻腳；俄狄浦斯答對，斯芬克斯羞愧墜崖而死，此故事被轉譯百種語言與改編。

胡夫金字塔又稱大金字塔，塔高約 104 公尺，邊長約 240 公尺，由 250 萬塊巨石搭建而成，最重的石塊約 50 噸，最小的約 1.5 噸

洛磯山脈

一、加拿大洛磯山脈傑士伯國家公園
Jasper National Park, Canada

　　1907 年成立，面積約 10,900 平方公里，於洛磯山脈的最北邊，是加拿大境內最大的高山型國家公園，洛磯山脈中海拔約 3,950 公尺的最高峰羅伯森山，也正位於傑士伯國家公園園區內。傑士伯國家公園有山嶽、湖泊、高山草原、原始森林及野生動物資源，還有冰原冰川、峽谷及瀑布等各式各樣的自然景致，93 號公路，被評選為全世界最漂亮的景觀公路「冰原大道」，其中最著名的景點阿薩巴斯卡冰河 (Athabasca Glacier)！冰河全長約 6 公里，寬約 1 公里，冰河深度最深可達約 250 公尺，海拔約 2,100 公尺，發源自哥倫比亞山，屬於哥倫比亞大冰原 (Columbia Icefield)。

阿薩巴斯卡冰河 (Athabasca Glacier)

二、加拿大洛磯山公園群
Canadian Rocky Mountain Parks

　　位於加拿大亞伯達省與卑詩省之間洛磯山脈群，包括四個加拿大國家公園，班夫國家公園、傑士伯國家公園、庫特尼國家公園與幽鶴國家公園，面積約 29,990 平方公里，於 1984 年登入聯合國教科文組織世界自然遺產，自然遺產登錄標準。

阿薩巴斯卡冰河冰原大道

阿薩巴斯卡冰河 (Athabasca Glacier) 之旅，全程約 1 小時，冰上停留約 15 分鐘，雪車車輪為 180 公分四輪驅動，有冰原雪車公司導遊帶領，每年 5~9 月開放，其他時間關閉

早期的冰原雪車，因使用履帶行進，嚴重破壞冰河冰，故被加拿大政府所禁止

澳洲國家公園

加他茱達 (Kata Tjuta) 大型古老岩石群原名為奧爾加斯 (Olgas)

日出　　　　　　　　　　　　日落

　　位於澳大利亞北領地的南部的一個國家公園，加他茱達 (Kata Tjuta) 和烏魯魯 (Uluru) 是烏魯魯－加他茱達國家公園 (Uluru-Kata Tjuta National Park) 的兩個主要地標。加他茱達 (Kata Tjuta) 大型古老岩石群原名為奧爾加斯 (Olgas)，距澳洲紅土中心烏魯魯 (Uluru) 約 30 公里，這些巨大的岩石群成為烏魯魯－加他茱達國家公園 (Uluru-Kata Tjuta National Park) 中的兩個主要地標。加他茱達共有 36 座圓頂巨石，分布區域超過 20 公里，其中的最高點為奧爾加斯山 (Mount Olga)，命名是為了紀念古騰堡 (Württemberg) 的奧爾加斯皇后 (Queen Olga) 而命名。

　　烏魯魯是澳大利亞的地標之一，其沙岩地層高達 350 公尺，大部分在地下，總周長 10 公里，面積 1,350 平方公里，在原住民文化上有特殊意，艾爾斯巨石是世界上最大的獨塊岩體，阿南古人作為該地區的土著居民，會帶領遊客做徒步旅行，給遊客介紹當地的動植物、叢林食物以及土著神話。

　　烏魯魯表面的顏色會隨著一天或一年的不同時間而改變，其中最引人注目的是日出和日落時岩石表面會變成豔紅色，在雨季岩石表面會因為降雨變成銀灰色。隨著太陽變化會出現深藍、灰色、粉紅、棕色等顏色。

　　烏魯魯－加他茱達國家公園，由傳統擁有者阿南古族 (Anangu) 與澳洲國家公園局 (Parks Australia) 共同管理。 阿南古族 (Anangu) 已在此區定居超過 2 萬 2 千年，加他茱達 (Kata Tjuta) 對此族而言神聖非凡。 一般認為，加他茱達的圓頂砂岩已存在約 5 億年之久，1987 年登入聯合國教科文組織世界複合遺產。

2-1 世界遺產源起與評定

一、世界遺產源起

世界遺產 (World Heritage)，在第二次世界大戰結束後，許多有識之士意識到戰爭、自然災害、環境災難、工業發展等威脅著分布在世界各地許多珍貴的文化與自然遺產，鑑於此，聯合國教科文組織 (UNESCO) 第 17 屆會議於 1972 年在巴黎通過著名的「保護世界文化和自然遺產公約」，這是聯合國首度界定世界遺產的定義與範圍，希望藉由國際合作的方式，解決世界重要遺產的保護問題。

（一）聯合國教育科學文化組織

聯合國教育科學文化組織簡稱「聯合國教科文組織」，是聯合國的專門機構之一，二次世界大戰後成立於 1945 年英國倫敦，依聯合國憲章通過「聯合國教育、科學及文化組織法」，1946 年在法國巴黎宣告正式成立，總部設於巴黎。成立宗旨：「透過教育、科學及文化促進各國間合作，對和平與安全做出貢獻，以增進對正義、法治及聯合國憲章所確認之世界人民不分種族、性別、語言或宗教均享人

世界遺產標誌中中間菱形的部分，代表著人類兩掌拱起合併做保護狀之意義

權與基本自由之普遍尊重。」世界文化、自然遺產保護機構，就是屬於此機構之業務。世界遺產公約的目的，是將全人類普世價值的文化與自然資源，列入「世界遺產名錄」，再以國際合作的方式保護、保存人類共同資產的一種觀念。

LOGO 為古典建築的象徵，是希臘建築之精髓亦是世界建築之始祖，其山形牆和柱廊（多廊柱 UNESCO 字樣代表多廊柱）意象抽象簡化設計成聯合國教科文組織的標示。

聯合國教科文組織 (UNESCO)
LOGO

義大利阿西西聖方濟各教堂世界遺產與 UNESCO 標誌

立於北越下龍灣之世界遺產標誌

土耳其 GOREME 葛勒梅露天博物館之岩窟教堂，1985 年列為世界自然遺產

臺灣古典建築

　　國立臺灣博物館，該館現在的建築主體，係由當時日本政府所設計，目的是建造一座足以代表殖民成績的紀念館。1913 年，強制拆除於臺北新公園中清代舊天后宮之後動工，館舍於 1915 年落成，捐給總督府作為博物館使用，成為當今臺灣少數且具代表性的日據時期仿西洋古典式建築。博物館建築是一座揉合了多種古典西洋建築元素的建築體，整體建築平面配置呈「一」字形，正面朝北面對館前路，南面面向二二八和平公園，使博物館可以收覽到園內最多的自然景觀。此外，臺灣夏季氣候炎熱，南北一字形的座向，可以減少西曬的面積，充分顯現建築師配合都市計畫和反映氣候的考量。博物館的主要入口和大廳位於中央，兩翼的展覽室以中央大廳為基準，左右對稱，型式簡潔有力。

國立臺灣博物館府視圖

國立臺灣博物館多立克柱與山牆

　　建築外觀造型採希臘復古樣式，入口正面為希臘神廟式的建築式樣，逐級而上的階梯、巨大的多立克柱式和飾有華麗花葉紋飾的山牆為主要的特徵，搭配頂端的羅馬圓頂，塑造出莊嚴神聖的權威意象。中央大廳是博物館建築精華所在。大廳四周環繞有 32 根高聳的柯林斯式柱式，柱頭上有精緻的莨苕葉與漩渦狀裝飾。站在大廳中央，抬頭仰望，圓頂之下是一面彩繪玻璃天窗，除了濃厚的裝飾意味外，彩繪玻璃兼具採光的效果，日光能間接穿過彩繪玻璃，向大廳地面投射出炫麗奪目的光彩，營造出高貴華麗的氣氛。

32 根高聳的柯林斯式柱式

柱頭上有精緻的莨苕葉與漩渦狀裝飾

彩繪玻璃天窗

古典建築

一、雅典衛城

　　雅典衛城包括希臘古典藝術最偉大的四大傑作帕特農神廟、通廊、厄瑞克修姆廟與雅典娜勝利神廟，詮釋一千多年來在希臘繁榮、興盛的文明、神話和宗教，可被視為世界遺產理念的象徵。

二、希臘帕特農神廟

　　建於西元前 5 世紀的希臘雅典衛城，古希臘奉祀雅典娜女神之神廟，是現今保存最重要的古典希臘時代建築物之一，一般認為是多立克柱式發展的起端；是古希臘藝術建築之最，是古希臘與雅典民主制度的象徵，是舉世聞名的文化遺產之一。於 1987 年登入聯合國教科文組織世界文化遺產。

高雄義大皇家劇院，爲仿希臘古典式多廊柱建築外觀

法國巴黎眾議院，希臘古典式多廊柱建築外觀，圖爲巴黎爭取 2012 年奧運字樣

希臘雅典帕特農神廟遺跡

（二） 世界遺產的分類與内容

依世界遺產的分類與内容，委員會於 1978 年公布第一批世界遺產名單，依其類型可分為文化遺產、自然遺產以及兼具兩者特性之複合（綜合）遺產，2001 年新增的類別「口述與無形人類遺產」（根據 UNESCO 2003 年非物質文化遺產公約，自 2009 年起獨立成為非物質文化遺產名錄）。

1. 文化遺產 Cultural Heritage

指的不只是狹義的建築物，而凡是與人類文化發展相關的事物皆被認可為世界文化遺產。而依據「世界文化與自然遺產保護條約」第 1 條之定義：

● 表 2-1 文化遺產的特徵

文化遺產特徵	内容釋義
紀念物 (monuments)	指的是建築作品、紀念性的雕塑作品與繪畫、具考古特質之元素或結構、碑銘、穴居地以及從歷史、藝術或科學的觀點來看，具有顯著普世價值 (outstanding universal value) 物件之組合。
建築群 (groups of buildings)	因為其建築特色、均質性或者是於景觀中的位置，從歷史、藝術或科學的觀點來看，具有顯著普世價值之分散的或是連續的一群建築。
場所 (sites)	存有人造物或者兼有人造物與自然，並且從歷史、美學、民族學或人類學的觀點來看，具有顯著普世價值之地區。
以歐洲占有絕大多數著名的世界文化遺產。如：埃及：孟斐斯及其陵墓、吉薩到達舒間的金字塔區，希臘：雅典衛城，西班牙：哥多華歷史中心。	

2. 自然遺產 Natural Heritage

● 表 2-2 自然遺產的特徵

自然遺產特徵	内容釋義
代表生命進化的紀錄	重要且持續的地質發展過程、具有意義的地形學或地文學特色等的地球歷史主要發展階段的顯著例子。
演化與發展	在陸上、淡水、沿海及海洋生態系統及動植物群的演化與發展上，代表持續進行中的生態學及生物學過程的顯著例子。
自然美景與美	包含出色的自然美景與美學重要性的自然現象或地區。
實際例子，包括化石遺址、生物圈保存、熱帶雨林與生態地理學地域等，如：中國：雲南保護區的三江並流，瑞士：少女峰，加拿大：洛磯山公園群，澳洲：大堡礁。	

3. 複合遺產 Mixed Cultural and Natural Heritage

兼具文化遺產與自然遺產，同時符合兩者認定的標準地區，為全世界最稀少的一種遺產，如澳大利亞烏魯魯加他茱達國家公園、祕魯的馬丘比丘與太平洋群島－帛琉的洛克群島南部潟湖 (Rock Island Southern Lagoon)。

4. 非物質文化遺產

　　2001 年，由聯合國教科文組織提出的「人類口述與無形遺產」觀念納入世界遺產的保存對象，人類口述與無形遺產（非物質文化遺產），由聯合國教科文組織的祕書長松浦晃一郎先生將韓國人率先提出的「人類口述與無形遺產」觀念納入世界遺產的保存對象。由於世界快速的現代化與同質化，這類遺產比起具實質形體的文化類世界遺產更為不易傳承，因此這些具特殊價值的文化活動，都因傳人漸少而面臨失傳之虞。2003 年，教科文組織通過保護非物質文化遺產公約，確認非物質文化遺產的新概念來取代人類口述與無形遺產，並設置人類非物質文化遺產代表作名錄。與此同時，教科文組織持續以兩年一次的進度評選人類口述與無形遺產，它們具有特殊價值的文化活動及口頭文化表述形式，包括語言、故事、音樂、遊戲、舞蹈和風俗等。

● 表 2-3　非物質文化遺產

非物質文化遺產	內容釋義
人類口述	它們具有特殊價值的文化活動及口頭文化表述形式，包括語言、故事、音樂、遊戲、舞蹈和風俗等。
無形遺產	
聯合國教科文組織之人類口述與無形遺產代表作。例如：摩洛哥說書人、樂師及弄蛇人的文化場域，日本能劇，中國崑曲等。	

二、世界遺產登錄標準

（一）文化遺產登錄標準

1. 代表人類創意與天賦的名作。(i)
2. 可藉由建築、科技、偉大藝術、城鎮規劃或景觀設計的發展，展現某一段時期或一世界文化區域內，重要人類價值觀的交流過程。(ii)
3. 是某一文化傳統或現存／消失文明的獨特或特別的證明。(iii)
4. 是一建築物類型、建築或技術綜合體、或景觀的顯著典範，訴說人類歷史中的重要階段。(iv)
5. 是傳統人類居住、土地利用或海洋利用的顯著典範，代表了一種文化（或多種文化）或人類與環境的互動關係，特別在不可逆轉的變化衝擊下顯得脆弱。(v)
6. 與具有顯著全球重要性的事件、現存傳統、觀念、信仰、藝術與文學作品有直接或明確的關聯（委員會認為此項準則最好與其他準則同時配合使用）。(vi)

（二）自然遺產登錄標準

1. 包含極致的自然現象，或具有特殊自然美景與美學重要性的地區。(vii)
2. 是地球歷史重要階段的顯著代表範例，包括生命紀錄，地貌發育重要進行中的

地質作用,或重要的地形、地文現象。(viii)

3. 對於陸域、淡水、海岸與海洋生態系和動植物族群的演化發展而言,足以代表重要且進行中的生態和生物作用。(ix)

4. 就生物多樣性現地保育而言,包含最重要且最有意義的自然棲地,特別是那些在科學或保育上具有顯著全球價值但面臨威脅之物種的棲地。(x)

(三)複合遺產登錄標準

必須分別符合前文關於文化遺產和自然遺產的評定標準中的 1 項或幾項,如下表 2-4。

● 表 2-4

	文化遺產標準						自然遺產標準			
阿拉伯數字	(1)	(2)	(3)	(4)	(5)	(6)	(7)	(8)	(9)	(10)
羅馬數字	(i)	(ii)	(iii)	(iv)	(v)	(vi)	(vii)	(viii)	(ix)	(x)

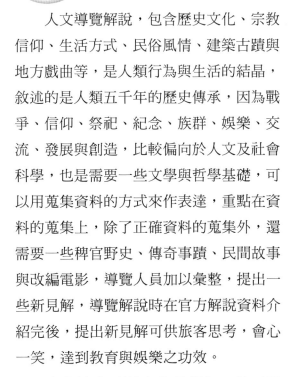

2-2 文化導覽解說

人文導覽解說,包含歷史文化、宗教信仰、生活方式、民俗風情、建築古蹟與地方戲曲等,是人類行為與生活的結晶,敘述的是人類五千年的歷史傳承,因為戰爭、信仰、祭祀、紀念、族群、娛樂、交流、發展與創造,比較偏向於人文及社會科學,也是需要一些文學與哲學基礎,可以用蒐集資料的方式來作表達,重點在資料的蒐集上,除了正確資料的蒐集外,還需要一些稗官野史、傳奇事蹟、民間故事與改編電影,導覽人員加以彙整,提出一些新見解,導覽解說時在官方解說資料介紹完後,提出新見解可供旅客思考,會心一笑,達到教育與娛樂之功效。

文化遺產(暨文化景觀),並不只是狹義的建築物,而凡是與人類文化發展相關的事物皆可被認可為世界文化遺產。文化遺產在四大類世界遺產中是數量最多的,其中又以歐洲占有絕大多數。

臺灣的文化資產保存法第 3 條:「本法所稱文化資產,指具有歷史、藝術、科學等文化價值,並經指定或登錄之下列有形及無形文化資產。」以上也說明了文化導覽解說與文化資產息息相關。

一、有形文化資產

(一)古蹟:指人類為生活需要所營建之具有歷史、文化、藝術價值之建造物及附屬設施。

（二）歷史建築：指歷史事件所定著或具有歷史性、地方性、特殊性之文化、藝術價值，應予保存之建造物及附屬設施。

（三）紀念建築：指與歷史、文化、藝術等具有重要貢獻之人物相關而應予保存之建造物及附屬設施。

（四）聚落建築群：指建築式樣、風格特殊或與景觀協調，而具有歷史、藝術或科學價值之建造物群或街區。

（五）考古遺址：指蘊藏過去人類生活遺物、遺跡，而具有歷史、美學、民族學或人類學價值之場域。

（六）史蹟：指歷史事件所定著而具有歷史、文化、藝術價值應予保存所定著之空間及附屬設施。

（七）文化景觀：指人類與自然環境經長時間相互影響所形成具有歷史、美學、民族學或人類學價值之場域。

（八）古物：指各時代、各族群經人為加工具有文化意義之藝術作品、生活及儀禮器物、圖書文獻及影音資料等。

（九）自然地景、自然紀念物：指具保育自然價值之自然區域、特殊地形、地質現象、珍貴稀有植物及礦物。

二、無形文化資產

（一）傳統表演藝術：指流傳於各族群與地方之傳統表演藝能。

（二）傳統工藝：指流傳於各族群與地方以手工製作為主之傳統技藝。

（三）口述傳統：指透過口語、吟唱傳承，世代相傳之文化表現形式。

（四）民俗：指與國民生活有關之傳統並有特殊文化意義之風俗、儀式、祭典及節慶。

（五）傳統知識與實踐：指各族群或社群，為因應自然環境而生存、適應與管理，長年累積、發展出之知識、技術及相關實踐。

土耳其 BERGAMA 貝加蒙舊城之 ASKLEPION 阿斯克列皮亞斯神殿，亦稱醫神神殿遺址

泰姬傳說

泰姬瑪哈陵位於印度北方城邦阿格拉，蒙兀兒王朝第 5 代皇帝沙賈汗為了紀念他的妻子，已故皇后慕塔芝瑪哈 (Mumtaz Mahal)，建立陵墓，皇后在 1630 年第 14 次生產中去世，臨終前向沙賈汗皇帝懇求終生不得再娶，並為她建造一座人全世界美麗的宮殿，讓大家能紀念她，皇后過世之後，皇帝沙賈汗承諾終生未娶，自 1631 年到 1653 年完成，花了 22 年時間，耗資數千萬盧比，2 萬名相關人員，完成這座震驚世人的大理石藝術建築，作為皇帝愛妻長眠之所，成為傳誦不朽之愛情神話。

印度泰姬瑪哈陵 Taj Mahal 雪白大理石外觀

1632 年泰姬瑪哈陵在印度北部亞穆納河興建，動員 2 萬名來自世界各地的工匠和書法家，融合中亞、波斯與印度的建築風格，用了 22 年的時間建成這座純白色及以大理石興建的藝術建築，總費用估計約為 5,000 萬盧比，據說其建築材料是從印度各地與亞洲運來，因印度盛產紅岩，而泰姬瑪哈陵卻是用大理石石材建築而成，乃用千頭大象自各城市運至阿格拉，所以動用建造時間非常久，共有 30 多種寶石和半寶石鑲嵌入白色大理石，極其奢華。泰姬瑪哈陵建物高 83 公尺，南北長 580 公尺，寬 300 公尺，有前庭、正門、蒙兀兒花園、陵墓主體與清真寺，其中陵墓主殿四角各有圓柱高塔一座約 40 公尺高，每座塔均向外傾斜 12 度，若有地震，尖塔會向外倒塌而不壓到主殿，進入主陵墓需要脫掉鞋子或者套上鞋套，夏季溫度高達 43 度，參觀遊覽時注意中暑。於 1983 年登入聯合國教科文組織世界文化遺產。

蒙兀兒王朝乃是成吉思汗和帖木兒的後裔巴伯爾，自阿富汗南下入侵印度建立的王朝「蒙兀兒」即「蒙古」之義。其全盛時期，領土幾乎囊括整個印度及中亞的阿富汗等地，是信奉伊斯蘭教，有察合臺汗國貴族血統的蒙古人，王朝有六大皇帝，依序為巴伯爾、胡馬雍、阿克巴、查罕傑與沙賈汗，最後一位皇帝是奧朗哲，是把沙賈汗囚禁而篡位之皇帝，因為沙賈汗在位期間，全心傾力建造泰姬瑪哈陵而無心治國，而引起奧朗哲篡位之心。

說成吉思汗名為「鐵木真」，乃是因為在他出生時，其父正好俘虜到一位屬於塔塔兒部族，名為鐵木真兀格的勇士，按當時蒙古人信仰，在抓到敵對部落勇士時，如正好有嬰兒出生，該勇士的勇氣會轉移到該嬰兒身上。鐵木真與孛兒帖結婚時，三姓蔑兒乞部的首領脫黑脫阿，為報其弟未婚妻被鐵木真的父親也速該搶親之辱，攻擊鐵木真的營帳，在混戰中鐵木真逃進了山區，他的妻子和異母卻當了脫黑脫阿的俘虜，等救回時妻子孛兒帖已有身孕，這孩子可能是蔑兒乞人的孩子，鐵木真起初猶豫到底該不該殺了這孩子，最終讓他活下來，取了「朮赤」的名字，這二字正是「客人」的意思，因此，從他的出生開始就不斷有人懷疑朮赤的血統，是否為蒙古人。

　　傳說蒙古人血統就是非常殘忍之民族，蒙兀兒王朝承襲了該血統，蒙古人善於草原征戰，而不善於攻城，起初他們將土堆堆得和城牆一樣高，而後騎馬衝上城牆，但這種戰術常失敗，之後蒙古人在攻破城池後研究投石機，投的不是石頭，而是對方戰死士兵的屍體，屍體敗壞後丟入城中，汙染水源與食物，此城不攻自破，傳說這就是最早的生化戰。

　　話說蒙兀兒王朝皇帝沙賈汗動用 2 萬名來自世界各地的工匠、藝術家、建築師與和書法家，皇帝沙賈汗為了要建設出全印度與眾不同的宮殿，於是下令所有工作人員在宮殿未完成前不得離開，一定要趕在時間內完成，可是這興建工程進度卻受到設計不斷改變的因素而延遲，5 年、10 年過去，當初來此工作的年輕人成了壯年人，壯年人成了老年人。

　　印度盛產紅岩，而泰姬瑪哈陵卻是用大理石石材建築而成，乃以千頭大象自各城市運至阿格拉，動用建造時間非常久，時間一點一滴過去，於是傳出這些工匠、藝術家、建築師與書法家紛紛醞釀，等工程完工時一定要再蓋一間比泰姬瑪哈陵更美更奢華的宮殿的傳言，這個傳言傳到皇帝沙賈汗的耳中，他不動聲色，22 年後工程完成，他以發放工資招集所有人，令士兵綑綁所有人，斷其四肢而不殺害，遣人將這些人員送回家鄉，使其家人必須照顧傷者一輩子及傷痛萬分，其殘暴惡行也種下日後他兒子奧朗哲篡位，而沒有善終，一直到死後也沒有跟愛妻葬在一起，這傳說若是真實，是否報應在奧朗哲手上瓦解蒙兀兒王朝統治，是耐人尋味的。

2-3　自然導覽解說

　　自然導覽解說，包含動物植物、特殊生態、氣象氣候、山岳山脈、天文地理、國家公園與國家風景區等，是造物者的神奇，賦予人類的大自然產物，比較偏向於自然科學，用文學的方式來敘述，美學觀點詮釋，最高境界昇華成哲學的方式表達，用感性知性的話語，比較注重精神及心靈層面的解釋，意境的感觀非常的強烈，如能哼上兩段詩詞，使人神然嚮往，在帶入故事情境背景，美哉！屬於解說方面的進階程度。

　　自然導覽解說技巧的部分，是屬於較高階的層面，因為在解說上有無限的想像空間，俗語說得好：「只能意會，不能言傳」，需要用解釋文學的意象與美學之觀點分析，從只能意會不能言傳的境界，要經過語言學的詞語、句型、篇章與結構修飾，綜合成質性的理解，達到可以言傳的地步，要有這樣意境氛圍，把過去的只能感性欣賞，經過體驗蛻變成為可以意會又能言傳之境界，這才是導覽解說之真諦。傳統中國人的思維，造境的能力普遍較高；因此，意境、情境、情景、氣勢等都常常出現在文字的描述中，尤其使用文字造景的詩、詞和文學作品更是數不勝數，以這樣的方式來傳達自然解說，勝過千言萬語。

加拿大洛磯山脈夢蓮湖

044

加拿大夢蓮湖與十峰山

夢蓮湖 (Moraine Lake) 位於加拿大亞伯達省洛磯山脈班夫國家公園，為冰河遺跡所形成之冰磧湖，離路易士湖約 15 公里，在十座山峰之下，海拔約 1,900 公尺，湖約 0.5 平方公里，水深 20 公尺。

夢蓮的名稱，來自冰河形成冰磧湖 (Morain) 直接翻譯而成，夢蓮湖由冰河堆積石塊融雪之後形成湖，而湖畔堆積成山的石頭，則是因冰河移動推擠落石形成。

十峰山與夢蓮湖秋天

一、形成說明

夢蓮湖湖水來自韋克奇納冰河 (Wenkchemna Glacier)，韋克奇納是印地安語中，數字「十」的意思，故印地安語以十峰山來命名，十峰山與夢蓮湖在 1969~1993 年出現在加拿大國家紙幣 20 元上，代表景色特殊之處。夢蓮湖一年四季湖水均有不同之色彩，湖水因湖面的漂流物，湖底的石塊及陽光的角度照射下顯得湖面顏色多變化，春天為湛藍色晶瑩剔透，夏天呈現綠色，秋天出現湛藍與綠色互相交錯，冬天冰雪覆蓋則是雪白色，尤其與十峰山互相呼應，所謂山色映湖光，湖光藏山色，顯得格外的神祕而有靈性，加拿大稱為洛磯山的一顆藍寶石，而這一顆波光粼粼的藍寶石上還奇妙的倒映著十座山峰。若是泛著獨木舟徜徉於夢蓮湖，湖水碧綠，湖面靜寂，四周山景倒映其中，景致如詩如畫，頓時心靈清明如鏡，焉然有「抽刀斷水水更流，舉杯消愁愁更愁；人生在世不稱意，明朝散髮弄扁舟」之心境，人間有如此美景，真是夫復何求阿！

二、愛情唯美故事

傳說印地安人在洛磯山脈裡有兩大部落，都是土生土長於山中，這兩大部落領土的界線一向就是很大的爭議，一個是卡納納斯基族 (Kananaski)，一個為黑腳族 (Blackfeet)，兩個部落是世仇，永遠都在為了爭奪山中的土地及糧食而戰爭，卡納納斯基族有十個武士，這十個武士是兄弟，而黑腳族是印地安人族群裡公認出美女的部落，族長有一個公主是美若天仙，十武士與公主從小玩在一起，並沒有因家族的仇恨而有所影響，時光總是過得特別快！日子一天一天的過去，小孩子終究是會長大。

在一次兩族的戰爭起源，是數十條羊群獵捕區域問題，因為這些羊群可供族人半年的糧食，戰事一發不可收拾，卡納納斯基族十個武士為了公主而放慢腳步，黑腳族的巫師告誡族長，其實他們的目的是來搶奪公主與領土的，並不是單純只為了數十條羊群，唯有將公主賜死才能停息這場戰事，為了不讓公主被帶走，族長只好忍痛逼她跳入湖中。

消息傳到卡納納斯基族部落，十個兄弟皆痛哭失聲，並約定好只能有一位兄弟與她相隨，其實他們是一起愛護公主的，夜慢慢深了，十個兄弟相視無言，直到天亮卡納納斯基族的族長才發覺十個兄弟都無法接受只能有一位兄弟與她相隨，十個兄弟都一起投湖了，這時驚動了天神，頓時天搖地動，接連著從湖面升起十座山峰，彷若是守護著湖泊一般的峰峰相連，十兄弟要一生一起守候著公主，這淒美的愛情悲劇連天神都動容，卡納納斯基族痛失兒子們，把十峰山取名為韋克奇納 (Wenkchemna Peaks) 是這十個兄弟的姓，各山峰有他們的名字，這湖泊呢？就名為夢蓮湖 (Moraine Lake)！就是公主的名字。能夠撰寫動人唯美故事，是解說人員之功力。

洛磯山脈形成

洛磯山脈形成約為八千萬至五千萬年前，北美洲板塊向下移動所形成，後因造山運動推擠形成北美西部廣闊的山脈帶，加上板塊構造活動及冰河的侵蝕，使洛磯山脈出現峻美之山峰、峽谷、冰河與冰磧湖。首先必須先瞭解有關於冰河、冰磧與冰斗等名詞。

冰雪堆積在山上，隨著重力作用而下滑，慢慢的累積在山谷間形成厚厚的冰層，就像河流一樣，稱為冰河。冰河每年移動的速度只有幾十公尺，肉眼無法看出。冰河也會後退，但其實是冰河前端的冰雪融化消失，而不是真正的後退。

洛磯山脈阿薩巴斯卡冰河

冰雪從山頂上開始堆積，因為重力的影響向山下移動，磨擦侵蝕作用把原本圓錐狀的山形侵蝕產生大規模像漏斗狀的凹陷，稱為冰斗。

盤據在山岳的冰河，從山頂的四面八方往山下移動，侵蝕山頂四周的山坡，把山頂的形狀變成像尖銳又凸出的形狀，稱為角峰。同時會在侵蝕面山坡的邊緣產生尖銳如刀鋒的陵線，稱為刃嶺。冰蝕湖與冰磧湖，經歷冰河移動過後的地表，會侵蝕出大小不一的凹地，積水即形成冰蝕湖；而冰河中亦經常夾帶大量的堆積石塊，當冰河退去，便堵塞原來的河流或形成新的谷地，累積雪水與雨水後，形成冰磧湖。在加拿大的洛磯山脈中幾乎都是冰磧湖。峽灣，是靠近海岸的山脈，在冰河時期由於冰河移動，侵蝕出一道道深而險峻的谷地，在冰河退去後，海水侵入谷地，便形成風景秀麗，有山有水的峽灣地形。挪威的索娜峽灣 (Sognefjord) 擁有舉世聞名的峽灣景觀。

洛磯山脈冰斗

洛磯山脈角峰

2-4 臺灣遺產認識

　　「世界遺產」是指登錄於聯合國教科文組織名單，具有傑出普世價值的遺蹟、建築物群、紀念物以及自然環境等。1972年聯合國教科文組織大會決議之「保護世界文化和自然遺產公約（簡稱世界遺產公約）」，基本觀念是希望將世界遺產地登錄於世界遺產名單，保護具有傑出普世價值之自然遺產及文化遺產免於損害威脅，並向世界各國呼籲其重要性，進而推動國際合作協力保護世界遺產。

一、初期規劃

　　「世界遺產」登錄工作帶有許多前瞻性的保存維護觀念，為使國人能與國際同步，吸收最新文化資產保存維護觀念；2002年初，文化部（原：行政院文化建設委員會）陸續徵詢國內專家學者並函請縣市政府及地方文史工作室提報、推薦具「世界遺產」潛力之潛力點名單；其後召開評選會議選出11處臺灣世界遺產潛力點（太魯閣國家公園、棲蘭山檜木林、卑南遺址與都蘭山、阿里山森林鐵路、金門

馬公道路上的玄武岩

桶盤嶼玄武石柱

島嶼烈嶼、大屯火山群、蘭嶼聚落與自然景觀、紅毛城及其周遭歷史建築群、金瓜石聚落、澎湖玄武岩自然保留區、臺鐵舊山線），該年底並邀請國際文化紀念物與歷史場所委員會 (ICOMOS) 副主席西村幸夫 (Yukio Nishimura)、日本 ICOMOS 副會長杉尾伸太郎 (Shinto Sugio) 與澳洲建築師布魯斯‧沛曼 (Bruce R. Pettman) 等教授來臺現勘各潛力點，並另增玉山國家公園 1 處，於 2003 年正式公布 12 處臺灣世界遺產潛力點。

二、正式規劃

2009 年，文建會召集相關單位及學者專家成立並召開第 1 次「世界遺產推動委員會」，將原「金門島嶼烈嶼」合併馬祖調整為「金馬戰地文化」，另建議增列 5 處潛力點（樂生療養院、桃園台地埤塘、烏山頭水庫與嘉南大圳、屏東排灣族石板屋聚落、澎湖石滬群），經會勘後於同年 8 月 14 日第 2 次「世界遺產推動委員會」決議通過。爰臺灣世界遺產潛力點共計 17 處（18 點）。

2010 年，召開 99 年度第 2 次「世界遺產推動委員會」（第 4 次大會），為展現金門及馬祖兩地不同文化屬性、特色，以更能呈現出地方特色並掌握世界遺產普世性價值，決議通過將「金馬戰地文化」修改為「金門戰地文化」及「馬祖戰地文化」，因此，目前臺灣世界遺產潛力點共計 18 處。

蘭嶼

八田與一

右圖是烏山頭水庫八田與一雕像。八田與一是烏山頭水庫及嘉南大圳的建造者，日本石川縣人，也是臺灣嘉南大圳的設計者，有「嘉南大圳之父」之稱，一生幾乎都在臺任職定居，是對臺灣建設有功勞的偉大工程師。

 八八坑道

八八坑道，就位於酒廠斜前方不遠處，坑道主體由花崗岩構成，相傳是先民躲避海盜的藏身山洞；國軍進駐馬祖後，加以鑿高、挖深與強固，闢為戰車坑道，全長 200 公尺，可容納一個步兵團的兵力。正向出口可迎擊海上入侵的敵軍，後方出口可通往過去的南竿軍用機場；施工期歷時約 10 年，於 1974 年完工，當時司令官為慶祝蔣公 88 歲誕辰，因此命名為「八八坑道」。馬祖酒廠接收後，改為儲酒用，不僅是馬酒的一大特色，「八八坑道」相關商品的上市，更一舉打響它的名氣。目前主通道為罈裝老酒存放區，次通道為高粱酒系酒槽區；坑道內冬暖夏涼，長年溫度約 15~20℃間，具恆溫穩定作用，是絕佳的儲藏酒窖，尤其陳年老酒，因停產之故，現存均為 15 年以上，存量賣完即停，更顯其珍貴。

生態公園

八德埤塘自然生態公園，位於桃園市八德區，占地約 5 公頃，是假日遊憩及舉辦活動的最佳場所。

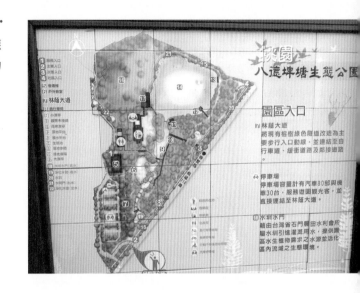

 ## 北海坑道

1968 年，為戰略需要而開始的「北海計畫」在馬祖地區開鑿了許多的「地下碼頭」，專供游擊戰艇停泊使用，如今在軍方釋出之後，成為馬祖地區特殊的「戰地景觀」。北海坑道位處鐵板海岸線，為一深入山腹，貫穿岩壁，呈「井」字形交錯的水道；水道高 18 公尺，寬 10 公尺，長 640 公尺，漲潮時水位達 8 公尺，退潮時為 4 公尺，步道全長 700 公尺，走完一圈約需 30 分鐘，但要配合潮汐的漲退，在退潮時才能進入。

這座可供百餘艘登陸小艇使用的地底坑道，當年被視為高難度的工程，共出動 2 個師、3 個步兵營、1 個工兵營以及 1 個傾卸車連混合編為 3 組，不分晝夜輪流施工，歷經 820 個工作天才完成。當時由於施工設備簡陋，除了用炸藥爆破外，全靠人力一鑿一斧挖掘花崗岩壁而成，工程之艱鉅、氣勢之壯闊，堪稱鬼斧神工之作。

三、持續進行規劃

2011 年 12 月 9 日召開 100 年度第 2 次「世界遺產推動委員會」（第 6 次大會），為更能呈現潛力點名稱之適切性以符合世界遺產推動標準，決議通過將「金瓜石聚落」更名為「水金九礦業遺址」，「屏東排灣族石板屋聚落」更名為「排灣及魯凱石板屋聚落」；另「桃園台地埤塘」增加第 2 及第 4 項登錄標準。2012 年 3 月 3 日召開「專家學者諮詢會議會」，決議為兼顧音、義、詞彙來源、歷史性、功能性等，並符合中文及客家文學使用，通過修正桃園台地「埤」塘為「陂」塘，並界定於臺灣世界遺產潛力點之推廣使用。2013 年 12 月 3 日召開第 10 次「世界遺產推動委員會」，為增加名稱辨識度，更

易為國、內外人士所瞭解，決議通過修正「排灣及魯凱石板屋聚落」為「排灣族及魯凱族石板屋聚落」。

2014 年 6 月 10 日第 11 次大會討論「臺灣世界遺產潛力點遴選及除名作業要點」一案，依據委員意見修正後通過，於 2014 年 8 月 4 日公布施行。另為完善建立潛力點進、退場機制，依據前開作業要點第 5 點「本部文化資產局應將潛力點排定推動優先順序」訂定評核標準，文化資產局擬定「臺灣世界遺產潛力點推動情況訪視計畫」，於 2014 年 9 月 10 日第 12 次大會報告訪視機制後，邀請國內世界遺產專家擔任委員，並於 10 月份起進行潛力點實地訪視。

石板屋

參考文獻 ✈ Reference

1. 閱讀愛情：泰姬瑪哈陵「愛的淚珠」，
   2016.02.11
   http://mypaper.pchome.com.
   tw/540903/post/1321624135

2. 臺北市多媒體教學資源中心網站，冰河地
   形，2016.02.12
   http://tmrc1.tp.edu.tw/HTML/
   RSR200811202210396HZ/con3.htm

3. 臺北市多媒體教學資源中心網站，圖角
   峰，2016.02.12
   http://tmrc1.tp.edu.tw/HTML/
   RSR200811202210396HZ/img/i5.htm

4. 臺北市多媒體教學資源中心網站，圖冰
   斗，2016.02.12
   http://tmrc1.tp.edu.tw/HTML/
   RSR200811202210396HZ/con3.
   htm?#c2

5. Albertawow，Moraine Lake Valley Of
   The Ten Peaks，2016.02.12
   http://www.albertawow.com/hikes/Mo-
   raine_Lake/Moraine_Lake.htm

6. 國立臺灣博物館，空拍圖 11
   http://www.ntm.gov.tw/tw/public/pub-
   lic.aspx?no=105

7. 國立臺灣博物館，歐式風情的博物館建築
   http://www.ntm.gov.tw/tw/public/pub-
   lic.aspx?no=105

8. 文化資產局，臺灣世界遺產潛力點，
   2016.09.04
   http://twh.boch.gov.tw/taiwan/index.
   aspx?lang=zh_tw

9. 文化資產局，世界遺產登入標準，
   2016.09.04
   http://twh.boch.gov.tw/world/index.
   aspx

10. 臺灣 WORD，斯芬克斯之謎，
    2016.09.04
    http://www.twword.com/wiki/%E6%96
    %AF%E8%8A%AC%E5%85%8B%E6%
    96%AF%E4%B9%8B%E8%AC%8E

11. Australia，加他茱達 (KATA TJUTA)，
    2016.09.04
    http://www.australia.com/zh-hk/places/
    red-centre/kata-tjuta.html

12. UNESCO，Uluru-Kata Tjuta National
    Park，2016.09.04
    http://whc.unesco.org/en/list/447/

13. The Blog of Travelling Lifestyle Designer
    Raffael Schulz,ULURU SUNSET、THE
    OLGAS PHOTO，2016.09.04
    http://www.4hours1000places.com/1-
    of-1000-ayers-rock-uluru-the-olgas-
    kata-tjuta/

14. 桃園觀光導覽網，八德埤塘自然生態公
    園，2016.09.04
    http://travel.tycg.gov.tw/zh-tw/Travel/
    Attraction/505

15. 馬祖國家風景區，北海坑道，2016.09.04
    http://www.matsu-nsa.gov.tw/User/
    Attraction-Content.aspx?a=32&lang=1

16. 馬祖國家風景區，八八坑道，2016.09.04
    http://www.matsu-nsa.gov.tw/User/
    Attraction-Content.aspx?a=30&lang=1

17. 文化資產保存法，全國法規資料庫，
    2015.11.25
    http://law.moj.gov.tw/LawClass/LawAll.
    aspx?PCode=H0170001

導覽解說技巧

The Practice and Theory of
Interpretation and GUIDE TOUR

本章節談到導覽解說技巧，提到技巧，先解釋幾個名詞，如技巧、技術、知識與智慧等，說明如下。

一、何謂技巧

乃經過長期不斷反覆的練習，達到熟能生巧的境界，但僅能有巧勁，卻不能有註解，如這個人的說話技巧不錯，見人說人話，見鬼說鬼話，意味著標準不一，跟著感覺走，無法傳授。

二、何謂技術

為熟能生巧後，從實際的練習操作過程當中所累積的經驗，能夠將其表達敘述及文字化還能夠傳承有註解，將隱性的知識加入其經驗值及註解轉換成顯性知識，歸檔成冊，但這只不過是自身之經驗值，如這個機師開飛機技術不錯，飛機降落時一點晃動的感覺都沒有，然而除了機師的經驗值以外，飛機降落還有一整串的 SOP（Standard Operating Procedures 標準作業程序），國家考試大部分都是技術士而非技巧士，表示有一定的 SOP。

三、何謂知識

為熟能生巧後，從實際的練習操作過程當中所累積的經驗與其他相同領域之同儕作比較，能夠有研究、調查、觀察與分析的能力，藉由通俗表達及文字化，傳承有註解，將隱性的知識加入其經驗值及註解轉換成顯性知識，而獲得的一整套資料而整理成一系列資訊，成為知識使他人認同。有一英語名詞，專業人士常問 KNOW HOW，這個人的 KNOW HOW 如何等，整句話應該是 TO KNOW TO HOW，由字面上看是：「如何懂如何作」，當您是一位新人進入職場領域時，剛開始或許什麼都不懂，也不知從何做起，這時是 TO KNOW TO HOW 去學習，經過了一定的時間與歷練，就蛻變成 KNOW HOW，簡單而言就是：「懂得如何去作」，又稱為：「領域知識與專業知識」就是知識之來源。

四、智慧

擁有知識能力後，逐一將其專業領域之知識加以整合與通透，加入一種哲學的因素融入其中，在過去現在甚至未來都不曾有的理念，而被普世認為一種智慧，如智慧型手機，早期的電腦、電動、電話、相機、攝影機、記事本、PDA、MP3、MP4 與儲存空間，全都融入一支手掌大的裝置中，並且設計的唯妙唯肖，成為 21 世紀最偉大的發明之一，發想之人就是一種智慧之呈現。

3-1 導覽解說技巧

一、導覽解說技巧方式

旅程中解說技巧對當地的山川景色、特殊地理景觀、森林之美、山溪之奇、無垠的草原、寧靜的農村與綠意盎然的大地,波光粼粼的湖泊、人文風情、老樹古廟,在在引人入勝,讓人產生嚮往之心,解說技巧可帶領旅客迅速地瞭解導覽人員想表達之事物,而使彼此都能夠達到需求。

(一)平實直敘法

開門見山,用最簡潔易懂的言詞侃侃道來,言語之流暢,是需要有組織及經驗的歷練,適合說明會時及團體一開始時使用,介紹食衣住行,使團員折服。

餐食注意事項,冰島風味餐有羊腿主菜,若不吃羊肉的旅客須盡快告知,因改餐食主菜必須提早通知

9~11月的義大利早上10度;中午25度;晚上5度,經常下雨,早上8點天亮;晚上5點天黑,一定要講清楚,使旅客瞭解與夏天有明顯的差異

飯店設備與交通重點提示

丹麥哥本哈根 SKY BELLA HOTEL 房間內，分類垃圾桶

早期的有線 INTERNET 到現在的 WIFI，技術精進之快令人咋舌，現今大部分的飯店都有 WIFI，僅限於大廳、房間與全區之差別

肯亞馬賽馬拉保護區大部分會住在帳篷，要特別說明，並且小心蚊蟲會傳染黃熱病，夜晚別出來，因有動物會跑來跑去

還有很多國外度假村或不先進地區，還是用鍋爐煮洗澡用熱水，換句話說，當很多人一起洗澡時，熱水用完就沒了，需要經過 2 小時鍋爐再煮才會有熱水，這就是為何旅客會反映沒熱水的原因，如何預防，就是避開這一時段，改成早洗或晚洗，這點一定要說

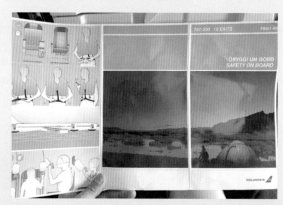

飛機上的緊急逃生注意事項，務必請旅客注意

快速列車是不等人，準時啟動，從到站到離站不超過 10 分鐘，要上下車的旅客，一定要注意

騎大象是非常危險又虐待動物的交通工具，高達3公尺的高度，座位又不平穩，一旦掉下來…要三思，印度就發生過大象踩人之意外

TUKTUK 嘟嘟車，東南亞移動最迅速的交通工具，但安全性值得商榷

  # 使用平實直敘法時機

說明會時與團體出發後，須對以下事項加以説明。

1. 餐食的部分

早午與晚餐形式內容，此次行程特別餐，不吃牛豬羊，素食與東方素，初1、2、15、16與特別日用素食，不吃2、4腳的動物，不吃有殼的海鮮等。

單身女性別一人到酒吧消費，這是國外不成文的法則，意味著要去認識新朋友，很多案例顯示其危險性爲最高。發生案例不勝枚舉

2. 季節氣候的部分

涉及衣著及其全身配備，告知每地區溫度是必要的，臺灣地處於亞熱帶地區，平均溫度20度左右，故能夠適應之溫度有限，臺灣28度要開冷氣，22度要穿外套，換言之23~27度是可接受的，國外一些區域動輒早上10度，中午25度，晚上5度，對臺灣人而言是沒辦法適應，故建議用洋蔥式穿法，舉凡圓領短袖、長袖襯衫休閒服、防風背心、薄厚外套，外帶眼鏡帽子雨衣防曬油等須具備，女士最好多件披風，不説清楚肯定挨罵。

3. 住宿部分

旅館設施，是否有WIFI這個最重要，健身房、泳池、商務中心、自行車，房間飲用水、熱水與拖鞋，浴室牙膏牙刷，飯店位置、附近是否有超商等，都必須瞭如指掌。

4. 交通部分

班機機型、登機時間與飛行時間，巴士幾人座、是否有WIFI、巴士如何坐、各點行車時間，搭船、纜車、火車與環保車等。

5. 育樂部分

當地法律、不成文法則、走左邊右邊、走斑馬線、百貨公司營業時間、退税規定、當地名產伴手禮、夜間活動、娛樂地區、當地生活習慣與簡單當地語言。

（二）詳實鋪陳法

　　解說要詳盡完整面面俱到，不可天外飛來一筆斷章取義，但應要求扼要，不添油加醋，不要太冗長，以免枯燥乏味，適合長程巴士上來講解歷史人物或故事。

法國英雄拿破崙

　　拿破崙・波拿巴特 (Napoleon Bonaparte) (1769.8.15~1821.5.5)，出生義大利科西嘉島，法國軍事與政治家，法蘭西第一共和國第一執政，法蘭西第一帝國及百日王朝皇帝，曾攻占歐洲大部分領土。

- 1778 年，在法國布里埃納軍校接受教育。
- 1784 年，以優異成績畢業後，被選送到巴黎軍官學校。他用 1 年的時間完成軍校規定的 3 年學業，通過畢業考試被授與少尉軍銜。

法國巴黎凱旋門

- 1789 年法國大革命爆發後，拿破崙回到科西嘉。
- 1793 年拿破崙率兵防衛土倫岸炮炮臺，成功擊敗進攻法國以援助波旁王朝的英國艦隊，以 24 歲的年紀被任命為准將。
- 1795 年榮升為陸軍中將兼司令角。
- 1796 年被任命為法國義大利軍總司令，與約瑟芬結婚，在其遠征軍中，帶有 2,000 門大炮、175 名學者以及百箱的書籍和研究器材。拿破崙精曉數學和天文學，熱愛文學、宗教、藝術與文物。
- 1798 年遠征埃及失敗，被英國海軍納爾遜將軍擊退，在埃及期間，發現羅塞塔石碑，探索金字塔祕密，研究泥板楔形文字，對於日後考古學家對埃及古文明認識幫助極大。
- 1799 年拿破崙獲得法國第一執政，成為皇帝。
- 1810 年拿破崙娶奧地利公主瑪麗・路易絲為妻，法奧結成同盟。
- 1812 年法軍歷經焦土政策，法軍有 40 萬人陣亡和重傷後，進入莫斯科，俄軍放火燒掉所有資源，以時間換取空間，拿破崙因此慘敗。
- 1814 年，巴黎被占領，拿破崙被流逐到地中海上的一個小島厄爾巴島，後世詩人寫了著名的英語迴文詩 ABLE WAS I, I SAW ELBA，解釋為：「過去我不可一世，而今被囚禁於島厄爾巴島。」
- 1815 年拿破崙從厄爾巴島返回法國巴黎，再次奪得政權，6 月 18 日拿破崙軍隊在比利時滑鐵盧與盟軍激戰，而被英國威靈頓將軍所擊敗，稱為「滑鐵盧戰役」。之後被遣返至小島聖赫勒拿島。
- 1821 年 5 月 5 日病逝島上，結束傳奇一生，影響後世歐洲與全世界歷史文明方面成就，貢獻極大。凱旋門是拿破崙紀念打勝奧斯特立茲戰役 (Battle of Austerlitz)，於 1806 年興建的，但凱旋門因為拿破崙在 1814 年戰敗而中斷建設，直到 1832 年法國政府在輿論下，下令復工，1836 年完成。
- 1840 年 12 月 15 日，拿破崙的靈柩被運回巴黎，經過凱旋門當時巴黎是嚴寒的冬季，百萬市民在香榭里榭大道恭迎法國偉人拿破崙，安葬於塞納河畔榮譽軍人院。

　　詳實鋪陳法可展現解說之功力反覆練習，提升專業，必能贏得旅客掌聲。

（三）鮮明對比法

直接一物比一物，增強遊客記憶，彌補度量衡單位計算之不足。對比法主要是使遊客立即瞭解到對解說物比例，適合面積、高度等對比。

美國國家公園

大峽谷國家公園 (Grand Canyon National Park) 位於美國亞利桑那州，國家公園面積為 5,000 平方公里，約臺灣 1/7 大，深度約 1,500 公尺，約 101 大樓 508 公尺的 3 倍，由科羅拉多河夾雜著大量的泥沙，所沖積出第 18 處地區，形成大峽谷國家公園之景觀，大峽谷為東西走向，總長約 360 公里，約臺灣國道 1 號高速公路自北到南 372 公里，寬度從最窄 28~56 公里，將大峽谷分為南緣與北緣地區。1979 年被列為聯合國教科文組織世界自然遺產。此法可利用展示鮮明的對比。

岩層之陳色

大峽谷東西走向，總長約 360 公里，臺灣國道 1 號高速公路約 372 公里

（四）肢體語言法

用肢體語言來表達是另一種詮釋，可補充言語不足，而眼部的注視是最令人感到熱情的，臉部表情展示愉悅易產生親和力，適合在團體注視導遊時。

臺灣臺北市淡水街頭藝人的肢體表演

瑞典斯德哥爾摩德羅汀罕宮管理人員以肢體語言告知不可攝影

（五）見景敘景法

最適合用於市區觀光，說明大街小巷各式各樣的招牌，遊客往往會充滿好奇與期待，看到什麼就能說到什麼，可以完全展現導遊專業。

廣告解說技巧

金車不斷追求卓越與堅持創新的理念，使專業體系組織化發展，是金車一向秉持的經營理念。

2008 年成立金車文藝中心，以扶持本土藝術、鼓勵青年創作為宗旨，打造藝術青春揮灑舞臺，期盼以踏實腳步與青年們一同成長茁壯。

1998 年成立伯朗咖啡館是其秉持著 30 年的咖啡飲品經驗與品牌信譽，跨足餐飲服務業，伯朗咖啡館使用精選的 Arabica 豆與優質莊園單品豆，堅持每週適量烘焙新鮮咖啡豆，以「提供顧客好咖啡，深耕本土咖啡文化」為企業目標，以高品質咖啡的市場定位，搭配藝術陳設為基調，是特有之風格。

金車文藝中心南京館，展覽作品以油畫、水彩等平面創作為主，2008 年起舉辦競賽展出；金車教育基金會除鼓勵藝術創作外，同時舉辦推理、文學、創意設計、奇幻科幻等系列講堂，提升臺灣美學生活運動。

2015 年威士忌酒廠的「噶瑪蘭威士忌」代表出產國臺灣於「2015 年世界威士忌大獎」競賽，獲得「世界最佳單一麥芽威士忌」，噶瑪蘭經典單一麥芽威士忌 (Kavalan Classic) 再度榮獲酒業界歷史最悠久及最具威望的英國葡萄酒暨烈酒競賽特等金牌獎 (Gold Outstanding)，其他酒款亦獲得四面金牌 (Gold)。

位於臺北市區金車廣告，看到就可以解說囉

（六）伏筆懸宕法

　　在團體較長的車程裡，可以講解年代久遠的故事，這年代久遠的故事往往會延伸另外的故事，可以請團員好好查詢或下次再來等。

VERSACE LOGO

義大利佛羅倫斯戶外美術館上的銅雕，柏修斯踩在梅杜莎的身上，其裝備共有3樣寶物，身穿帶翅的涼鞋，頭戴隱身帽，右手持荷米斯的寶劍，左手拿著梅杜莎的頭顱

 希臘羅馬神話故事

　　阿哥斯城的國王阿克里修斯，有一個女兒叫達妮，其豔冠全邦。國王無王子，美麗的女兒並沒有帶給國王多大的喜悅。國王到神殿去請示神明命中有無兒子。祭司說：「沒有」，並告訴之更壞的消息，將來會被其孫子殺死。

　　國王聽信祭司的預言，為避免這樣的命運，要立即處死達妮，但神明會懲罰殺害親屬的人，於是建造了一間銅屋，沉入地裡，把屋頂開了天窗，可採光透氣，將達妮關在地底的銅屋裡，並派人小心看守。

　　達妮坐在銅屋裡，忽然一陣白雲從頭頂飄過，灑下金黃色的雨滴，降臨房間，那是天神宙斯，化成黃金雨落入了達妮的銅屋，因此達妮生下了小男孩，一天被國王發現了這叫柏修斯(Perseus)的小孫子，國王生氣的問：「妳的孩子！父親是誰！」達妮驕傲的說：「天神宙斯！」國王懼怕天神宙斯，但他更擔心的是這孩子活著對他的生命是一大威脅。基於神明會痛懲殺害親屬的人，國王還是不敢下令殺害兩人，後來有臣子獻計說，有一個方法可不直接下令殺害他們，卻也可以令他們無法存活，於是國王命令工人做了一個大箱子，將達妮母子裝進箱子裡，帶到海邊丟棄，以逃避親下毒手的罪過。

　　達妮與柏修斯待在箱子裡，夜深了孤孤單單的在海面上漂流著，海浪似乎隨時都會吞沒他們，黎明到來依稀感覺到海浪托住箱子迅速的往前推進，突然箱子停止搖晃，彷彿已經靠岸，一位漁夫發現箱子，打開箱子赫然發現裡面竟然有一對母子，漁夫帶母子倆回家見妻子，

並收留她們。柏修斯長大後，其居住的島嶼國王，覬覦達妮的美色，卻又不想當柏修斯的父親，於是設計加害柏修斯。

在國王的一個生日裡，宴請賓客，柏修斯被邀請，賓客都帶著禮物禮品獻給國王，但是柏修斯只能空著手去，年輕自尊心強而感到屈辱，國王告訴他，很想要蛇髮女妖腦袋，於是他站起來在所有賓客面前起誓，答應要去斬下蛇髮女妖梅杜莎 (Medusa) 的頭來獻給國王當作禮物，正中國王的奸計。

有言：「女怪有三、蛇髮帶翼會傷人、凡人目睹、呼吸頓止化木石。」

梅杜莎是三個女妖之一，皆有神奇的魔力，凡人若看到了她們，頓時變成石頭。沒有人不靠神力，就可以取下她的腦袋，柏修斯並非是有勇無謀的人，離開國王的宮殿，立刻上船去希臘打聽這三個女妖在哪裡，他一度絕望而流浪了好久，後來終於遇上了一位英俊的年輕人，這位年輕人有著特殊的相貌，「雙頰有剛長出的絨毛、手持著一根帶翅的金權杖、頭帶羽翼帽、腳穿帶翅的涼鞋」，是「使神」荷米斯。

荷米斯告訴他攻擊梅杜莎所需要的裝備。第一他需要一把劍，用來砍下梅杜莎的頭，於是荷米斯把自己的劍借給柏修斯，第二需要「女戰神」雅典娜的法寶，雅典娜也毅然答應，脫下亮晶晶的青銅盾牌，並告訴他：「攻擊蛇髮妖女的時候，眼睛必須看著盾牌，把盾牌當成鏡子，這樣可以避開她的魔力。」第三需要「北國仙女」的裝備，但只有灰娘知道北國仙女的確切地點。灰娘住在昏暗的洞穴裡，終年不見陽光和月亮，因為是 3 個女人住在那灰色的地方，所以叫灰娘，3 人也共用一個眼睛，輪流使用。而後荷米斯帶著他穿過千山萬水，終於來到朦朧國灰娘的所在地，柏修斯先躲起來，等其中一人由前額把眼睛取下來傳遞的那時候，3 個人都看不見那瞬間搶下眼睛，柏修斯順利搶下眼睛，要求灰娘告知北國仙女的位置，指引他方向及目標，這時灰娘為了取回眼睛什麼事都願意做。

北國仙女的位置在北風背後的幸福國，但水路及陸路都到不了，這時有荷米斯帶他從空中一路前往幸福國尋找北國仙女，北國仙女準備好所需要的寶物，共 3 樣，一是帶翅的涼鞋，二能隱身的仙帽，三能隨意變大縮小的寶囊，加上荷米斯的寶劍，雅典娜的青銅盾牌，柏修斯準備好迎戰梅杜莎。

翌日，他穿戴好這些寶物，來到女妖居住的島嶼，眼見 3 個女妖都睡著了，他看得很清楚，她們長著大翅膀，全身金麟，頭髮是扭動的蛇群所構成的，女妖當中只有梅杜莎會死，柏修斯穿著帶翅的涼鞋飛到她們上空，帶著雅典娜的盾牌並從盾牌裡反射看到女妖，俯衝下去對準梅杜莎的喉頭，拿起荷米斯的寶劍，由雅典娜指揮他的動作，「唰」的一聲，梅杜莎女妖魔頭應聲飛出，這時他眼睛還是直視盾牌，俯衝下去抓起魔頭，扔進寶囊中，寶囊立刻收縮，完成任務。是時梅杜莎的姐妹醒來驚覺姐妹被殺非常的生氣，正要去追兇手卻看不到人，這時柏修斯還有最後的一個寶物就是能隱身的仙帽，隱藏後揚長而去，柏修斯直接走到國王宮殿裡大廳，站在門口，胸膛罩著雅典娜的盾牌，身邊掛個銀囊，吸引每個人的注意，趁大家來不及移開目光時，舉起蛇髮女妖的頭，國王及賓客們目睹，呼吸頓成化木石，所有的人立刻變成了石雕，各個呈現出驚慌模樣。

島民知道國王已除，很快的就把老漁夫與達妮找出來與柏修斯團圓，母子決定要回去阿哥斯城找國王，當馬車到時，發現國王阿克里修斯搭車出去，柏修斯知道鄰國正在舉辦運動大會，跑去參加擲鐵餅比賽，結果一不小心鐵餅擲歪，落在觀眾席上，正好國王阿克里修斯在這裡作客，不偏不倚的擲中他，當場死亡，應驗了神諭。

為了感謝雅典娜，他把梅杜莎的腦袋送給她，她代天神宙斯保管神盾，特意將那顆頭顱嵌在神盾上，隨時帶著。這也是日後義大利名牌凡賽斯 (Gianni Versace S.p.A) 所使用的 logo。這個故事可以延伸到其他希臘羅馬神話故事，以此為伏筆，用故事陳述之方式解説是最討喜的。

（七）先遠後近法

　　由遠年代事物一路談到現況，有助於使人瞭解演變的過程，進而加深印象、充滿驚奇。適合於解說歷史地理，於長途巴士上。

2016 年挪威峽灣冰河區之布利斯達冰河

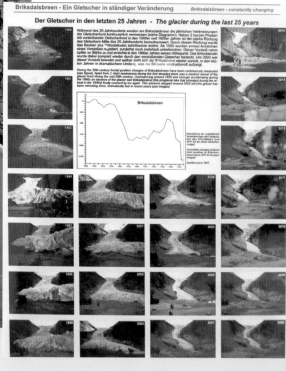

布利斯達冰河從 1989~2014 年，25 年布利斯達冰河退縮的情形，順帶提到全球溫室效應帶來空前之災害

（八）晴天霹靂法

解說時，有時旅客們自顧自地聊天，這場解說等於無效，此時導遊應該立刻調整解說內容與方法，找一個很霹靂的話題，吸引旅客注意。

（九）虛擬重現法

很多時候去參觀遺跡廢墟時會剛好遇到建築物整修，或因氣候狀況不佳而無法重現美好場景，必須準備實體的書籍或畫報，將場景重現。

羅馬古市集 Forum Romanum

於義大利羅馬帕拉蒂尼山與卡比托利歐山兩山之間，是古羅馬時代的城市百姓活動的地方，有市集、神殿凱旋門、石柱與寺廟，也是元老院的所在，羅馬會議所在地，後方還可依稀看到鬥獸場模樣，鬥獸場建立於西元約 70~80 年間，距今 2,000 多年前，羅馬古市集建造及毀壞日期已不可考。

羅馬古市集現今遺跡

羅馬古市集完整時景觀

（十）引人入勝法

　　講解中適時插入有趣的話題使團員　　牽引著人們的心，適合在新奇的事物上。產生興趣，有期待的心情繼續往下聽，

 臺灣全民運動

　　棒球是臺灣、美國與日本的「國球」，是一種結合競技及智慧的運動，古埃及金字塔有發現刻有「棒」和「球」的圖畫，傳說古埃及人將它當作宗教儀式的一部分，也有考古學家在希臘和印度的古代寺廟和碑石浮雕看到持棒打球的畫像，現代棒球則從 1839 年美國進行第一次棒球比賽開始。

　　在經歷數次演變及許多不同的稱呼之後，1839 年在美國紐約州柯柏斯鎮（Coopers town，現今棒球名人堂的所在地）的戴伯特 (Abner Doubleday) 修訂原先的遊戲規則，在美國被認定為棒球之父的卡特來特 (Alexander Cartwright) 在 1845 年出版一份有 20 項規則的書面資料，奠定現代棒球的基礎，包括名詞「baseball」、鑽石造型的內野、九個守備員和位置、內外野、三出局為一個半局等，1869 年在辛辛納堤市成立全世界第一支名為「紅襪俱樂部」(Red Stocking Club) 的職業棒球隊 (Professional Baseball)，這也就是每年大聯盟新球季的開幕戰都會在辛辛納堤舉行的緣由。美國職棒大聯盟 (MLB) 的名稱則是在 1920 年出現。1955 年美國國會則於認定卡特來特為現代棒球的發明人。

　　古巴棒球的強盛，名聞全球，因棒球選手出身的古巴領導人卡斯楚，喜愛棒球，將棒球視為古巴的國球，所以到古巴旅遊，隨處可見打棒球的人。更有句名言形容古巴：「古巴有藍的天空、藍色的海洋、美麗的女人、雪茄、甘蔗酒以及棒球。」

　　日本棒球是在 1873 年由美國人貝茲傳入日本，起初是以教學方式來指導學生球隊，後來由於 7 大企業支持的球團正式結合，1937 年組成「日本職業棒球聯盟」，開始日本的職業棒球運動。發展至今有兩個聯盟，中央聯盟與太平洋聯盟，估計每一場球賽觀眾人數約有 2 萬人以上。棒球在美國、加拿大、古巴、日本、臺灣及韓國已流行多時，藉由運動文化中產生民族意識與國家認同。

　　日本人中馬庚在 1895 年創造「野球」的字彙，即日本所謂的「野球元年」。同年，日本占據臺灣，棒球運動隨之傳入，並把這項運動稱之為「棒球」，1906 年出現臺灣史上第一支棒球隊，開啟了棒球在臺灣發展的歷史。

　　1984 年，棒球被列為奧運會的表演項目；1992 年起被列為奧運會的正式比賽項目至 2008 年。1992 年第 25 屆巴塞隆納奧林匹克運動會這是棒球項目首度成為奧運正式比賽項目，共有 8 個國家的棒球代表隊參賽，中華隊以 5 勝 2 負的戰績獲得預賽第 3 名晉級，決賽以 5:2 擊敗日本晉級冠軍戰，冠軍戰敗給古巴，獲得銀牌，1992 年古巴首次參加奧運即奪得金牌，否則中華隊應該在 1992 年就已經拿下奧運金牌改寫歷史了。臺灣棒球運動發展已經有 100 多年的歷史，簡略有下列時期。

　　1921 年高砂棒球隊，居於臺灣東部的原住民，因在打獵過程中，需要拋擲石頭等工具做為輔助，原住民小朋友練就了一身丟擲石頭的本領。1921 年漢人見到一群花蓮阿美族青少年正在用木棒、石頭等簡單器具進行類似打棒球的遊戲，對於他們的棒球資質驚訝不已，便召集這群青少年成立「高砂棒球隊」，這群青少年們被安排進入「花蓮港農業補習學校」就讀，高砂棒球隊被重新命名為「能高團（因能高山而得名）」。

年　代	時　期
1895~1945	野球傳入臺灣，棒球萌芽時期
1945~1960	棒球蓬勃發展，落地生根時期
1960~1980	三級棒球時期，全面發展時期
1980~1990	培養至成棒選手，打入國際比賽及職棒時期
1990~2010	多元化階段的歷程，選手外移時期
2011~2016	臺灣棒球選手經歷世界洗禮而國際化，帶動三級棒球世界級水準

　　1925 年，能高棒球隊搭船前往日本進行一個月的友誼賽，東京第一場友誼賽，由於日本人低估能高球員的實力，所以當時僅派出非強隊的隊伍出賽，沒想到在主投手查屋馬的封鎖下，前 4 局以 28 比 0 的戰績獲得壓倒性的勝利，於是裁判緊急宣布比賽結束，「能高」成為一個象徵與符號。

　　1931 年，來自嘉義的嘉義農林棒球隊奪得全島中等學校棒球大會冠軍，更以臺灣原住民、漢人、日本人三個族群混合的隊伍代表臺灣參加第 17 屆夏季甲子園大賽，拿下全日本亞軍，棒球運動發展成為當時學校體育教育的主要項目。

　　1958 年，紅葉少棒隊擊敗日本關西聯隊後一夕揚名，隔年的金龍少棒獲得世界冠軍凱旋歸來，不僅把臺灣的三級棒球運動推向世界舞臺，也奠下臺灣後來成為世界棒壇五強的基礎。

　　1937 年吳昌征是臺灣第一人加入日本職業棒球（巨人隊）。2002 年陳金鋒是臺灣第一位進入美國職棒大聯盟的選手（美國職棒道奇隊）。2005 年登上大聯盟的王建民成為臺灣棒球選手在洋基隊出賽的第一人。

永和豆漿店林立，起源是因 80 年代棒球比賽而興起的，中華少棒隊在美國威廉波特為國爭光時，兩地時差 12 小時，美國東岸威廉波特中午 12 點正是臺灣午夜 12 點，一場棒球約 4~5 小時，嘶喊加油後打完剛好左鄰右舍約一約吃早餐，順便討論一下比賽情況，當時為之風靡

美國紐約洋基舊球場，曾經是旅美投手王建民於 2006~2007，2 年奪得 19 勝的寶地

美國國家棒球名人堂暨博物館，位於美國紐約州古柏鎮

（十一）畫龍點睛法

將重要景物，最精采、最精華的部分加以強化，不惜以誇大的形容詞來鋪陳，使其留下深刻印象，適合在重要文物上。

（十二）有獎徵答法

在導覽解說前，先告知旅客有小禮品要贈送，待導覽解說告一段落時，便可施行此法；唯問題不宜太難，越明確越好，問答時若是大家踴躍搶答，表示此法奏效；在挑選答問者，順序宜由小朋友及年長者優先，表示您尊重長者及愛護幼者，一法數用，得到敬重。

二、問答有 6 法

問答有 6 法是指：我問客答、客問我答、自問自答、客問客答、我問我不答、客問我不答 6 種方法，這些問答法一般會在長程的巴士上打發時間為導遊與領隊人員所使用，一部分也讓遊客可以自己表達想要知道的事物，一方面也使導遊與領隊人員利用這個機會傳達一些事項讓旅客知道，分述如下：

（一）我問客答法

此法的要素為促使客人動腦及讓客人專心聽解說，防止整個過程單調乏味以及防止導遊準備了豐富的專業知識客人卻無人用心聽，對導遊也是一種傷害。滿足客人求知慾望，雙方有良好互動，客人回答後還可贈送小禮物，讓雙方都滿意愉快，下次就會有人搶答，效果會非常好。

翠玉白菜

一塊半白半綠的翠玉，因其裂痕與斑塊，被視為多瑕疵的石材，但在工匠巧思之下，創作出驚人的作品－「白菜」，此件作品原陳設於永和宮中，因此推測，此白菜屬住在永和宮內光緒帝的瑾妃所有，進而衍生出白菜寓意－清白與純潔；葉尖螽斯與蝗蟲，兩隻昆蟲寓意多子多孫，是祈願皇室子孫綿延的意念。最後猜一下這白菜有多大，長 5.07cm；寬 9.1cm；高 18.7cm，這是皇帝送給後宮佳人的定情之物，因此有藉口去看白菜，其實是去會佳人，白菜又有一諧音為「擺財」財富之意，是為珍玩之物。此一解說方式適用於畫龍點睛解說之技巧。

（二）客問我答法

此法的要素即回答客人提出的種種問題，導遊依據一定的事實基礎和邏輯思考，進行適當的回覆，回答問題要有技巧性，當答案與客人知道的不一樣，導遊可以告之答案來源，客人問及很深度問題時，這時要很優雅的來迴避，並迅速轉移類似的話題別冷場，那會表示導遊心虛，但是不要有意或鼓勵客人提問，除非你很自信很有實力，此法適用於小團體的客人，部分的客人想休息，部分的客人還想聽。

（三）自問自答法

此法的要素即導遊自己提出問題，並且由自己來回答，在速度和節奏上要比較快，目的有兩種，第一此法並沒有讓旅客回答的打算，但如果有客人要回答就順水推舟，順其自然。第二旅客回答之後，導遊適時回應答案是否正確，有時客人答對，導遊不妨存疑，看客人反映，立即回答你答對了，開個小玩笑，不失幽默；這都是在你與客人非常熟識的情況，當然有人是開不起玩笑。

（四）客問客答法

此法的要素是當客人向導遊提出問題後，導遊不馬上給答案，而是故意讓客人來回答，此法的用意是活絡旅遊團隊內的和諧氣氛，使用得好能促進客人的積極性，加強導遊人員與團員以及團員與團員之間的關係。運用上的技巧是，可找團員中較活躍的分子回答，答對了，他們會很高興；答錯了，當導遊說出正確答案時，更能加深印象。但不要用於團體前3日，因為客人還不能回答一些問題，也不要用於旅客處於疲倦和無聊之中時，早晨較好，下午會比較疲勞。答對了，旅客會很高興；答錯了，也不必過於強調其錯誤。唯不要用於旅遊前3日，須等整個團員及導遊較熟識後，較適用。

（五）我問我不答

為了讓長程車程旅途中留下一個伏筆，不要鋪陳太多，客人會覺得導遊不老實油條等，前幾種方法都適用於團體後半段的時間運用，唯有此兩法適用於團體前半段的時間，用心的客人會問導遊某某問題還沒回覆，這種感覺很好，表示有用心聽及上進心。

（六）客問我不答

其中客問我不答非常適用於新進導遊人員或領隊兼導遊的狀況，尤其是當帶團到不熟悉之國家區域，客人問及導遊不知道的問題，這會總是會發生的，導遊先不答，心不慌不亂表面上好像是一個伏筆，其實導遊人員真的不知道，之後馬上去請教當地人再回覆與旅客，無傷大雅，可避免尷尬，非常實用。

三、EROT 解說模式

EROT（解說模式）和 Thematic Interpretation（有主旨的解說）的理論，這是 Dr. Ham 和 Dr. Weiler 發展出來的解說技巧，已經在世界各地推廣。Ham 根據兩個世紀以來的研究之道，好的解說要「一聽二心」：一要讓遊客注意「聽」、二讓遊客「心」有所悟，否則回家就忘，最多記得你講得很精彩而已。ERO 就是用來抓住遊客的耳朵，T 則是要在他們的內心留下衝擊，回家思考。EROT 解說模式如下：

（一）內容要好聽 Enjoyable

好聽的解說，才能讓遊客有所享受。善用比喻將抽象化為具體，使遊客聽到一個陌生的故事，其內容卻是易懂並享受其中；適時的插入笑話、肢體表演等，都是重要技巧。

（二）要有關聯 Relevant

不但與個人有關，也與整體性有關聯；眼睛禮貌的注視對方，講話常用您。題材涉及相關內容，應與生活經驗、人生經歷、一般常識等有關聯。

（三）要有組織 Organized

解說的內容必須被組織化，將片段的內容及過程串在一起務求使人理解，如分開來聽雜亂無章，但組織起來就是一個完整的內容，令人莞爾。

（四）要有主旨 Thematic

等於主題及意義，一個完整的句子在解說時，能提供思考的方向。有吸引人的主旨，就有吸引人的解說，遊客最後只記得主旨，而非個別「內容」。

 月桂冠的由來

太陽神阿波羅 (Apollo)，傳說是奧林匹亞山眾神彈豎琴最好聽的神明，亦是「箭神」，美神維納斯 (Venus) 兒子小愛神邱比特 (Cupid) 自詡「箭神」；但阿波羅看不起邱比特。阿波羅時常看到邱比特拿著弓箭把玩，警告：「喂！弓箭是武器，不是玩具！」但阿波羅不知邱比特的箭是加持過的箭。

2004 年陳詩欣與朱木炎於雅典奧運跆拳項目奪金，朱木炎正戴著月桂冠

　　邱比特有兩支箭，一支是金箭，一支是鉛箭；凡是被他用黃金做成的金箭射到，會愛慾焚身，心中會立刻燃起戀愛的熱情。若是被鉛做成鉛箭射到則相反，就會厭惡愛情，並且憎恨對方，這兩種箭是「愛」與「恨」的極致表現。邱比特被鄙視，心裡很不服氣，順勢在阿波羅不注意的時候，「啪」一聲，金箭射中阿波羅的胸膛，阿波羅頓時心中有了強烈愛情渴望，這時來了河神之女達芙妮，邱比特迅速地將鉛箭射向達芙妮，達芙妮立刻變得厭惡愛情，此時阿波羅已經深深的愛上了達芙妮，對她大吐傾慕之情，但她卻很不高興的說：「走開！我討厭你！」而後飛奔的往山谷裡去；因為金箭的使然，阿波羅對達芙妮已經產生濃濃的愛意，他拿著豎琴，彈出優美的曲子，不論誰聽到這琴聲，都會情不自禁的走到他面前傾聽。

　　此時，躲在山裡的達芙妮聽到了這優美的琴聲，也不知不覺陶醉了。「哪來這麼動人的琴聲？我要看看是誰彈奏的。」這時，達芙妮早已經被琴聲迷住，走向阿波羅，躲在一塊大石頭後面彈豎琴的阿波羅立刻跳出來，走上前要擁抱達芙妮，達芙妮看到阿波羅，嚇得飛奔，阿波羅苦追在後，並且大聲叫喊：「我又不是野獸，我是太陽神阿波羅！為什麼要避開我。」儘管阿波羅在後面不停的對達芙妮呼喊，她仍然像沒聽到，繼續往前飛奔；不過，她跑得再快，也逃不過阿波羅的追趕，眼看阿波羅快要追到了，這時她卻已筋疲力盡，再也跑不動，最後倒在地上，急得大喊向父親求救：「救命啊，父親啊！我寧死也要保持處女之身。」

　　父親河神聽見女兒呼喊，立刻用神力把她變成一棵「月桂樹 (Laurel)」，只見達芙妮的秀髮變成樹葉，雙手變成樹枝，兩條腿變成樹幹，兩隻腳變成樹根，深深的扎入土裡，阿波羅抱著殘留餘溫的達芙妮，懊悔萬分，深情的對她說：「妳為何要排斥我呢？」很傷心並抱著月桂樹痛哭，但月桂樹卻不停的搖擺；她已經變成月桂樹，但是阿波羅依然愛著她，並很深情的對月桂樹說：「我們雖然今生沒有緣分，但是我會永世愛著妳。此後，我用妳的枝葉做我的桂冠，用樹幹做我的豎琴，用花來裝飾我的弓，之後只要在奧林匹克運動會上的優勝者，我都要替他們戴上妳的枝葉，以代表榮譽及純潔。」這就是月桂冠的由來。1896 年奧運的發源地希臘雅典，舉辦現代第一次奧運會上傳統替優勝者戴上月桂冠的來源，當 2004 年回到希臘雅典時，也同樣的替優勝者戴上月桂冠，保持著這傳統。

　　由這個故事來啟發帶入此一理論：

（一）內容要好聽 Enjoyable
　　月桂冠故事幾經曲折內容，讓聽者為之感動，符合內容要好聽之要件。

（二）要有關聯 Relevant
　　每四年舉辦一次為時半個月的奧運，牽動著全世界的心，關聯性十足。

（三）要有組織 Organized
　　其實故事作者是世界三大史詩之一的荷馬等人，距今已有 2,000 多年歷史，故事是需要改編，大意不變，最重要是組織合理，讓人聽得津津有味。

（四）要有主旨 Thematic
　　主旨是奧運、月桂冠、阿波羅與邱比特，聽者或許忘了內容但是一定會記得故事所要表達的意境，也是 EROT 理論所要詮釋的部分。

3-2　導覽解說心理技巧

　　導覽解說心理技巧，是為了要瞭解旅客心理因素，正所謂知己知彼、百戰百勝的概念，導覽解說人員一定要瞭解旅客特性與來此之需求與目的，旅客為何而來之因果循環，進而從此角度切入導覽解說，瞭解其特性，滿足需求與目的，使旅客滿意度增加而導覽人員因此得到回饋。

一、需求層次理論

　　人本心理學家馬斯洛 (Abraham Harold Maslow) 的需求層次理論 (needs hierarchy theory) 將需求分為五個層次：

（一）生理需求
physiological needs

　　人類最基本需求，即對食物、水、氧氣、休息性和從緊張中解放出來的需求。

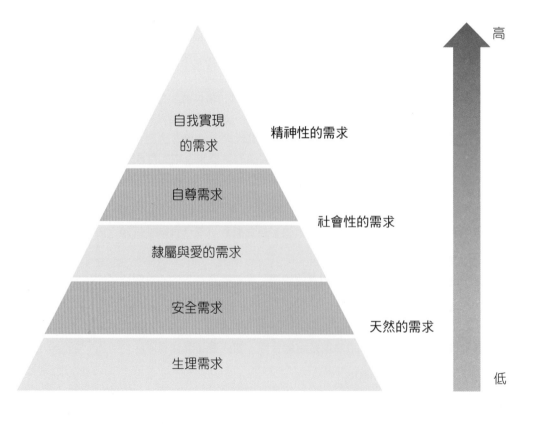

（二）安全需求
self-aetualization needs

對安全、舒適、祥和和免於恐懼的自由需求。

（三）隸屬與愛的需求
belonging needs

對歸屬、親近、愛與被愛的需求。

（四）自尊需求 esteem needs

對信心價值感和勝任能力的需求；自尊並獲得他人的尊敬和讚美。

（五）自我實現的需求
self-aetualization needs

最高的需求，包括實現自己的潛能，充分發揮自己的能力。

這五種需求又可區分為天然性的、社會性的、精神性的三個標準階段，根據馬斯洛的說法，在需要階層中較低層的需要還沒有得到滿足時，那些需要將會支配著個體的動機；然而，一旦那些需要得到適當滿足後，較高一層的需要會開始占據個體的注意力和行動；但在觀光旅遊上，亦有在生理需求滿足以前，為了滿足社會的需求及自我實現的需求所進行的觀光旅遊活動。旅遊者除了生理上的需求外、亦有尋奇求新及追求美的需求。據此，在旅遊階段的心裡需求可概括為「安全」、「舒適」、「方便」、「迅速」。

二、觀光旅客心理特性

（一）激勵特性

當生理需求、安全需求、社會性等需求都滿足時，自我實現的需要對觀光旅遊來說是等號的激勵。

（二）認知特性

對資訊的反應，會有選擇性偏差，選擇性喜好及選擇性記憶。

（三）學習特性

是類化的作用，與異化作用，因交替作用而產生激勵力的效用。

（四）信念與態度特性

所抱持對旅遊地的感官信念，所衍生出順從遵從之態度，就是經驗與習慣。

三、觀光動機

由需求所引起之動機，遊客透過需求獲得滿足來減輕個人的焦慮與不安；其中動機被視為支配旅遊行為的最根本驅力，其目的為保護、滿足個人或提高個人的身價；觀光動機之產生，係同時受到兩個層面的驅力促使，一為社會心理的「推力因素」，二為地區文化的「拉力因素」。

（一）推力因素 Push Factor

指涉及促使個體去旅遊社會因素。

1. 想看不一樣的東西。

2. 去渡假充電。

3. 離開現實環境，去療傷、止痛。

臺灣再怎麼逛都是差不多的景物，人山人海，到國外去走走吧！此為推力因素，圖為臺北市西門町

（二）拉力因素 Pull Factor

指旅遊地區文化拉力，是吸引觀光客前往的因素。

1. 購物方便，食物便宜，食材新鮮。

2. 偶像演唱會，某項運動的比賽地。

3. 他國不同文化、歷史、風俗與民情。

合掌村

日本飛驒地區白川鄉與五箇山的合掌聚落，合掌村為木造建築物，興建過程中完全不用釘子，十分牢固，屋頂建設考慮到積雪問題而特別陡峭，使積雪容易滑落地面不易堆積屋頂，合掌村每隔 30 年左右就必須招集全村男女來更換屋頂茅草，因為此地皆為木材與茅草建築物，所以絕對嚴禁煙火，冬天的景致就像童話故事中般美麗，被稱為「冬日的童話村」，1995 年聯合國教科文組織登錄為世界文化遺產。

動用全村之人力更換屋頂之景觀

日本餐食及文化常是國人想要去觀光旅遊之地，也就是拉力因素，圖為合掌村

合掌村處處可見的消防系統

四、觀光知覺

（一）知覺的原理

　　每一個人處在一個大環境中無時無刻不受著環境的影響，也同時影響著環境。在這交互作用的過程中，隨著人們的差異，不同人會賦予環境不同的意義，這就是心理學家所謂的「知覺」（徐瑋伶、鄭伯壎，1983）。簡言之，就是對外來刺激賦予意義的過程，可以看作是我們瞭解世界的各個階段。我們知覺物體事件和行為，在腦中一旦形成一種印象後，這種印象就和其他印象一起被組織成一種對個人有意義的基模 (pattern)，這些印象和所形成的基模會對行為產生影響（蔡麗伶等，1990）。

　　對觀光從業人員而言，知覺這一因素更是重要，因為這關係到他所提供的服務和所做的推廣工作，在觀光客心目中所產生的整體印象，如果觀光客所知覺到的訊息媒體，如廣告、宣傳文宣與名人代言等。所知覺到的事件，如飛機機艙設備、飯店等級、旅遊地形象與餐廳的佳餚。所耳聞的聲音，如機艙、飯店游池旁與餐廳音樂。所嗅到的味道，如機上餐食與烹飪味道，都成為觀光客的知覺線索，加上觀光客原來的認知基模，就成為觀光客個體解釋旅遊現象的「知覺」（蔡麗伶等，1990）。

（二）知覺的定義

　　袁之琦、游恒山 (1990) 是指人腦對直接作用於腦部的客觀事物所形成的整體反應。知覺是在感覺的基礎上形成的，它是多種刺激與反應的綜合結果。日常生活中人們會接觸到許多刺激，如顏色、亮度、形體、線條與輪廓，這些刺激會不斷的衝擊人的感官，同時也會透過感官對這些刺激做反應。知覺即是人們組織、整合這些刺激組型，並創造出一個有意義的世界意象過程。

　　張春興 (1996) 知覺是客觀事物直接作用於人的感覺器官，人腦對客觀事物整體的反應。如有一個事物，觀光客透過視覺器官知覺它具有橢圓的形狀、黃黃的顏色；藉由特有的嗅覺器官感到它有一股獨特的臭味；透過口腔品嚐到它甜軟的味道；觀光客把這事物反應成「榴槤」這就是知覺。知覺和感覺一樣，都是當前的客觀事物直接作用於我們的感覺器官，在頭腦中形成的對客觀事物的直觀形象反應。客觀事物一旦離開我們感覺器官所及的範圍，對事物的感覺和知覺也就停止了。知覺又和感覺不同，感覺反應的是客觀事物的個別屬性，而知覺反應的是客觀事物的整體。

　　張春興 (2004) 個體對刺激的感受到反應的表現，必須經過生理與心理的兩種歷程。生理歷程得到的經驗為感覺 (sensation)，心理歷程得到的感覺為知覺。感

覺為形成知覺的基礎,前者係由各種感覺器官,如眼、耳、口、鼻及皮膚等,與環境中的刺激接觸時所獲取之訊息,後者則是對感覺器官得來的訊息,經由腦的統合作用,將傳來的訊息加以分析與解釋,即先「由感而覺」、「由覺而知」。

● 表 3-1　知覺過程

知覺過程	釋義	舉例
需求 Needs	人們的生理需求對人類如何知覺刺激有很大的影響。	一位快要渴死的人會看見實際不存在的綠洲,快餓死的人也會看見實際不存在的食物。
期望 Expectation	我們對旅遊的知覺也會受到先前的知覺和期望所影響。	觀光客到巴黎就是要買香水,香水就成了他最主要的知覺選擇。
重要性 Salience	指個人對某種事物重要性的評估,對個人越重要的事,個人越有心要去注意。	即將結婚的人,對「蜜月旅行」的資訊會格外注意、青年學子對於「遊學」的訊息則較注意。
過去的經驗 Past Experience	大多數的動機來自於過去的經驗,常成為影響個體知覺選擇的重要的內在因素。	觀光客根據去過的經驗,經常特別注意去過的旅遊地,「去過」成為注意的重要因素。

（三）知覺過程

透過對事件的察覺、認識、解釋然後才反應的歷程;此反應包括外在表現或態度的改變或兩者兼之(藍采風、廖榮利,1998)。如前述,我們在面臨某種環境時,會以我們的器官獲得經驗,然後再將這些經驗加以篩選,使得這些經驗對我們有意義(榮泰生,1999);所以,知覺過程可以說是一種心理及認知的歷程(藍采風、廖榮利,1998)。

旅遊的環境裡,觀光客旅遊地知覺,特別注意到能使旅遊者感受舒適的設備和景觀,如旅遊地的海面、植物、色彩、語調、空氣和物質等,以及使觀光客舒服的設備,凡此均為服務的品質。學者將親切(friendliness)分為五個要素:信賴、保證、具體感受、同理心和責任。

（四）旅遊地的服務知覺

● 表 3-2　旅遊地服務知覺

要素	釋義
信賴 Reliability	指旅遊如期望中的安排,如住宿旅館依約定提供非吸菸房間而值得信賴。
保證 Assurance	指旅遊地服務人員的能力與訓練品質,能保證遊客受到應有的服務態度。
具體感受 Tangibles	指旅遊地的軟硬體設備,如建物環境以及工作人員給遊客的感受。
同理心 Empathy	指旅遊地能設身處地為遊客著想,讓遊客感受到貼心的服務。
責任 Responsiveness	指能即時提供協助,即時回應要求,讓觀光客感受關切的服務。

參考文獻 ✈ Reference

1. 金車關係事業，金車簡介，2016.09.01
http://www.kingcar.com.tw/tw/index.
aspx

2. 金車文藝中心，關於我們，2016.09.01
http://www.kingcarart.org.tw/

3. 伯朗咖啡，企業沿革，2016.09.01
https://www.mrbrown.com.tw/About/
index.aspx

4. 赫米爾敦 (1998)，宋碧雲譯，希臘羅馬神
話故事，臺北市：志文出版社

5. VERSACE_Logo，2016.09.01
http://demons.wikia.com/wiki/
File:VERSACE_Logo.jpg

6. Stefan Szymanski・Andrew Zimbalist，
瘋足球，迷棒球：職業運動經濟學，譯者：
張美惠，時報出版，2008.02.21

7. 羅惠齡，經典賽開幕！自由電子報.
2006-03-03 [2013-03-10]

8. 臺灣棒球維基館
http://zh.wikipedia.org/wiki/%E5%8F%
B0%E7%81%A3%E6%A3%92%E7%90
%83%E7%B6%AD%E5%9F%BA%E9%
A4%A8

9. 翠玉白菜，故宮博物院，2016.09.01
http://www.npm.gov.tw/exh99/jade/2_
ch.htm

10. 吳繼昌攝 (2004)，陳詩欣、朱木炎先後在
雅典奧運跆拳項目奪金，完成中華代表團
突破「奧運零金」的目標。2016.09.01
http://img1.cna.com.tw/

Project/2012Olympic/Info/olympic_
games/o26_3.jpg

11. 莊耀嘉編譯，馬斯洛—人本心理學之父，
臺北：桂冠，2000

12. 徐瑋伶、鄭伯壎 (2004)。領導範型、績效
知覺與領導效能之關係。中華心理學刊，
46(2)，1-15。TSSCI

13. 蔡麗伶譯 (1990)。旅遊心理學。臺北：
揚智文化。（原書 E.J. Mayo, L.P.
Jarvis,The Psychology of Leisure
Travel.）

14. 袁之琦、游恒山(1990)。心理學名詞辭典。
臺北：五南

15. 張春興 (1996)。教育心理學—三化取向的
理論與實踐。臺北：東華

16. 張春興 (2004)。教育心理學—三化取向的
理論與實踐。臺北：東華

17. 藍采風、廖榮利 (1998)，組織行為學，臺
北：三民

18. 榮泰生 (1999)。消費者行為。臺北：五南

人員與非人員導覽解說

The Practice and Theory of
Interpretation and GUIDE TOUR

人員導覽解說形式非常多，導覽解說服務人員種類，有導覽解說人員、領隊人員、領團人員與導覽人員等，但一般服務中心、醫療單位、廟宇人員及銷售人員也同時對旅客進行導覽解說，此章著重在人員導覽解說的態度與方式。

4-1　導覽解說人員內涵

一、導覽解說人員修養

導覽解說人員本身的修養良好與否與相關產業的品質密不可分，此人員應具備有以下之修養。

（一）學術文化修養

豐富的知識優美談吐，具備說寫流利的外語能力，敏銳的觀察能力，應變的智力及清晰的表達能力。

（二）倫理情操修養

有愛國的情操、謙恭有禮、端莊的儀態、整潔的儀容、守時的觀念與誠實的態度、負責的觀念及發揮高度的敬業精神、不洩漏國家機密與優先服務老幼婦孺。

（三）思想品德修養

親切友善、己所不欲勿施於人、富有服務熱忱、耐心穩重、擁有高等的耐心與毅力、作事細心、時時關懷、履行諾言與高尚品德。

二、語言傳達之重點

語言是導覽解說人員傳播與溝通的工具，旅客前來旅遊，想尋求好服務、好享受與得到知識為目的，尊重旅客，並使其留下難忘的美好印象，提高滿意度，達到客源回流，導覽解說語言傳達重點。

（一）出自內心語言

滿足遊客求知願望，達到服務的目的：

1. 言重語調：用詞、聲調與表情都應該表現出友好的感情。
2. 言之謙禮：自謙而尊人，尊重別人才能禮貌待人，多使用敬語和禮貌用語。

（二）言之快意

善用語言詞彙，表達時的用語和表情能給人美好感受：

1. 言之愉悅：快意的用語，使旅客「賞心悅目」，不談論不愉快的事，不用忌諱的詞語，多說好話。

2. 言之無礙：流暢達意是重點，前言不搭後語，邏輯混亂會引起溝通上的誤會。

3. 言之溫雅：文雅是溫文儒雅，真心善良是文雅的重要表徵，使用正統的用語。

（三）誠實的語言

1. 據實表達：解說要有來源根據，這是誠實的態度，亦是負責的態度。

2. 形象化表達：解說要正統，保持導覽解說員形象，不可空洞。

3. 言談有物：談話有內容、有道理，不濫用美麗詞彙。

三、語言溝通應用方法

加強應用 5 個「W」和一個「H」的方法來與旅客溝通與導覽解說。

（一）內容 What

依國家區域、年齡層次與旅遊目的，來調整導覽解說內容，想表達些什麼，導覽解說前必須先準備齊全，整理簡要紀錄，如何加入解說新鮮事物、活潑的內容，應有所安排，才能講來條理清晰與生動有趣。

（二）時間 When

時間掌握，分前段、中段與後段，何時該導覽解說和內容，需把握時宜之配合，抓住最佳的時機，作最適當解說，才能使旅客回味。

（三）地點 Where

導覽解說地點，不在氣候不佳時，作戶外導覽，導覽解說項目規劃，採用分點講解，每點於何地進行解說，都是非常重要的一種布局。

（四）原因 Why

此處旅客為何要來觀光旅遊之原因必須表達清楚，人事時地物等都須交代，講清事情的背景，說明事情的原由及目的。

（五）對象 Who

導覽解說依國家區域、年齡層次與旅遊目的之對象，來調整導覽解說內容與方式，依群體該講什麼話，看對象解說，是身為一個導覽解說人員必備的能力。

（六）如何 How

導覽解說人員，解說得巧、妙、好，需要時間與經驗之累積，並時時交流參觀其他導覽解說員的方式而作調整，基本功在音量、速度、語調及幽默上是不可或缺的，最重要有自己之風格。

四、導覽解說注意事項

（一）導覽解說之運用

1. 解說是導覽解說技能表現，熟練內容並轉換成一門藝術，對工作要有熱情、有信心、有活力。

2. 精通各方面的知識，積極蒐集資料，加以研讀並巧妙的運用資料。

3. 說明年代，以西元曆替代民國，說明歷史年代時，應考慮到旅客屬國籍的年代，例如：民國元年為西元 1912 年。

4. 說明面積、高度、長度時，應說出數字，並與旅客所屬之地區作比較，使用英制或美制國家，單位換算要清楚。

| 1 公里 = 0.62137 哩 | 1 公尺 = 3.28084 呎 |
| 1 坪 = 3.30579 平方公尺 | 1 公斤 = 2.20462 磅 |

5. 解說時速度適中，聲音要清晰和緩，團體容易聽清楚；沒有壓力的解說音速，以每分鐘約 150~250 字為宜。

6. 在遊覽車上，視線應投向每一位旅客；說明時，以旅客為主詞，如用「您」而不使用「我們」，以對方遊客的方向為方向，如請看您的右手邊景物等，站在車前最不影響旅客視線的位子，並把視線好的座位留給旅客。

（二） 導覽解說之表達

1. 在高速鐵路火車上，請旅客坐好，導覽解說人員可用書面資料配合講解，以利安全性。

2. 欣賞美術館、博物館或紀念館，解說繪畫或雕刻等藝術品時，切勿走太快以免人員遺漏，也切勿自說自唱，引人反感，應考慮遊客的觀點。

3. 鑽研當地的文明史、名人軼事、典故、正史與野史等，講解得越充分，越能顯

示導覽解說的專業與用心，再以輕鬆的方式表達出來，有加分效果。

4. 談粉笑話的時機分際要恰當，因為「藝術與肉麻」僅一線之隔，須謹慎小心，如有未成年的小朋友，切勿談及，亦勿嘗試。

5. 人性的突顯；導覽解說技巧最難的部分是人的帶領，需要研究觀光心理學，因人與人之間感覺對了一切都美好，感覺不對一切隨之改觀。例如喜歡受讚美、禮貌對待、被尊敬，或出乎至誠的語言，都是受用無窮。

6. 把旅客當貴賓般的尊崇，提高團員素質，使其產生榮譽感。藉此，自尊心使然，較能遵循團體中的規則。如集合時間難以掌握，往往耽誤行程，提升榮譽感，大家會互相激勵，相對的，對於規定事項，亦較能配合。

7. 拉關係，中國的特產「關係說」套個流行一種順口溜：「關係、關係、沒關係找關係、找了關係拉關係、拉了關係用關係、用了關係就沒關係。」換句話說，拉關係就是找出與他人相似的地方，建立起所謂的關係說，一旦建立關係，彼此的距離就拉近，自然人和就沒問題了。

8. 議題、取材及方向要正確，遇到不利的話題或詢問，盡量以四兩撥千金的技巧，將重心移到自己較能掌握者，且面帶笑容、降低姿態、謙遜些，就容易處理妥當。

9. 關心時事論壇、時時吸取新知,並內化己用,應答或引領話題皆可觸類旁通。

(三) 導覽解說安排

1. 動線安排及定位(針對室內導覽而言)

(1) 考量殘障者「無障礙空間」動線,尤應注意遊客人身的安全。

(2) 旅遊動線,必須先告知集合地點或走失時的應變辦法,留下聯絡方式及各集合點、事前溝通模擬、切實掌握人員及動線之流暢。

(3) 參觀地點隊伍太長、展品太多,應事前溝通或給予較長導覽,亦可選定代表性展品。如法國巴黎羅浮宮－介紹羅浮三寶:蒙娜麗莎的微笑、勝利女神、維納斯女神。

2. 解說時之禮貌及關懷

(1) 衣著整齊、目光柔和、語調清晰,並照應每位參觀旅客,適當引起興趣及安撫情緒。

(2) 時時觀察他人所需,主動關懷及協助;如在餐桌上,旅客需求的眼光,可能是茶水短缺、餐具不足等。

(3) 每日保持早、中、晚,三個時辰的問候,多說謝謝、請、對不起。

(4) 車上音量控制得宜,室內溫度依旅客之感受加以調整,注意其需求之訊息。

3. 回答詢問時應有規律的表達,並且遵循以下原則

(1) 詳細聽完問題,表示尊重,勿立即回答,給自己思考的時間。

(2) 不要用對方問題反問對方。如:你說呢。

(3) 每一問題不盡然只有一個答案,當回答之答案不被認同,先致歉再告知資訊的來源,勿強詞奪理;即使簡單或可笑問題,都要莊重地回答,不可以嘲笑言語或態度應對之。

(4) 殘障人士基本上都有很強的自尊心,將其視為一般人,並需多加注意。

(5) 患有隱疾者,不易由外觀察覺,這族群稱為「不定時炸彈」,故需藉由觀察入微、查證事實,除通報相關單位評估外,亦需特別關注。如高血壓、糖尿病、精神不健全、輕度憂鬱症等。

4-2 人員與非人員導覽解說方式

人員與非人員導覽解說方式，因國家地區與歷史文化之差異，所要呈現及表達的內容各有所異，在人員導覽解說方式此章講述是以固定式為主，何謂固定式指的是僅在景區範圍內人員導覽解說方式呈現，而非隨著旅客團體到處活動而導覽解說人員之型態；非人員導覽解說方式，在此將會一一解釋說明。

一、人員導覽解說系統的類型

1. 資訊服務，在各遊憩據點提供諮詢服務，旅遊服務中心。
2. 導覽解說，預約或固定式。
3. 解說演講，學術研討與專家解說講習。
4. 生活劇場，現場表演方式，加強地方產業推薦，如手工藝的編織，原住民歌舞表演等。

旅客服務中心

澳洲雪梨藍山國家公園遊客服務中心，位於明顯處

澳洲雪梨藍山國家公園遊客服務中心，提供住宿、景區與購物多功能資訊

新北市十三行博物館遊客服務中心，有 AED、老花眼鏡與導覽摺頁等服務

FLAM 弗洛姆位於挪威索娜峽灣的一個村莊，遊客中心包含高山火車、索娜峽灣遊船、購物中心等資訊

導覽解說

澳洲雪梨菲澤德爾野生公園 (Featherdale Wildlife Park)，固定時間公園提供動物導覽解說活動

澳洲雪梨菲澤德爾野生公園 (Featherdale Wildlife Park)，針鼴餵食，導覽解說人員正與遊客互動講解

美國洛杉機迪士尼樂園，服務人員正教導小朋友使用電影星際大戰中武器，這是採預約制的活動

解說演講

專家現場利用簡報導覽解說圖

旅展現場，攝影達人正在教導拍攝技巧

臺灣坪林雪隧文物館，導覽人員正用簡報說明雪隧建造過程，重現現場狀況

現場示範表演

新北市烏來泰雅民族博物館，泰雅原住民導覽解說員正示範泰雅口技

土耳其蘇菲教派修行之迴旋舞，一手指天，一手向地，藉由天上神意透過修行者軀體傳到世間，因而得道，創辦人梅夫拉納連續旋轉 36 小時得道，創辦蘇菲教派

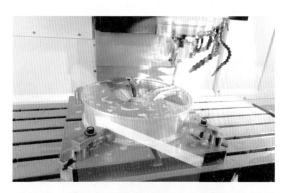

工具展，現場人員操作機器正示範製作跑車輪胎之鋼圈

導覽解說實務與理論
The Practice and Theory of Interpretation and Guide Tour

5. DIY 活動，藉由遊客自已動手做之方式，瞭解產品製作過程之經歷，極為討好。

6. 專業實驗，經由專業人員以現場實作實驗方式，藉由過程之導覽解說使遊客體驗與經歷其奧妙。

生態圈 DIY

宜蘭勝洋水草海水生態瓶 DIY，榮獲全國休閒農業創意 DIY 比賽第一名

- 材料：海水生態瓶是個小型的生態圈，瓶內放置一隻夏威夷火山蝦，來實驗其活動效力，材料為豆漿一瓶附瓶蓋、小木架一只、繩子一條約 80 公分長，剝掉瓶上裝飾套，選貝殼放入瓶中，在放海沙，放海樹（軟枝珊瑚）。

- 步驟：是喝完豆漿洗乾淨瓶子，注入養蝦水（海水），放入硝化菌，放入夏威夷火山蝦不到一公分，一般平均可在瓶內生存 2~3 年，最久長達 8 年，再分別放入養蝦水中在瓶口打上平口結。

- 原理：瓶內就是一個海水生態圈，不需餵食，不需換水，原理為貝殼是碳酸鈣成分，蝦的食物來自於海樹，瓶內有 1/4 空氣，2/4 水，1/4 生物，地球的生存物質大概是這樣的比例，其中消化者－蝦，分解者－硝化菌，生產者－藻類，換言之消化者吃生產者，產生排泄物給分解者利用，分解者分解後產生養分，給生產者利用，這就是生物圈的循環，也是地球的生態，藉由一個小小的 DIY 實驗可以知道生物圈的道理，相當不簡單。

完成的海水生態瓶

初步材料

泡菜 DIY

韓國世界名產泡菜，來韓國一定要來體驗的泡菜製作，只是韓國人照 3 餐吃泡菜很嚇人，其實泡菜的發酵過程中形成了一種乳酸菌，這種乳酸菌會產生亞硝酸鹽，不宜食用太多。

 ## F1 賽車體驗

義大利 Maranello 法拉利博物館，在此處可以自行體驗 F1 賽車，時速 200 公里的快感喔！

 ## 專業體驗

肯亞地區，赤道線橫跨在其土地上，也就是肯亞有土地上有南北半球之分際，專業實驗用兩個碗及火材棒，讓水從帶洞的塑膠小碗中，慢慢流向大碗中，小碗因有漏洞形成水流漩渦，小碗中放入火柴棒，觀察火柴棒旋轉的方向，當小碗移至赤道北端時，火柴棒隨著水流漩渦是順時針旋轉，當小碗移至赤道南端時，火柴棒隨著水流漩渦是逆時針旋轉，當小碗移至赤道線上，火柴棒是靜止不動的。這是一種地球自轉產生的偏向力，在地球上移動的物體，都會受地球自轉產生的偏向力而有偏向的趨勢，北半球順時針旋轉，南半球逆時針旋轉，這是一個柯氏定律的實驗，很有意思的體驗。

實驗器具兩個碗

赤道線 Equator

導覽解說

二、非人員導覽解說系統類型

1. 多媒體導覽，視聽媒體，配合展覽定時定點播放，如液晶投影機、影片、影碟、錄音帶、錄影機等。

2. 電腦多媒體，用電腦將平面化的內容化為生動活潑影像，呈現圖文並貌的動態內容或互動遊戲，達到多元學習效果。

3. 全球資訊網路，虛擬博物館、數位化博物館，將博物館內展品在網路上以影像方式呈現。

4. 解說牌，表達訊息最直接的方式，以文字將展品的資訊呈現，其內容簡單明瞭，容易閱讀。

5. 解說物，直接表達的方式，以實物或實物比例縮小方式呈現。

媒體與互動解說

宜蘭傳藝中心固定撥放導覽電視媒體，推廣傳統歌仔戲劇

新北市十三行博物館利用觸摸式螢幕達到與媒體互動之效果

瓦薩沉船博物館是瑞典斯德哥爾摩的一所海事博物館，固定撥放模擬船艦製造過程

新北市十三行博物館利用拼圖遊戲方式，傳達解說

博物館解說

　　清朝，19世紀廣東鏤雕象牙雲龍紋套球象牙球的製作，是將牙材以車床鏇成球體，在球面往圓心處開出均勻分布的14個錐形孔，用直角鉤刀在錐形孔中，一層一層由內而外刻出活動自如的套球後，再雕以各種紋樣裝飾。這件19世紀由廣東地區牙匠所刻製的象牙套球，直徑約12公分，表面以高浮雕刻9龍穿梭於祥雲間，內部則雕刻各種鏤空精緻的錦地幾何紋樣，共24層，每層皆可靈活轉動。套球置於有承盤的象牙座上，如同帽架，其底座同樣雕有雲龍紋，往上為鏤雕8仙，中間則有一顆雕有9層的雲龍紋套球，再上則雕以山水人物。層層相套，玲瓏剔透且製作繁複的象牙球，可說是清代晚期牙雕工藝之代表。

直徑約12公分，表面以高浮雕刻9龍穿梭於祥雲間，內部則雕刻各種鏤空精緻的錦地幾何紋樣，共24層，每層皆可靈活轉動

鏤雕象牙雲龍紋套球

臺北故宮博物院已完成虛擬博物館、數位化博物館與線上博物館的方式呈現，非常先進

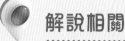

解說相關

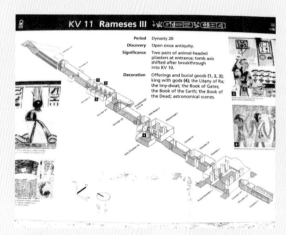

埃及帝王谷拉美西斯三世陵墓位置圖

德國海德堡大學學生監獄學生塗鴉

西螺大橋位於雲林縣與彰化縣之間，橫跨濁水溪下游，以華倫式桁架橋設計，此為導覽解說圖

大型解說牌

加拿大亞伯達省路易絲湖導覽解說圖

中國湖北省荊州市荊州區的
荊州古城環城遊景點路線圖

美國舊金山金門大橋，年代工程圖，參觀者靠近移動時，畫面年代隨之移動，非常先進

解說實體

摩納哥蒙地卡羅，1914年阿爾貝一世親王就職的慶祝雕像

帕特農神廟興建於西元前5世紀的雅典，古希臘奉祀雅典娜女神的神廟，最重要的古典希臘時代建築物

阿布辛貝神殿位於埃及奴比亞，這座宏偉的建築物稱為阿蒙寵愛的拉美西斯神殿，也是拉美西斯二世為其愛妻妮菲塔莉所興建六座石建神殿

東埔寨暹粒大吳哥城內巴戎廟之微笑的巨佛，又稱微笑高棉

冰島金圈舊址國家公園 (Thingvellir) 內
歐亞板塊和美洲板塊的斷裂處

美國拉斯維加斯奢華的凱薩宮，會變色調白天
與夜晚的天棚與海神雕像

6. 解說出版品導覽手冊或 DM 等，詳細、生動活潑的旅遊小冊子，將出版物放置於各遊憩據點、旅遊服務中心或交通轉運據點，以提供外來之旅客，有充分的旅遊資訊。

7. 團體旅遊導覽機，自 2012 年普遍開始使用團體旅遊導覽機導覽解說，從 1 盒撲克牌大小精進到 1/2 盒撲克牌大小，重量不超過 500 克，現在國內外博物館幾乎都規定使用，未使用導遊就不能導覽解說，只能借語音導覽機導覽。

 導覽器

宜蘭蘭陽博物館導覽機

團體旅遊導覽器，子母機，左上角橘色掛帶的是母機，還有備用電池，每次領隊帶到有參觀博物館之處就必須攜帶，平時交由旅客保管，遺失或損壞須負賠償責任，耳機是消耗品不回收

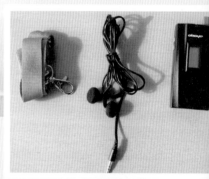

團體旅遊導覽器，子機

語音導覽機,觀眾用耳機接聽收音機或手機內導覽解說。使用收音機導覽系統必須配合參觀動線,而較新一代的語音導覽手機 (Audio),只需依自己的喜好按下號碼鍵,但互動性稍嫌不足

導覽機調到 58 頻道,就可聽到解說,1945 年服役,天襲者攻擊機 A-1 Skyraider,道格拉斯公司生產的活塞引擎螺旋槳推進攻擊機,直到 1972 年,除役在 1985 年

義大利威尼斯道奇宮,導遊正使用團體旅遊導覽機導覽解說,現在博物館幾乎都規定使用,未使用導遊就不能導覽解說,一般交由旅客保管,遺失或損壞,須負賠償責任,耳機是消耗品不需回收

8. 自導式步道，根據族群的需求不同，自行選擇，輕鬆愉快。

9. 模型展示，製作與同物件大小 1:1 比例或是縮小比例方式呈現，藉此讓旅客可以重現真實感。

10. 重建 DNA，利用 21 世紀先進技術，完成 DNA 的重建，使旅客觀看到原物景。

11. 真實體驗，展示成品或製作與真品般的模型，供旅客觸摸體驗，分為直接體驗與間接體驗。

 自導式解說牌

彰化八卦山風景區自導式步道解說圖

彰化八卦山風景區自導式步道解說牌

臺灣雲嘉南風景區服務中心自導式解說

展示模型與實物

一、灰面鵟鷹 (Butastur indicus)

亦稱灰面鵟、南路鷹、後山鳥、清明鳥、掃墓鳥、滿州鳥、國慶鳥、過山鳥珍貴稀有保育類野生動物,身長約 42~49 公分,翼展寬度約 102~115 公分,明顯特徵為眉白色、頰灰色與喉白色,中央有一黑色縱斑。胸部以下白色,胸至腹部密布橫斑,腹部橫斑較稀疏。是臺灣春、秋兩季的過境鳥。每年 10 月牠們會從繁殖地日本、西伯利亞與中國東北等地,南下渡冬,經過恆春半島滿州鄉過境,飛往東南亞、南洋一帶過冬。翌年 3、4 月,北返時飛經或棲息於八卦山風景區、大肚山一帶;近年來,八卦山風景區過境數量均有 2 萬隻左右。停留八卦山風景區時,有些個體會進行獵食,以補充體力。

臺灣參山國家風景區灰面鵟鷹模型

二、藍寶貝

收藏品「藍寶貝 (Blue Babe)」阿拉斯加草原野牛,華特‧羅曼先生 (Walter Roman),在 1979 年從永凍土裡挖掘出來的,有 3 萬 5 千年了,從外觀看出受到美洲獅攻擊致死而在背部留下的牙齒與利爪的痕跡,野牛死亡後很快被凍結再由泥土覆蓋起來,身體與泥土中的礦物質發生化學反應,經過長時間而在皮膚上形成藍色的藍鐵礦,故有此稱呼。

美國阿拉斯加大學北方極地博物館
BLUE BABE

三、亞爾吊橋

法國南部重建的普羅旺斯亞爾吊橋又稱梵谷橋。

導覽解說實務與理論
The Practice and Theory of Interpretation and Guide Tour

DNA 先進技術

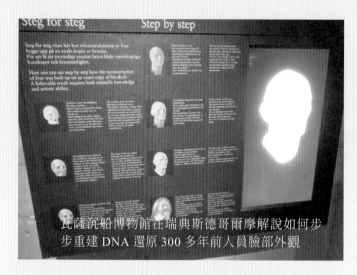

瓦薩沉船博物館在瑞典斯德哥爾摩解說如何步步重建 DNA 還原 300 多年前人員臉部外觀

瓦薩沉船博物館在瑞典斯德哥爾摩，重建 DNA300 多年前人員臉部樣貌

模型與實物

新北市十三行博物館間接的觸摸，發掘事物

臺灣大學校園內石灰岩真品，並有建置 QR CORD 用手機掃描，可直接導覽

澳洲雪梨歌劇院前製作縮小模型解說，如何建設帆船屋頂之幾何圖形

4-3 導覽解說之滿意度

導覽解說人員在進行其任務時，若僅以導覽解說員的角度作導覽解說，沒有與旅客進行雙向溝通，不能瞭解旅客感受，就無法得知導覽解說的效果，導覽解說的滿意度無法求證，導覽解說員也沒有得到適當之回饋，可謂是雙輸的結果，所以有此可知滿意度的重要性。

一、顧客滿意度定義

Oliver(1981) 認為滿意度一種針對特定交易的情緒反應，經由旅客本身對產品事前的消費經驗與期待的不一致，而產生的心理狀態，此經驗則會成為個人對於購買產品的態度，並形成下次消費時的期望基準，周而復始的影響，特別是在特定的購買環境時。

Oliver & Desaarbo(1988) 則進一步認為服務品質是顧客滿意的先行變數，而顧客滿意可從二個角度來看：

1. 是顧客消費活動或經驗的結果。

2. 可被視為一種過程。

Oliver & Desaarbo(1988) 則進一步認為服務品質是顧客滿意的先行變數，而顧客滿意可從二個角度來看：

1. 是顧客消費活動或經驗的結果。

2. 可被視為一種過程。

Fornell(1992，1994) 提出滿意度是指可直接評估的整體感覺，旅客會將產品與服務和其理想標準作比較。因此，旅客可能對原本的產品或服務感到滿意，但與原預期比較後，又認為產品是普通的；新顧客要比維持舊顧客的成本來得高，所以可藉由良好的顧客服務，使所提供的產品更具差異化。也提出高顧客滿意度能為企業帶來許多利益：

1. 提高目前顧客的忠誠度。

2. 降低顧客的價格彈性。

3. 防止顧客流失。

4. 減少交易成本。

5. 減少吸引新顧客的成本。

6. 減少失敗成本。

7. 提高企業信譽。

石滋宜 (1994)「顧客滿意度測量手法」一文中。對顧客滿意度所下的定義認為：旅客滿意度是指旅客所購買的有形商品與無形服務的滿意程度，旅客在使用商品或接受服務之後，如果效果超過原來的期待，即可稱之為滿意，反之亦然。

二、顧客滿意度之重要性

顧客的存在是企業生存的基本條件，因為顧客是具有消費能力或消費潛力，所以加強客戶的滿意度，是一個絕對優先的必要條件；企業的營收與價值，必須找出滿足客戶需求的方法，才能營造與客戶之間最密切的關係；根據美國連鎖飯店的統計，吸引一位新顧客惠顧所花費的成本，是留住一位舊有客戶所花成本的 10 倍。

（一）Fornell(1992) 的看法

對瑞典的企業作顧客滿意度的調查分析，得到下列 6 點結論：

1. 重複購買行為是企業獲利的重要來源。
2. 防守策略未受重視造成既有旅客的流失。
3. 顧客滿意可帶來企業的利潤。
4. 顧客滿意度降低及失敗產品的成本。
5. 顧客滿意度有助於良好形象的建立。
6. 顧客滿意度與市場占有率相關。

（二）曾光華 (2007) 的看法

顧客滿意度的形成因素眾多，他認為可分為下列 3 項：

1. 期望 Expectation

即顧客在使用產品或服務前對該產品或服務的預期與假想，產品表現不如期望導致不滿；產品表現達到或超越期望則帶來滿意。

2. 公平 Equity

顧客會比較本身與他人的「收穫與投入的比例」，若本身的比率較小，則產生不滿；若雙方比率相等，或本身的比率較大，則滿意。

3. 歸因 Attribution

綜合考慮產品表現的原因歸屬、可控制性、穩定性而形成滿意度。若產品或服務不符期望的原因是出自產品或服務本身，則不滿意的程度會大幅上升，若出自產品之外，則不滿意的程度不致大幅上升。

三、滿意度與再購意願

Kotler(2003) 認為當顧客購買商品或服務後，會有某種程度的滿意或不滿意，若顧客滿意，將可能再次購買或有較高的再使用意願。

Jones & Sasser(1995) 認為顧客購買滿意後，再購買只是其基本行為，除此之外還會衍生其他，如口碑、公開推薦等行為。對特定公司的人、產品或服務的依戀及好感，說明好的滿意度會衍生更多的口碑及推薦。

Soderlund(1998) 認為顧客滿意度與再購買及再購買數量三者之間有正相關聯。

四、滿意度模型

滿意度模型，旅客滿意度之事前期待與實際評價：

滿意度公式	滿意度判斷
滿意度公式：S ＝ P － E S：Satisfaction 滿意度 P：Perception 感受 E：Expectation 預期	E － P ＜ 0 滿意度高 E － P ＝ 0 滿意度普通 E － P ＞ 0 滿意度低

五、旅客行為分析

（一）知覺風險行為

知覺風險 (perceived risk)

(1) Bauer 認為知覺風險是心理上不安全感，這是由於在旅客的購買行為裡，可能存在無法預知的結果，而令旅客產生不滿，此即在購買決策中所隱含的「不確定性」。

(2) Cox 對知覺風險的定義為：旅客每次的購買行為皆有購買目標。因此，如果旅客在決策過程中無法判斷哪一種購買決策最能滿足其目標，或在購買後才察覺不能符合預期目標，知覺風險於焉產生。

（二）心理因素行為

1. 月暈效應 (halo effect)

「月暈效應」又稱「暈輪效應」，社會心理學名詞。當人們看到月亮的同時，周邊的光環也會被注意到。當一個人的「印象確立」之後，人們就會自動「印象概推」，將第一印象的認知與對方的言行聯想在一起。如：旅行社一線人員的禮貌、儀態、談吐等，都決定著該旅行社之「印象」，並推論該公司團體的品質。

2. 類化作用 (generalization)

是一種操作制約的習得反應。當個體對於原本的刺激類似物產生相同反應時，此即為一種類化。如：對參加某旅行社舉辦的旅行團行程，產生愉快的旅遊經驗後，同理之，對該旅行社其他之行程，亦有相同的期待。

3. 替代作用 (displacement)

個體運用此機制來使鬱悶的情感有一個新的方向，但新的情感對象，如想法、目標等，並不是原來影響情感的來源，是屬於一種移轉的作用。如：觀光旅客的刺激性需求。可透過各式各樣的活動來滿足，從住宿吸血鬼城堡，到主題樂園雲霄飛車、高空彈跳，即是受到替代作用之影響。

4. 挫折 (frustration)

個人遇到無法克服的障礙或干擾，不能實現其心理需求之目標時，產生緊張、焦慮、不安等情緒的狀態。

5. 退化 (regression)

個人遭受挫折後，採取幼稚反應形式，使用幼稚時期的習慣與行為方式。

（三）暴力行為

攻擊 (aggression)

攻擊是憤怒的典型反應。心理學分析論者認為攻擊是挫折引起的驅力；社會學習論者認為攻擊是一種習得的反應。攻擊分為敵意攻擊和工具性攻擊。

(1) 敵意攻擊 (hostile aggression)：純粹是以造成別人痛苦與傷害為目的，例如強暴、凶殺、縱火等。

(2) 工具性攻擊 (instrumental aggression)：攻擊只是達成目的的手段，雖然也可能會造成傷害或引起對方痛苦，但那並非其真正的主要目的，如恐怖分子劫機，並非為了要傷害機上的旅客，只是利用它們作為報復或達成其他目的行為及條件。

（四）自我防衛行為

1. 自卑情節 (inferiority complex)

一種無能的感覺，鼓動個體去追求權力和控制，以彌補這種感受。如：有些人因為在國內無法得到情緒的抒發，而到國外尋找刺激。

2. 壓抑 (repression)

個體防止危險、忍受痛苦或會引起罪惡感的想法，進入意識中。壓抑是所有其他機制存在和運作的根本基礎。

3. 心理防衛機制 (defense mechanism)

(1) 根據佛洛依德的心理分析論，當潛意識中的原始衝動浮現到意識中所引起的。

(2) 當性格結構中的本我與超我產生衝突時，自我為了降低焦慮，所採取的策略，就稱為防衛機制。

(3) 常見的防衛機制包括合理化、投射、潛抑、反向作用、退化、認同、昇華、補償等。如：合理化是指當個人的動機或行為不符合社會價值標準時，給予一種「合理」的解釋，以維護自尊和減低焦慮。

(4) 例如旅客參加一旅行團，對旅遊行程不瞭解，所產生的失衡焦慮，為了減輕此一現象，可能把責任推向領隊及導覽解說，而有意刁難，藉此減輕焦慮。

（五）歸因行為

1. 歪曲 (distortion)

是一種把外界事實加以曲解、變化

以符合內心的需要，用誇大的想法來保護其受挫的自尊心，這是歪曲作用的特例。以妄想或幻覺最為常見；妄想是將事實曲解，並且堅信不疑，如導覽解說帶去的購物點一定都收回扣。幻覺乃是外界並無刺激，而由腦子裡憑空感覺到的聲音、影像或觸覺等反應，它與現實脫節，嚴重歪曲了現實，如走在義大利街頭，每一個過往的人都好像是扒手小偷。

2. 轉移 (displacement)

轉移或移置把危險情境下的感情或行動，將其轉移到另一個較為安全的情境下釋放出來。通常是把對強者的情緒、慾望轉移到弱者身上。如：旅客從事服務性質的工作，其把工作上別人對他不滿的情緒，在旅遊時對店員、飯店人員發洩出來。

3. 推敲 (elaboration)

指得到的訊息進一步揣摩，以便於記憶。領隊或導覽解說通常會為了增加旅客的印象，將旅遊地的語言，用接近本國語言，以有趣的方式表達出來，便於旅客的記憶。

如泰國話早安「Sa Wat Dee Krap」，類似臺語的「三碗豬腳」，義大利的再見「Ciao」，類似國語的「翹」，英文的我很抱歉「I'm sorry」，類似臺語的「啊！門不鎖哎」，旅客推敲思索，都能夠成為旅客獲得訊息處理之方法及過程。

（六）旅遊探索模式

尤里西斯動因 (Ulysses factors)

尤里西斯動因指的是探索 (exploration) 與冒險 (adventure) 的需求；驅使人們逾越物質上的障礙，滿足對世界與自己的好奇心，達到智性需求。如探索，有多少人不顧生命危險去征服聖母峰。冒險，很多人深入亞馬遜河流域為的是去冒險而達到智性需求。

參考文獻 ✈ Reference

1. 參山國家風景區，灰面鵟鷹，2016.09.02 http://www.trimt-nsa.gov.tw/Mobile/EcologicalDetail_03. aspx?Cond=27b6b183-aa80-4113-9666-fd46593b44ca

導覽解說資料
蒐集與重整

The Practice and Theory of
Interpretation and GUIDE TOUR

　　前幾章節大約介紹了導覽與解說的概述、種類、型態與技巧等，漫談這些內容與方式，一些需要有導覽與解說人員的場域，導覽與解說的內容、時間與範圍等項目，幾乎都有固定的模式與一套方法；導覽解說時間設定考量，不以專業團體而言，以一般旅客參觀為原則時間設定，如國家公園與風景區 2~3 小時、故宮博物院 2 小時、法國巴黎羅浮宮 3 小時、義大利威尼斯佩姬古根漢美術館 1 小時等，講述內容以國家公園與風景區導覽解說人員規範，講述大部分是自然生態與文化歷史之時空背景，博物館則分為講述畫作、雕刻、字畫、建築或古文明等人員的種類，以上其導覽解說的技巧是可以經過不斷反覆練習與經驗累積，達到一定導覽解說人員標準以上的程度。

威尼斯大運河

佩姬古根漢

一、義大利威尼斯佩姬古根漢美術館

　　美國佩姬古根漢女士，於 1948 年在此居住，1979 年逝世，並把此地捐贈給古根漢基金會並成立美術館，美術館的展示品很多是她的藝術收藏，包括立體派、超現實主義、抽象表現主義作品，因此地原本為私人住宅，經基金會整建後約 4,000 平方公尺（約 1,200 坪）地方較狹窄。

佩姬古根漢美術館正面面向威尼斯大運河

二、巴伯羅 · 畢卡索「海灘上」
Pablo Picasso (On the Beach; LA baignade, 1937)

　　1937 年作品，油畫 (129.1 x 194 cm)，是一系列海灘畫作的一幅，現存威尼斯佩姬古根漢美術館，畫作期間適逢西班牙內戰，有一說，在海的一方地平線出現的那個腦袋隱喻的是西班牙內戰的幽靈。海灘上，也被稱為一個玩具船與女孩的主題，具體提到畢卡索 1920 年在凡爾賽宮附近海灘上是幾種畫之一，與享樂主義的作品相比，這件立體主義大師的晚期作品顯得有點憂鬱，畫面當中描繪的是兩位女性在把玩一件小玩具船。

造訪佩姬古根漢美術館必須派遣導覽解說員，否則館內無法解說

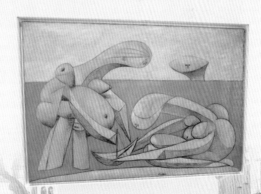

佩姬古根漢美術館僅供拍攝的一幅畫—海灘上 (On the beach)

若是身為一個旅行業的導遊，導覽解說的內容、時間與範圍就非常之廣，舉例美國大峽谷國家公園，由拉斯維加斯出發來回，單日 13 小時，搭車約 10 小時，漫長的時間導遊不能都不說話，所以大峽谷國家公園由自然生態、文化歷史、形成原因等，都必須非常清楚，甚至連大峽谷旅遊發展過程之前世今生也不能放過，一般

導遊設定必須解說 5 小時，新手導遊至少講 3 小時，回程休息睡覺不講解，巴士司機如何判斷導遊是新手或老手，就是以講解時間長短與時間掌控精準度來判斷。以下用國家區域、旅遊行程、公里數與行車時間等項目說明，旅行業導遊人員在車上所需要解說的時間，故導覽解說資料蒐集與重整，是一件非常重要功課。

● 表 5-1

國家區域	旅遊行程	公里數	行車時間	講解時間
臺灣環島	環島 7 日	約 1,500 公里	每日約 5 小時	3 小時
美國西岸	美西 9 日	約 3,000 公里	每日約 5 小時	3 小時
美國東岸	美東 10 日	約 5,000 公里	每日約 7 小時	4 小時
歐洲跨國 12 日	5 國行程	約 5,000 公里	每日約 7 小時	4 小時

5-1　導覽解說資料蒐集

Martilla and James(1977) 在研究中提出的「重要性－表現分析法 (Importance-Performance Analysis,IPA)」，是一種藉由「重要 Importance」（消費者所認為的重要性）和「表現 Performance（消費者對於表現情形的測度）」，將特定評估項目進行相對位置比較的技術 (Sampson and Showalter, 1999)。

一、長效性導覽解說員重要與表現分析法 LTTGIPA

本文依 IPA 理論就長時間的導覽解說資料蒐集與解說方向分析，命名為「旅遊地導覽解說重要程度 Importance」與「導覽解說員表現程度 Performance」來分析導覽解說人員，解說重點及順序，在此命名為「長效性導覽解說員重要與表現

分析法 Long Term Tour Guide Importance Performance Analysis, LTTGIPA」。

　　此分析法可以知道解說員在蒐集資料後，長時間整體解說內容的優勢與劣勢，將各種解說資料屬性區分成：第一優

先講解內容屬性高重要高表現、第二次要講解內容屬性高重要低表現、第三補充講解內容屬性低重要高表現、第四最後講解內容屬性低重要低表現。

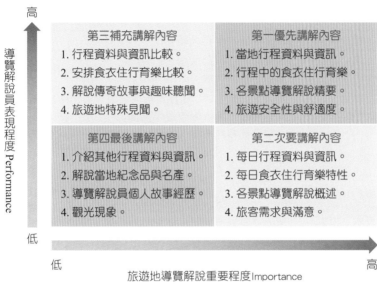

長效性導覽解說員重要與表現分析法圖
(Long Term Tour Guide Importance Performance Analysis, LTTGIPA)

 # 奧林匹克運動會歷史

一、奧林匹克運動會由來

　　「奧林匹克運動會」最早起源於古希臘，舉辦地在「奧林匹亞」是西元前 776 年，希臘歷史上的神聖之地，古希臘全盛時期，其優越的地理位置，造成許多城邦之間戰亂。傳說古代奧運會最初的意義是為祭拜「天神宙斯 (Zeus)」所舉辦，古代希臘神話傳說，居住在奧林匹斯山上主宰著天地萬物與整個世界。希臘人為了表達對祂的崇敬祈求，便在伯羅奔尼撒半島西部的奧林匹亞舉行盛大的祭祀，在祭祀典禮中，除奉上祭品，載歌載舞，歡慶宴飲外，同時還要進行運動競賽活動。

　　「現代奧林匹克之父」—法國古伯坦爵士 (Baron Pierre-de Coubertin)，致力於希臘歷史文化的研究包含了歷史及教育，發現奧林匹克運動的精神，而開始大力推動奧林匹克運動的復興，也讓他成為國際知名人物。1896 年，在發源地希臘的雅典，舉辦「現代版第一屆奧林匹克運動會」。古伯坦爵士在希臘雅典創始了首屆現代奧運會後，就衣錦還鄉，把奧運會的榮譽與理念，傳播到法國去，獲得「奧林匹克之父」的名譽，因此，法國巴黎獲得第二屆奧運舉辦權。

二、我國奧林匹克運動會歷史

屆	年代	舉辦國家城市	中外重要記事
1	1896	希臘、雅典	現代奧林匹克運動會的誕生。
6	1916	停　辦	適逢第一次世界大戰。
10	1932	美國、洛杉磯	日本人強占東三省，要以「偽滿洲國」名義代表中國人參加奧運，中國選手劉長春由少帥張學良資助，參加 100 公尺及 200 公尺短跑，雖沒有進入複賽，但代表 5 億的中國人參加奧運。
11	1936	德國、柏林	希特勒廣邀各國參加奧運，展現國力。
12	1940	停　辦	適逢第二次世界大戰。
13	1944	停　辦	適逢第二次世界大戰。
14	1948	英國、倫敦	中國正處於內戰。
15	1952	芬蘭、赫爾辛基	民國 38 年 (1949) 國民黨撤回臺灣，要用中華民國出賽，受到中華人民共和國干預，最後還是棄權。
16	1956	澳洲、墨爾本	中華民國堅持參賽，中國退出，楊傳廣先生得獎機會非常濃厚，卻意外落馬，但這次在「十項全能」比賽讓大家刮目相看，已獲世界各國的注意。
17	1960	羅馬、奧運	「亞洲鐵人」楊傳廣先生在「十項全能」競賽中以 8334 分奪下「銀牌」，是中國人第一面獎牌。
18	1964	日本、東京	聖火從希臘傳向日本途中經過臺灣，停留一夜。
19	1968	墨西哥、墨西哥市	「東方飛躍的羚羊」紀政女士 80 公尺低欄 10.4 秒成績奪下「銅牌」，是中國女性第一面獎牌，也是田徑場上第一面獎牌，亦是此屆中亞洲田徑女選手唯一的一面獎牌。
20	1972	德國、慕尼黑	發生巴勒斯坦武裝組織「黑色九月」組織襲擊以色列代表團，結果該代表團 11 人身亡。這是中華民國最後一次使用這個名稱及國旗。
21	1976	加拿大、蒙特婁市	奧委運要求我國隊伍更名為「臺灣」，結果政府為抗議此事的不公平，宣布退出本屆奧運競賽。當時的行政院長蔣經國先生慰勉全員：「我們不但要尊重我們的國旗、國名與國歌，更要效法我們的國花，不畏艱難，禁得起環境考驗的事實」。
22	1980	蘇聯、莫斯科	為了抗議 1979 年蘇聯布里茲涅夫入侵阿富汗，爭戰 9 年，蘇聯經濟瓦解，促成 1989 年蘇聯共產主義下臺，此屆美國等國發起抵制莫斯科奧運會，我國亦然。
23	1984	美國、洛杉磯	1. 臺灣以新的名稱「中華臺北 (CHINESE TAIPEI)」參加奧運。 2. 中華人民共和國自 1956 年到此屆，歷經 28 年之後重返奧運，一開賽中國大陸神槍手許海峰就以 566 分奪下「自由手槍」項目的「金牌」為中國人得到第一面金牌的人。 3. 60 公斤舉重，大陸陳偉強奪「金牌」。中華臺北蔡溫義奪「銅牌」，兩人在同一頒獎臺上，真是歷史的一刻。奧會主席薩瑪蘭奇說：「這是中國人體育史上的大日子」。 4. 中華臺北棒球隊郭泰源、莊勝雄、趙士強、林華韋等選手，在「棒球表演賽」延長到 13 局完封南韓隊以 3：0，奪下「銅牌」。 5. 奧運會越辦越大，參加選手倍增，按照過去由政府出資舉辦虧損連連，沒有幾個國家能夠有這種能力負擔。此屆，首次由私人委員會籌辦，跨國企業集團出資。如，麥當勞興建游泳池、可口可樂興建運動場，廣告林立，不但沒虧損，反而淨利 2 億多美元，這就是廣告的效益，開啟了各運動廠商紛紛爭相與球員簽約的風潮。

屆	年代	舉辦國家城市	中外重要記事
24	1988	韓國、漢城 （現為首爾）	1.「中華臺北」在示範項目跆拳賽表演賽中，陳怡安擊敗地主南韓、美國隊摘下「金牌」、秦玉芳亦在此項目中奪得「金牌」，使南韓隊對於中華臺北心懷戒心至今。 2. 被稱為「世紀對決」的男子 100 公尺決賽，加拿大「豹人」班強生一馬當先，以石破天驚的 9.79 被認為已超出本世紀人類體能極限，平面跑得最快的人，改寫世界紀錄，擊敗尋求衛冕的美國名將劉易士的 9.92 秒奪下金牌，賽後強生沒有出現在記者會上。2 天後，強生尿液檢驗呈陽性反應，證實使用「同化性類固醇」，奧運金牌、世界紀錄均被取消。此後奧委會嚴加執行使用禁藥的規定。
25	1992	西班牙、 巴塞隆納	1. 棒球首次被列為正式比賽，中華臺北棒球隊以郭李建夫為主投，在比賽過程兩度打敗日本，5 勝 2 進入決賽，郭李建夫主投力克日本。冠軍賽輸給古巴，中華隊奪得銀牌（1989 年蘇聯解體，東歐共產政權瓦解，古巴得以參加奧運）。 2.「夢幻一隊」上屆漢城奧運男籃，美國國家男籃只得「銅牌」讓美國籃壇蒙羞，終止過去派頂尖「NCAA」球員，也因此出現「NBA」最強的陣容去打奧運的聲浪，後來這個陣容真的出現，而世人不再以美國國家代表隊來稱呼，而是夢幻球隊！(Dream Team!) 來稱呼。球員以 Michael Jordan、Larry Bird、Scottie Pippen、Karl Malon、John Stockton、Charles Barkley、Magic Johnson。在資格賽中輕輕鬆鬆寫下 6 比 0 成績的夢幻隊，在奧運的正式賽場上，連勝八場，拿下本屆奧運男籃「金牌」，一雪前一屆敗給蘇聯僅得銅牌的恥辱之外，也確立 NBA 在籃球界至高無上的地位。夢幻隊只有一人八場球都先發，Michael Jordan! 平均每場球攻得 117.3 分，平均勝分 43.8 分，八場球的得分都在 100 分以上，而對手無一破百，最低勝分為金牌戰對克羅埃西亞的 32 分。賽前賽後對手要求合照留念或要求簽名的場面屢屢出現。
26	1996	美國、 亞特蘭大	前中國奧運金牌女將陳靜改披中華隊戰袍，在女子桌球單打奪「銀牌」，為此屆贏得唯一的一面獎牌。
27	2000	澳洲、雪梨	中華代表團當時創下最多獎牌的一次，跆拳道、女子舉重都列為正式運動，得到一銀四銅，五塊獎牌。舉重黎鋒英在 53 公斤級獲「銀牌」，郭羿含 75 公斤級得「銅牌」。跆拳道黃志雄、紀淑如在第一量級各得「銅牌」一面。陳靜奪得桌球女子單打「銅牌」。
28	2004	希臘、雅典	中華臺北突破奧運零金目標，陳詩欣在跆拳道第一量級決賽奪得「金牌」，贏得奧運正式比賽項目第一面金牌，朱木炎贏得男子跆拳道第一量級「金牌」。黃志雄贏得男子跆拳道第二量級「銀牌」。除了跆拳項目「穿金戴銀」，中華臺北在射箭項目也大放異彩，劉明煌、王正邦、陳詩園贏得男子射箭團體賽「銀牌」。袁叔琪、吳蕙如、陳麗如射下女子射箭團體賽「銅牌」。中華臺北在雅典奧運贏得二金、二銀、一銅，參賽全體排名 31 名，寫下歷年最佳成績。
29	2008	中國、北京	奮戰到最後一刻，中華臺北跆拳道英雄蘇麗文，對戰過程中跌倒了 14 次，每一次都重新站起來，一直奮戰到最後一局。會後檢查，她左膝十字韌帶與前副韌帶撕裂傷，左腳第四根腳趾骨折，當地報導：「最長的七分鐘，臺北跆拳道選手蘇麗文感動全場、撼動人心、在場者無人不為之動容」。
30	2012	英國、倫敦	許淑淨在女子舉重 53 公斤級的比賽，拿下銀牌。後因金牌選手禁藥事件遞補得金牌。女子跆拳道選手曾櫟騁在 57 公斤級奪下銅牌。
31	2016	巴西、 里約熱內盧	許淑淨在女子 53 公斤級舉重以總和 212 公斤拿下金牌，雖負傷，但教練蔡溫義運用巧妙技巧幫助她奪得金牌。郭婞淳於女子舉重 58 公斤級獲得銅牌。雷千瑩、林詩嘉與譚雅婷女子團體射箭奪銀牌。

三、奧林匹克運動會解說

　　全世界已超過 20 多個國家地區舉辦過夏季奧運會，每四年一次是全球的體育的大賽事，每到奧林匹克運動會 7~8 月中的 20 天左右，幾乎都占據整個媒體網路的版面及報導，這也是身為長程車導覽解說人員必要之題材，全球通用，唯臺灣參加奧運名稱紛紛擾擾爭議，無法定論，故使用時要非常注意，所以筆者以「我國奧林匹克運動會歷史」來定義，避開其他用詞，這是導覽解說員要非常注意的細節。

　　每四年的奧運舉辦，所蒐集到的資料篇幅之大不勝枚舉，不管是國內或國外的資料，整理起來，費人心思，筆者解說奧林匹克運動會已行之有年，將資料蒐集後重整，提出建議，以屆、年代、舉辦國家城市與中外重要記事詳加整理，提供參考，唯建議初學者可試著熟記年代、舉辦國家城市，進而熟記與我國相關的重要記事，最後在加入外重要記事，循序漸進，若數字無法熟記就先跳過，解說時會比較有把握，這是一個長達 1 小時以上源源不絕的解說內容，切莫等旅客想休息時解說，要趁旅客精神奕奕時解說，才能發揮到最好效果，雖然不容易背，但背起來就忘不了。

新加坡奧林匹克裝置

奧運會場

1896 年第一屆現代奧運，在希臘 Panathenaic Stadium Panathenaic Stadium，是個非常多功能建築的體育場，保存至今，歷史上意義重大

1952 年芬蘭赫爾辛基奧運會場外聳立著一座運動員作奔跑狀的雕像，是芬蘭運動英雄魯爾米 (Paavo Nurmi)，一位長跑選手，曾在 1920、1924 與 1928 年，連續三次參加奧運會，為芬蘭贏得獎牌，並寫下 1,000 公尺到馬拉松的多項世界紀錄

1952 年芬蘭赫爾辛基，舉辦第 15 屆奧運會

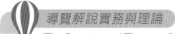

1976 年蒙特婁奧運，多功能體育館，據說設計錯誤，體育館屋頂從未開啟過

1976 年蒙特婁奧運游泳場地

1960 年，第 17 屆義大利羅馬奧運，亞洲鐵人楊傳廣先生在十項全能競賽中，以 8,334 分奪下「銀牌」，是中國人第一面獎牌。此為羅馬競技場，當時奧運運動會摔跤比賽場地。

二、講解內容意義

(一)第一優先講解內容

此講解內容在旅遊地導覽解說重要程度與導覽解說員表現程度都是最高，意味著是旅客及需要的知識區塊，是導覽解說員主要取得競爭力與滿意度指標，其包含當地行程資料與資訊、行程中的食衣住行育樂、各景點導覽解說精要與旅遊安全性與舒適度。

(二)第二次要講解內容

此講解內容的重要為次高，對於每日行程安排加以細部解說，同時要注意與旅客之間互動，瞭解旅客需求，提高滿意度。有每日行程資料與資訊、每日食衣住行育樂特性、各景點導覽解說概述與旅客需求與滿意度。

(三)第三補充講解內容

此講解內容的重要程度不高，但是解說者的表現程度很高，這是導覽解說員對於自己能專精講述內容的高程度表現，也是使旅客取得邊際效益最好的方式，所謂生旦淨末丑，神仙老虎狗，社會現象，寓意，什麼個性的人都有，投其所好的觀念，是重要的觀念，此部分有行程資料與資訊比較、安排食衣住行育樂比較、解說傳奇故事與趣味聽聞與旅遊地特殊見聞。

(四) 第四最後講解內容

此講解內容重要程度不高，滿意程度也不高，這時解說部分已進入軟性聊天階段，無關整體重要解說內容，但導覽解說員還是要有絕佳的旅遊經歷與人生體驗，包含介紹其他行程資料與資訊、解說當地紀念品與名產、導覽解說員個人故事經歷與觀光現象。

 奧運相關建築

瑞士洛桑的奧林匹克博物館，1993年成立，以奧運會為主題。透過館內最先進的電腦技術和視聽媒體，便能有如置身奧運會現場，備有最先進的互動展覽，豐富的文件和影像紀錄，及多件來自古希臘至近代與奧運相關的珍藏品，堪稱是全球最大的奧運資料庫

奧運長跑常勝軍，肯亞選手訓練學校，接近那瓦夏市，海拔 2,000 公尺高地域訓練，據說肯亞人長期追趕動物打獵，訓練成了長跑能力是否屬實值得商榷

資料蒐集與比較

一、臺灣西螺大橋 (Xiluo Bridge)

　　號稱「遠東第一大橋」，華倫氏穿式桁樑鋼鐵桁架橋，日本人建設橋墩，橋身的主體結構由美國懷特公司設計及援助的鋼鐵和技術，採用英國的「華倫氏穿式桁樑」專利工法，最後在臺灣人手上建造完成，是一座寫滿臺灣近代史的西螺大橋，建造時間長，故造橋費用難以估算。大橋於日治時期 1937 年動工，32 座橋墩於 1941 年完成，後二次世界大戰，缺乏鋼材而中斷建造，1952 年美國援助下再度動工，1953 年完成，共 17 年，雲林與彰化兩縣人民為橋名引起爭執，之後使用美國總統杜魯門在國會英譯名，稱為西螺大橋。

　　西螺大橋，橫跨濁水溪，位於雲林縣與彰化縣之間，連接起西螺鎮與溪州鄉二地的交通橋樑，橋長 1,939 公尺，雙向共 2 條行車道，寬度 7.4 公尺，橋高 6 公尺，曾經是臺灣紙鈔票圖像之一，大橋工程得以復工，所有鋼鐵資材據說都是美國匹茲堡鋼鐵廠原裝進口。

二、美國舊金山金門大橋 (Golden Gate Bridge)

　　美國舊金山市地標，懸吊橋式與鋼桁架拱橋，工程師約瑟斯特勞斯先生設計，花費約 3,900 萬美金。1933 年建造，1937 年完成，5 年時間，正值美國經濟大蕭條下的產物，同時間建造的還有舊金山海灣大橋與內華達州與亞利桑那州交界的胡佛水壩等建築，金門大橋橫跨舊金山灣和太平洋的金門海峽，橋長 1,280 公尺，寬度 28 公尺，雙向共 6 條行車道，兩條人行與自行車道，全橋總長度是 2,800 公尺，橋高 230 公尺，橋平面到海面約 100 公尺，30 多層樓高，任何船艦幾乎皆可通過，建造大橋所使用的纜索連接起來，可繞行地球 3.5 圈。

PS：兩大座橋資料蒐集，都包含年代背景、歷史紀錄、當代故事等，此為資料蒐集的基本功，可以比較出兩者建築之數據，同時藉由資料蒐集，發現對於後期觀光旅遊導覽解說資源設置的差異。

西螺大橋，缺少規劃一個絕佳的拍攝位置

西螺大橋可申請導覽解說員

西螺大橋，解說圖相對比較，較爲簡略

金門大橋，整面牆的解說牌與解說自導步道，設計規劃極其用心

西螺大橋模型較爲單純

金門大橋的模型藉手動操作，可瞭解施工過程

金門大橋的纜索剖面圖，讓人清楚知道纜索細節

金門大橋紅色的橋身與臺灣西螺大橋橋身相似，可以做比較的題材

三、資料蒐集研究方法

導覽解說資料蒐集上可運用，引用論文研究中質性研究方法（Qualitative Research Method），資料蒐集歸納詮釋，重視對團體個案之個別性觀察與探索，使資料蒐集者觀察蒐集資料之方法，其中個案引喻為「旅遊團體」。

（一）個案研究法
Case Study

個案研究是以一獨立的團體為研究對象，深入案例中，廣泛蒐集資料；詢問同儕在長程巴士中，如何分段安排解說內容，使旅客能融入情境。

1. 單一個案探索：指在整個蒐集資料過程中，主要是針對一個團體進行與研究有關資料蒐集的工作。

2. 多重個案研究：指在整個蒐集資料研究過程中，同時針對幾個團體，進行與研究有關資料蒐集的工作。

（二）田野研究法
Field Work

蒐集資料者直接進入團體情境，成為其中的一份子，「參與」整個過程與各項活動，在自然情境中「觀察」所發生的一切現象，完整的捕捉到所有觀察情境，導覽解說人員實際餐與一個旅遊團，觀察解說者的方式；或成為實習導遊全程參與。

1. 完全參與式觀察：在實地參與觀察時，資料蒐集者的身分與其他人是一樣的，被觀察的人並不知道觀察者真實的身分，觀察者可以自然地和被觀察者互動。

2. 局部參與式觀察：資料蒐集者完全參與整個團體場域，不過需要對被研究對象表明研究者的身分，其表明可能影響互動過程使原貌失真。

（三）紮根理論法
Grounded Theory

指由實際去蒐集書面或訪談資料，以資料中自然產生出的屬性和類別，再經由不斷驗證、測試、比較、交互作用與產生互動關係，這些關係的組合，築構成理論基礎；身為一個新人，若沒有很多的前輩可以諮詢或是導覽解說遞資料貧乏，就僅能用此方法去推敲演繹。

1. 不斷演繹：從資料蒐集開始進而建立理論，並且在每一次歸納之後就進行演繹，二者交替運行，直到把龐大的田野資料進行資料縮減、轉化、抽象化成為概念後，進而形成理論。

2. 資料飽和：在資料蒐集過程中，必須不斷進入研究場域，過程需不斷的歸納及演繹，而達到理論飽和（所蒐集資料顯示，無該類別的新資訊與資料出現）。

（四）歷史研究法
Historic Research

系統蒐集與客觀評鑑過去事實的資

料,能考驗有關事件的因果、成效或趨勢,以利瞭解現在過去及預測未來,因此它和其他研究方法同樣,必須透過嚴謹的分析來探究過去事實的資料,此方法適用於導覽人員自身一番不同見解,不涉及對錯,單純為個人看法,也可以為未來留下一個伏筆。

1. 口述歷史研究:過去事件追溯研究。
2. 學習歷史研究:進行中事件之紀錄、分析與回饋。

 ## 資料蒐集工具

小 3 元 L 鏡頭

意味著廣角鏡頭,中長焦鏡頭都具備,不算專業攝影師,也不能打鳥,但蒐集資料一定足夠,也是入門專業攝影第一步。

1. EF 16-35mm f/4L IS USM

配備光學影像穩定器的專業超廣角變焦鏡頭,超廣角焦段加上 4 級防手震,在於昏暗環境下手持拍攝更為容易。2 片高精度雙面 GMo 非球面鏡片、1 片 GMo 非球面鏡片及 2 片 UD 鏡片,在整個變焦範圍為畫面中心至邊緣帶來極佳的影像畫質。鏡頭更備有防塵防水滴設計及氟塗膜,足以應付嚴峻拍攝環境。

各式相機

導覽解說實務與理論
The Practice and Theory of Interpretation and Guide Tour

2.EF 24-70mm f/4L IS USM

　　具有全新遠攝端微距模式的標準變焦 L 鏡頭，只需一支鏡頭即能拍攝多類題材，鏡身重量約為 600g，鏡長只有 93mm 的輕巧設計享受更靈活輕鬆的拍攝。鏡頭配備 2 片非球面鏡片及 2 片 UD 鏡片，在各個焦段皆能提供最優異的影像畫質，加上達 4 級防震的光學影像穩定器 (IS) 及針對微距拍攝的混合型光學影像穩定器，有效確保全焦段及微距拍攝時的影像穩定性，於不同的拍攝環境下，均呈現清晰銳利影像。

3.EF 70-200mm f/4L IS USM

　　是一支備有光學影像穩定器的輕巧高品質望遠變焦鏡頭，能帶來猶如將快門速度提升 3 級的穩定效果，有效減輕相機震動。

1 台長焦錄影機，1 台水中數位相機，1 台高階數位相機，1 台專業單眼相機，1 組小 3 元 L 變焦鏡頭，1 支旅遊鏡頭，以上為筆者蒐集相片、影片資料器材

新竹航空展專業攝影師，兩台大砲，兩台專業相機，2 支廣角鏡頭

各式鏡頭

5-2 導覽解說資料重整

　　導覽解說資料蒐集後，必須有效的分析與重整，質性資料分析（Qualitative Data Analysis）中，幾個方式可以將資料做一個完整的分析。

一、資料分析

（一）訪談法 Interviewing

1. 結構式的訪談：指資料蒐集者在訪談過程，運用一系列預先設定的結構式的問題，進行資料蒐集的工作，進行分析。
2. 無結構式的訪談：資料蒐集者在進行訪談過程，無須預先設計一套標準化的訪談大綱作為訪談的引導指南，與訪談者用有主題方式聊天，進行分析。

（二）觀察法 Observation

1. 參與觀察：資料蒐集者瞭解一特定之現象，運用科學的步驟，並輔以特定之工具，對所觀察的現象或行為，進行有系統的觀察記錄與分析資料。
2. 非參與觀察法：強調資料蒐集者不需要直接進入被團體的日常活動場域，資料蒐集者置身於被觀察的生活世界之外，從旁觀者或局外人的角度與立場，來瞭解現象或行為的意義。

（三）檔案文獻法 Documentation

1. 直接蒐集原始性檔案文件分析，如圖書館或公司內部資料。
2. 蒐集其他網路資料檔案文件分析，如關鍵字搜尋或相關媒體報導。

（四）次級資料法 Secondary Qualitative Study

　　次級資料分析是運用他人蒐集的資料而得的研究發現。如：企業報告、簡介與手稿資料。

拉斯維加斯

拉斯維加斯水舞表演場地貝拉吉歐賭場飯店，曾是多部好萊塢電影拍攝場景

拉斯維加斯舊城4個皇后賭場飯店，舊城為了吸引旅客，一般賭博客贏的機率較大

屹立不搖的拉斯維加斯印度宮賭場飯店，也曾是表演老虎秀的飯店

拉斯維加斯的不夜城，幾乎每間賭場都是24時營業，不但可賭、有吃、還可買

拉斯維加斯紅鶴飯店是芝加哥黑手黨Bugsy Siegle興建，是該地區指標性建築物

拉福林市，船形造型建築在科羅拉多河上的科羅拉多貝爾賭場飯店

CASINO 的故事

中國 5,000 年歷史可列為世界 5 大文明之首,舉凡文化、民俗與語文等,均有博大精深之處,CASINO「賭場」之意,其起源與中國文化密不可分,中國語言向來有比較複雜的語意,在世界語言學當中可得知,各國語言皆有外來語的引用,可視其文化淵源而論,如英語的 Ketchup 番茄醬與廣東話「茄汁」同音同意;英語的 Road 路與臺灣語「路」亦同。

拉斯維加斯舊城費爾蒙賭場飯店,曾經開出過百萬美金的獎金

中國人天生刻苦耐勞,為了求生存,只要全世界有發財機會,一定不會放過,1948 年美國舊金山沙加緬度河 Sacramento 發現金礦一事傳遍全世界,1949 年各國家地區的人都來此地淘金而繁榮了該地區,稱為 Gold Rush,當然包括華人,為此舊金山後來還成立一支美式足球隊紀念這個 1949 年年代,名稱就取為「49ers;49 人隊」,San Francisco 是三藩市,亦有人稱為聖法蘭西斯科(跟一位義大利聖人有關的事蹟),僅有華人稱之為舊金山,有舊一定就有新,新金山在澳洲墨爾本,1951 年墨爾本巴拉瑞特也發現金礦,中國人也以最快的速度前往該地淘金,稱為新金山。

1949 年在舊金山沙加度河旁出現大批的華人,在淘金區華人與鬼佬(當時外國人之稱呼,因眼睛頭髮膚色五顏六色,像鬼一樣稱鬼佬)一起淘金,但區域會分開,原因是華人勤勞,淘到的金子都留起來貢獻給家鄉,這也是日後很多國家地區排華的原因之一,而鬼佬不一樣,在地取得資源而回饋當地,其觀念是賺錢為了花錢,賺多少花多少,所以現在美國都領週薪,而不是領月薪(月領一次薪水很快就用光,其他的日子就要負債),所以有華人的地方不會有鬼佬,有鬼佬的地方也不會有華人,但淘金全憑運氣,有人一大早淘金,有人下午才淘金,其所淘到金子的比例卻不同,因此有人開始產生貪念。

每當大伙正要休息時,鬼佬就看到華人聚集在一起,圍成一個圈,為何華人將辛苦淘的金子,在這聚集圓圈中挪來挪去,納悶的想,中國人不是都省吃儉用的不捨得花錢嗎?為何會將金子拿來這樣使用,漸漸的鬼佬發覺這是一個遊戲,而且是一個投機的遊戲,代表最後贏的人可以把金子都拿走,但鬼佬不知這遊戲名稱,只知道每次在玩這遊戲時,大家都會喊:「開始囉!開始囉!」,喊話的這些華人來自福建沿海區域講閩南語,口音接近臺灣語,所以喊久了:「開始囉!開始囉!」,鬼佬按照拼音改成 CASINO CASINO,就是現在 CASINO 的來源,供君莞爾一笑。

其實賭場 CASINO 的由來是源於法國,據說當年法國皇帝拿破崙四處征戰,無暇回巴黎陪伴愛后約瑟芬,約瑟芬極其無聊在宮殿,之後眾說客建議約瑟芬辦沙龍 (salon),找高貴的名流紳士淑女來宮殿,就某一話題高談闊論。隨著拿破崙聲勢一天天壯大,在巴黎眾人無一不向約瑟芬獻殷勤,約瑟芬大樂,於是在巴黎杜樂麗宮舉辦宴會,宴請紳士淑女夜夜笙歌,用餐畢後因接續的話題不同,所以紳士與淑女分開往不同宮殿再喝再聊,當時淑女喜歡傳是非,所以都至所屬殿廳聊八卦;紳士常為了價值觀與政治理念的不同,爭得面紅耳赤,酒酣耳熱之際,為了某些議題下注賭輸贏,原本只是賭一杯酒,賭一盒雪茄,之後慢慢地涉及錢財,因為紳士所屬的廳室名稱為 CASINO,所以 CASINO 成為有輸贏關係的賭場名稱傳聞。

此篇為筆者 20 多年前所撰寫的故事,後因一位大學校長轉述其故事,刊登於校刊上,漸漸流傳,傳到現在故事精華之處幾乎殆盡,故引起再度撰寫與發表的動機,或許不嫌晚,全世界幾乎都有賭場,中華民國公益彩券在 1999 年開始發行,博弈合法化,這故事對大部分國家地區皆可為通用之解說題材,真實性不足,且可娛樂一番,但此故事所延展之話題頗多,如諧音之使用、排華之情節、週薪制度與賭場效益,這也是資料蒐集與重整的好例子,題材就是梗,有梗便可有源源不絕的話題。

二、資料重整分析考量

（一）人口統計與社會心理，團體的性別、年齡、教育程度、職業、經濟狀況、社會地位等考量。

（二）心理特徵與生活型態，團體特性特質、喜好興趣、生活習慣資料等考量。

（三）態度與意見，團體對象對某一特定人、事、物、觀念的想法或看法等考量。

（四）專業知識，團體特定人、事、物或現象的瞭解程度與專業度。

（五）旅遊意圖，團體對某一特定目的，所可能進行或從事的預期購買行為。

（六）動機目的，團體對某一特定人事物採取動機的內在因素，目標達成等考量。

兩堂館資料重整

一、中正紀念堂 (Chiang Kai-shek Memorial Hall)

　　紀念故前中華民國蔣中正總統而建的紀念堂建築，楊卓成建築師之設計，1976 年興建，1980 年完工，位於北市中正區，建堂基地總面積 25 萬平方公尺。全部建築採中華文化風格，外表以藍、白兩色為主，象徵自由、平等之青天白日色調。紀念堂建於三層寬廣基礎之上，平面用方形，以寓「中正」之意。堂頂八角，代表八德，形成多數之「人」字形，聚於寶頂，上與天接，以寓「天人合一」之思想，屋頂用天壇寶藍琉璃瓦頂，藍中帶紫，與陽光相映，寶頂用金黃色，以顯其昇華光耀之意。其他均採用材料之本色，如白大理石牆，廳堂內檜木天花板，及重重疊疊斗拱之藻井，頂上有青天白日之國徽，淺紅色花崗石地坪，不加任何漆染，使進入紀念堂時予人之感覺為聖潔、莊嚴、親切與平和，整體外觀建築，正如國旗青天白日滿地紅之象徵，紀念堂正面共有花崗石 84 階、大廳階梯 5 階，合計 89 階，表示中正先生享壽 89 歲，臺階中間為中華民國國徽圖案的丹陛（原指宮殿前的臺階，只有皇帝與有地位之人行走之處），在中國傳統建築上，只用於宮殿或廟堂。

　　園內有國家戲劇院與國家音樂廳，屋頂建築風格國家戲劇院為「廡殿頂」，音樂廳為「歇山頂」，與紀念堂「八角頂」，成為三山並立之布局，而以紀念堂為主體，高達 70 公尺，國家戲劇院是臺灣罕見的「廡殿頂」，是指屋頂四面斜坡，有一條正脊和四條斜脊，屋面略有弧度，是中國建築中等級最高的屋頂，其構造類似北京故宮的「太和殿」。國家音樂廳是「歇山式屋頂」，硬山、廡殿式的結合，四面斜坡的屋面上部轉折成垂直的三角形山花牆面，構造類似北京故宮的「保和殿」。

　　屋頂上的仙人走獸，中國古代建築物，講究宮殿式的屋頂，都會有這種裝飾物，走獸的排列有著嚴格的規定，按照數量的多少是依宮殿的大小與建築的等級而定的，走獸最多可達 9 隻，隨著建築等級的降低而遞減以單數為主，而同一棟建築中小獸的數量也會隨著屋頂的高低逐層遞減，小獸的減少是從最後一隻依次往前減的，仙人後面的走獸，依次為龍亦稱鴟（吃）吻、鳳、獅子、天馬、海馬、狻猊（尼）、狎魚、獬豸（至）、鬥牛（或稱為斗牛）、行什等 10 種。

1. 鴟吻（龍的九子之一），最喜歡四處眺望，常飾於屋簷上。

2. 鳳，比喻聖德之人，是一種仁鳥，有祥瑞的象徵，牠的出現預兆天下太平。

3. 獅子，在佛教中為護法王，是勇猛威嚴的象徵。

4. 天馬，追風逐日，凌空照地，中國古代神話中是忠勇之獸。

5. 海馬，入海入淵，逢凶化吉，亦是中國古代神話中忠勇之獸

6. 狻猊，形狀象獅子，古書記載是與獅子同類的猛獸，牠頭披長長的鬃毛，因此又名「披頭」，兇猛殘暴，吃虎，一說為龍的九子之一。

7. 狎魚，是海中異獸，傳說和狻猊都是興雲作雨，滅火防災的神。

8. 獬豸，古代傳說中的猛獸，與獅子類同，是勇猛、公正的象徵。

9. 鬥牛，傳說中是一種虯螭，遇陰雨作雲霧，是一種除禍滅災的吉祥雨鎮物。

10. 行什，背有雙翼，手持金剛杵有降魔功效，又因其形狀很像傳說中的雷公或雷震子，放在屋頂，是為了防雷。

這些神話動物作飾物，表現出宮殿之威嚴，亦有消災滅禍、逢凶化吉、保平佑安與太平正義的涵義，置於屋脊上，以期風調雨順與國泰民安，其形態差異很大在排列上，採用蹲坐姿態成為大同小異的造型，仙人在排頭的位置有特別的涵義，其他功能為屋簷的斜度，脊瓦有下滑的危險，故在交梁上多個鐵釘加以固定，為掩飾鐵釘不美觀的外表並保護免受雨淋，便在釘帽上加裝了這些仙人走獸。

外牆迴廊沿三面人行道建築，高5.5公尺，全長1,200公尺，自音樂廳旁角亭至戲劇院旁角亭之單面牆長度為748公尺，全長為1,948公尺，外側臨人行道之牆面上，每隔4.5公尺分嵌花窗一個，共有18種不同之花格與形狀，共246個（含單面牆所嵌燈籠窗則形式為26種，總數共390個）頗具特色。

中正紀念堂建於三層寬廣基礎之上，高70公尺，**平面用方形**，以寓「中正」之意。堂頂八角，代表八德，形成多數之「人」字形，聚於寶頂，**上與天接**，以寓「天人合一」之思想。屋頂用天壇寶藍琉璃瓦頂，藍中帶紫，與陽光相映。**寶頂用金黃色**，以顯其昇華光耀之意

二、國父紀念館 (National Dr. Sun Yat-sen Memorial Hall)

紀念中華民國國父孫中山先生，百年誕辰綜合性文化設施而興建的，供海內外人士瞻仰國父之用外；並兼具文化藝術教育、生活休閒及學術研究之功能。王大閎設計師，位於信義區，1965 年，由蔣中正總統親自主持奠基典禮，1972 年完工。國父紀念館設計準繩，假如採用現代西方建築是很明顯不得體，若抄仿中國古代（尤其是清代）宮殿式建築，則更不適宜，因為國父是推翻這類建築所象徵的滿清政治制度，唯一的方向是走向一種能表現國父偉大性格及革命創造精神的新中國式建築，蔣總統之指示在外型上加強仿唐中國建築的特色而修正設計。

國父紀念館高 30.4 公尺，每邊長 100 公尺，由每邊 14 支灰色大柱，頂起翹角像大鵬展翼的黃色大屋頂，安靜地座落在 10 萬平方公尺的平地中央，國父紀念館內除了中山藝廊外，主要廳室為大會堂，大會堂面積 3,000 平方公尺，座席 35 排，共 2,520 席，中正紀念堂的國家戲劇院與國家音樂廳完工前，大會堂為國內最大型的室內國家級表演場地，提供各界人士及演藝團體演出高水準的芭蕾舞、戲劇、音樂等節目；並用於重要慶期及大型頒獎典禮。

巍峨莊嚴的建築本體，座落在綠草如茵，花木扶疏的中山公園，成為臺北東區一顆璀璨的明星；也為國內的文化藝術帶來嶄新的面貌。開館之初主要作為陳列國父革命史蹟之用，並有部分展演活動，是國內具備最多功能的文化教育中心。擁有國際知名的國家演藝廳；數千坪典雅美觀的展覽場所；設備新穎的放映室、演講廳 、中山講堂；藏書四萬餘冊的專業圖書館，及通性怡情的翠湖展演區和中山公園。

國家戲劇院為廡殿頂

三、中正紀念堂與國父紀念館比較與觀點

　　相較於兩個建築物的占地面積、設計理念、建築講究與規劃設計，不難想像這兩體比較的差異，同時也可示意為兩位偉人的背景，不能用豐功偉業、歷史貢獻、個人風格與政治因果來論定，或許是時空背景下的因素，當然很多人也有不同看法，這時需要轉述他人的觀點，上網搜尋一下，切確的說明跟自己一點關係都沒有，這是一種方式，阿汕 (2006) 他認為有 3 個角度切入，其說法還蠻中肯的，一是國父紀念館占地約 10 萬平方公尺，在日治時代就是公園預定地，早在 1964 年政府就有興建國父紀念館的規劃，再配合當時的都市建設需求，一切就水到渠成啦，該館的興建，還由蔣介石親自主持奠基典禮，1972 年落成時，壓根還未想到要興建中正紀念堂！二是從「地利」來談，中正紀念堂占地約 25 萬平方公里，整塊土地一直就是軍事用地及政府相關用地，當時為配合聯勤總部的遷址，地點適當，地形又完整，自然就成為興建中正紀念堂的首選（1980 年落成）！三從「政治」來論，蔣介石逝世的處理（蔣公 1975 年過世），是一件國家大事，當時又還未解嚴（1987 年才解嚴），一群歌功頌德政商大老，在治喪委員會時，就決定興建中正紀年堂啦！這個說法還可以轉述。

　　此篇強調資料蒐集後重整所帶來的導覽解說方式，使旅客更加明白及清楚解說物的內容涵義，若在一堆官方的浮華詞藻詞彙的助瀾下，很難具體的說明兩個紀念館之比較，唯此方式是最能夠貼近現實與引人入勝，但解說之義沒有對錯，也不問是非之心境，必須站在中立與嚴正的立場上，方能使人尊敬；也可順便一帶，如前總統李登輝先生，現在已有登輝大道紀念他了，只是在等正名，娛樂娛樂。導覽解說也有三不一沒有，三不是，不能談政治會很難看；不能談宗教會有戰爭；不能談感情會體無完膚，一沒有，是沒有旅客就沒有你，會有這些共識的形成，不能漠視前輩的經歷。

音樂廳為歇山頂

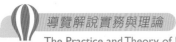

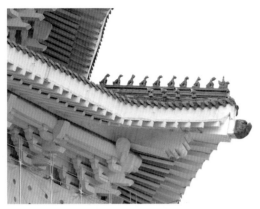

中正紀念堂屋頂的仙人走獸

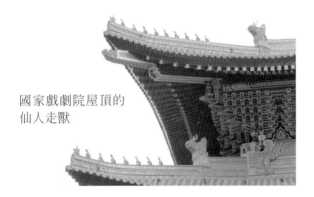

國家戲劇院屋頂的
仙人走獸

故宮博物院至善園園售票亭上的仙人走獸，仙人後僅有為龍亦稱鴟（吃）吻的走獸

園區廣場除了供民眾休憩外，也常是大型藝文活動的場地，常舉辦展覽；邦交國元首訪臺歡迎儀式也在此舉行

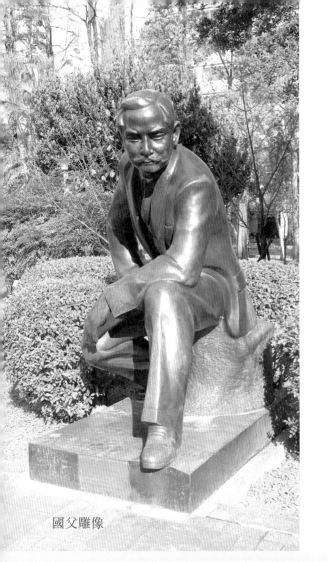

國父雕像

中正紀念堂外牆，每隔 4.5 公尺分嵌花窗一個，
共有 18 種不同之花格與形狀，共 246 個

國父紀念館

三、資料重整重點

　　資料要有用，關鍵在整合分析力，資料可能只是一種簡單的訊息，也可能轉換成有力的情報，其中關鍵在於整合分析與再次編輯運用。

（一）基礎資料

　　人、事、時、物、地；關係人、原因、年代、創立地點等。

（二）深入描述

　　事件來龍去脈，深入瞭解後，重整成精簡資料。

（三）交叉分析

　　多種資料交叉分析，確認官方版資料，網站或圖書館，確保資料正確。

（四）自我觀點

　　多種資料交叉分析，確認官方版資料，網站或圖書館，確保資料正確，最後加入自我見解及觀點。

（五）資料屬性

　　整理後資料屬型，依不同團體加以分類重整。

挪威峽灣

1. 聚焦原則：所蒐集資料的項目與內容，都必須直接或間接與主題有關，並隨時在腦海中，將兩者（資料與主題）加以比對，以篩選出適合的資料。

2. 時間範圍：所蒐集的資料須在所設定的時間範圍內，若資料的內容較深入超出所設定時效，該筆資料須捨棄不用，資料上註明資料來源與產生的日期。

3. 資料評估：應用資料性質、時間效期與資料來源，做為資料評估分析重整之用。

挪威布麗絲塔冰河

自然解說資料重整

一、冰河、峽灣與冰磧湖形成

挪威峽灣中的峽灣，2005 年被 UNESCO 登錄為世界自然遺產，峽灣呈狹長型，讚嘆大自然的鬼斧神工，所有挪威曲折的峽灣，是冰河作用後的產物；冰河形成過程，冰雪堆積在山上，隨著重力作用而下滑，慢慢的累積在山谷間形成厚厚的冰層，就像河流一樣，稱為冰河。冰河每年移動的速度只有幾公尺，憑肉眼無法看出，冰河也會後退，但其實是冰河前端的冰雪融化消失。峽灣形成過程，靠近海岸的山脈，在冰河時期由於冰河移動，侵蝕出一道道深而險峻的谷地，冰河退去後，海水侵入峽谷地，便形成風景秀麗，有山有水的峽灣地形。全世界眾多的峽灣景觀中，又以索娜峽灣 (Sognefjorden)，與蓋倫格峽灣 (Geirangerfjorden) 最有名，兩者皆被登錄為世界遺產，亦是挪威最具代表的景點。冰蝕湖與冰磧湖形成過程，經歷冰河移動過後的地表，會侵蝕出大小不一的凹地，積水即形成冰蝕湖；而冰河中亦經常夾帶大量的堆積石塊，當冰河退去，便堵塞原來的河流或形成新的谷地，累積雪水與雨水後，形成冰磧湖，舉凡紐西蘭南島，加拿大洛磯山脈等地，都屬於此種冰河地形。

蓋倫格峽灣 7 姊妹瀑布

蓋倫格峽灣 7 姊妹瀑布對面，象徵國王化身的奉承者瀑布

於氤氳中欣賞蓋倫格峽灣

二、挪威精靈 7 姊妹瀑布故事 (Norway Seven Sisters Falls story)

傳說中古代挪威峽灣蓋倫格王國有 7 個女精靈化成河流，幫助當地居民，使當地居民得以利用水資源灌溉與畜牧，取得豐富的糧食，因而國家壯大，但有時卻因為供水不穩定，水流時多時少形成河川氾濫，亦造成當地人民生活不便，於是當地人紛紛向國王請示該怎麼辦才能使水流穩定？

國王深知這河流是 7 個女精靈，號稱 7 姊妹化身而成，常常神出鬼沒且皆未婚，有時轉變成少女在河流旁嬉戲，被王國中侍衛看到。挪威蓋倫格國王覬覦 7 姊妹曼妙身材與姿色，數次向天帝請求希望將 7 姊妹納為妻妾皆未果，7 姊妹則嫌國王又矮又醜，而且一次要娶 7 個姊妹實在太貪心了，成為姊妹之間的笑柄，姊妹常化成水流引入城幫助人間，但是國王基於自己私慾，向人民散布謠言，稱因女精靈性情不穩定，所以 7 條河流常供水不穩定造成河川氾濫而且會越來越嚴重，擾亂人間，造成當地供水失衡，於是人民紛紛向天庭請願消除她們。

天帝聽到人民之訴願，於是將 7 條河流統統圍堵起來，但 7 條河流圍堵起來後瞬間人民毫無水源，生活立即出現危機，於是紛紛離開王國，國王知道因為他的私慾、造謠讓王國即將不

保，於是終於告訴人民實話－為何河流水量不穩定，是因為在季節交替時之現象，夏季日光的溫度高溶化高山冰雪而水量變大，冬天時因溫度遽降雨水凝結成冰而水量變小，這乃是大自然現象，並非是精靈們性情不穩定而造成的，國王騙了百姓，大家決定離開此處。

國王眼見蓋倫格王國將變成空城，於是向天庭認罪，希望天帝能夠原諒，天帝認為，國王觸犯了人間不能與精靈成為夫妻天條之規律，一意孤行；而人民愚昧到不知大自然四季變化之現象，決定要毀滅王國，但善良的 7 姊妹哀求天帝，此地乃地靈人傑，依山傍水，此人間仙境媲美天庭，要毀滅實在太傷感了！於是 7 姊妹請求天帝，將她們化成 7 條瀑布，來點綴峽灣之美，繼續造福人間，天帝讚賞 7 姊妹的善心美意，於是將她們化成 7 條絹細瀑布在蓋倫格峽灣上，而懲罰國王化身為另一條瀑布在對面山頭不遠處，名為「courtier 奉承者，亦稱 The Suitor 追求者」，來到此地觀賞的旅客，有時 7 姊妹還會有意無意，忽隱忽現的嬉鬧著，不一定是一起出來看您呢！

三、資料蒐集與重整

此篇亦是筆者蒐集資料，將幾個要素整理後撰寫的故事，依其地靈人傑，依山傍水之特性，理出七條瀑布、挪威精靈、國王臣民與自然現象等要素，加以重整編寫出之故事，導覽解說員若是能夠廣泛的資料蒐集與具體的整理，歸納詮釋再演繹成重點，那要完成一個故事的撰寫絕非難事。

挪威索娜峽灣，看那山脈於灣中層層
相錯，形成美景

於船上欣賞挪威索娜峽灣景緻

參考文獻 ✈ Reference

1. Martilla JA,James JC. (1977), Importance–Performance Analysis.J Mark. 41:77-9.

2. Sampson,S.E.,&Showalter,M.J. (1999). The performance-importance response function: Observations and implications. The Service Industries Journal, 19(3), 1-25.

3. 潘淑滿 (2008)。質性研究：理論與應用（第七版）。臺北：心理

4. 潘明宏、陳志瑋譯 (2003)。最新社會科學研究方法。臺北：韋伯文化

5. 陳月娥 (2000)。社會研究法（含概要）。臺北：千華

6. 葉至誠 (2000)。社會科學概論。臺北：揚智文化

7. 徐宗國譯 (1997)。質性研究概論。臺北：巨流

8. 朱柔若譯 (2000)。社會研究方法（質化與量化取向）。臺北：揚智文化

9. 袁方 (2002)。社會研究方法。臺北：五南

10. 王友龍 (2010)。圖解資料學：超實用！資料蒐集與分析的方法，一次學會。臉譜出版社

11. 吳萬益、林清河 (2002)。行銷研究。華泰圖書出版公司。

12. 張紹勳 (2001)。研究方法。滄海書局

13. 中央研究院數位典藏資源網，西螺大橋的故事，2016.09.16

http://ndaip.sinica.edu.tw/content.jsp?option_id=2441&index_info_id=4764

14. 雲林文化旅遊，「西螺」永遠的地標－西螺大橋，2016.09.16

15. 國立中正紀念堂管理處，設計理念，216.09.16

http://www.cksmh.gov.tw/index.php?code=list&ids=25

16. 國立國父紀念館，沿革、園區介紹，2016.09.16

http://www.yatsen.gov.tw/tw/

17. 老古板的傳統建築之旅：分門別類介紹臺灣傳統建築與傳統建築裝飾，宮殿式建築上的「仙人走獸」，2016.09.16

http://gogohsu.blogspot.tw/2012/09/blog-post.html

18. 廟宇屋頂的藝術－宮殿式，2016.09.16

http://www.wenshan.org.tw/archives/index.php?option=com_k2&view=item&id=300:2015-06-14-05-04-45

19. 國父紀念館與中正紀念堂的大小，阿汕：「臺灣真好！臺灣加油！」

https://tw.answers.yahoo.com/question/index?qid= 20100918000016KK01133

20. 壹讀，著名的 10 件沙灘主題作品，2016.09.17

https://read01.com/LQx4kD.html

21. Guggenheim, Pablo PicassoOn the Beach (La baignade), 2016.09.17
https://www.guggenheim.org/art-work/3449

22. 洛桑奧林匹克博物館，瑞士國家旅遊局，2016.09.17
http://www.myswitzerland.com/zo-tw/lausanne-olympic-museum.html

23. 臺北市多媒體教學資源中心，冰河地形，2016.09.17
http://tmrc1.tp.edu.tw/HTML/RSR200811202210396HZ/con3.htm

24. CANON，鏡頭，2016.09.19
http://www.canon.com.tw/product/ICP/L3.aspx?ID=00000194

The Practice and Theory of
Interpretation and Guide Tour

領隊人員規範與
導覽解說

The Practice and Theory of
Interpretation and GUIDE TOUR

領隊人員規範在旅行業行業別，是需要多加以瞭解其工作內容與發展方向，有專業領隊與業務領隊等差別，分別對應與公司之間的關係，日後若從事此行業，可以自行加以規範，雖說導覽解說是導遊職務，但領隊人員對於旅客就出入境、航班座位、行程內容、安全事項、餐廳餐食、住宿旅館與小費購物等，解說卻是一點都少不了，而且非常重要，必須多加學習與練習，解說內容得體適當，就是一位經驗豐富的領隊，已經成功一半，反之亦然。

領隊定義於第 7 章導遊人員規範，導遊實務表列，與各類型導遊一併分析，本章不敘述。領隊主要的英文稱呼，為 Escort、Tour Leader、Tour Manager、Tour Conductor 等，這些都是國內外一般人對領隊人員的稱呼；領隊是從團體出發至結束，全程陪同團體成員，執行並串聯公司所安排的行程細節，以達成公司交付的任務，以目前觀光旅遊產業旅行業而言，以從事國外旅遊之綜合旅行社與甲種旅行社比例占 85%，大部分從業人員較偏向於國外旅遊，一圓環遊世界美夢。

旅行業執照

領隊人員考試

領隊人員須經過「專門職業及技術人員普通考試領隊人員考試」，國家考試合格與受訓，正式領取證照才能執業，考試種類為專技人員高普初考，學歷資格為高中（職）以上，須為本國籍，考試每年舉辦一次，分為外語領隊與華語領隊。考試及格後須參加職前訓練，節次為 56 節課，訓練後測驗成績以 100 分為滿分，70 分為及格，領隊人員申請執業證，應填具申請書，檢附有關證件向交通部觀光局或其委託之有關團體請

領隊人員執業證

領使用。領隊人員取得結業證書或執業證後，連續 3 年未執行領隊業務者，應依規定重行參加訓練結業，領取或換領執業證後，始得執行領隊業務。

　　領隊人員應受旅行業之僱用或指派，始得執行領隊業務；領隊人員執業證分外語領隊人員執業證及華語領隊人員執業證。領取外語領隊人員執業證者，得執行引導國人出國及赴香港、澳門、大陸旅行團體旅遊業務。領取華語領隊人員執業證者，得執行引導國人赴香港、澳門、大陸旅行團體旅遊業務，不得執行引導國人出國旅行團體旅遊業務。

一、行家綜合旅行社

　　資本額 8,700 萬元，員工人數 100 人，金牌在手唯有行家，全國唯一全面通過 ISO 9002 系統認證的優質旅遊，在永續經營及以顧客為本的理念下，毅然於 1997 年 3 月份導入 ISO 9002 國際標準品質認證制度，期以生產與服務作業的標準化，提供顧客最優質的旅遊服務。ISO 9002 品質管理的範圍相當廣泛，涵蓋了全部的營業項目，包括團體旅遊、票務及所有旅遊相關事項，全方位

行家綜合旅行社

的申請範圍，在業界尚屬首見。ISO 9002 品質管理的主要精神在控制整個產品生產流程輸入、製作過程及輸出的每一細節，因此行家設立免費服務專線。重視旅客意見反應，協助改進產品及服務品質，以符合顧客真正的需求。正在影響旅遊品質的重要因素方面，如領隊及國內外代理商的選擇，行家旅遊皆制定詳細的流程以選訓領隊及評鑑供應商，對旅客的權益提供最大的保障。

二、格蘭國際旅行社

　　甲種旅行社，資本額 600 萬元，員工人數 10 人，公司是以義大利蜜月行程為主要的產品內容，公司負責人以多年來實際操作的經驗而成立。使歐洲旅遊行程不再是走馬看花，而是讓旅遊能夠有深度的、知性的走訪。秉持著專業、熱忱、平安的宗旨，打造旅客專屬的浪漫回憶。其中格蘭話語：「您的旅遊大事、格蘭慎重其事，另類旅遊浸在格蘭，生活彩頁亮麗您心，真情格蘭貼近您心」。

專營蜜月之旅

6-1 旅行業領隊人員類別

一、領隊的類別

（一）專業領隊

旅行社因公司的組織不同，所聘僱專任領隊或約聘特約領隊人數亦不同，兩者之間差異及規劃，說明如下：

專業領隊	專任領隊	與公司關係	公司專任聘僱，只帶公司的團，雙方關係緊密，被綁住。
		待遇情況	分長短線，有帶團才有薪資，沒有固定的底薪。
		旺季時	客戶不能指定帶團、領隊沒有空閒時間，不能選團。
		淡季時	客戶可以指定帶團，帶團需要經公司輪流排團，不能選團。
		勞健保	掛公司但需要自行付費，沒有退休金，可以保有年資。
		未來發展	公司若經營的得當，團體源源不絕，累積經驗等待機會。
	約聘特約領隊	與公司關係	公司約聘，也帶其他公司的團，雙方關係鬆散，自由。
		待遇情況	分長短線，有帶團才有薪資，沒有固定的底薪。
		旺季時	客戶不能指定、幾乎都在帶團沒有空閒時間，不能選團。
		淡季時	客戶不能指定，要周遊於各大旅行社找團，不能選團。
		勞健保	掛公會但需要自行付費，沒有退休金，可以保有年資。
		未來發展	積極尋找專任機會，累積經驗等待機會，或許個人有其他規劃。

（二）業務領隊

旅行社任職並帶團的人員，亦是有證照的領隊，分為公司與非公司的領隊，非公司的領隊會有自己經營的旅行社及客戶，因為不想被旅行社的規定所束縛，所以選擇自己執業。有分：公司制、靠行性質、牛頭等業者，說明如下：

業務領隊	公司領隊	與公司關係	公司專任聘僱，只帶公司的團，雙方關係緊密，被綁住。
		待遇情況	分長短線，有固定的底薪，業務外加獎金。
		旺季時	客戶可以指定帶團、固定帶團有空閒時間，可以選團。
		淡季時	客戶可以指定帶團，一般不排團或公司排團，可以選團。
		勞健保	公司支付外加退休金，可以保有年資。
		未來發展	自己作團自己帶，累積帶團及直售或薑售業務經驗。
	非公司領隊	與公司關係	公司不約聘，也帶其他公司的團，雙方關係鬆散，自由。
		待遇情況	一般不給帶長線團，依經營型態而定，作業務才有底薪。
		旺季時	客戶可以指定、要看自己旅客的多寡，可以選團。
		淡季時	客戶可以指定、要看自己旅客的多寡，可以選團。
		勞健保	型態非常多，其他公司職員公司支付外加退休金，如果是靠行、牛頭等業者要自行付費，沒有退休金，保有年資。
		未來發展	積極尋找專任機會，累積經驗等待機會，或許個人有其他規劃。

領隊借調

領隊借調同意書

協議人：偉德旅行社有限公司(以下簡稱甲方)
旅行社　　　(以下簡稱乙方)

茲因業務需要，借調　旅行社(股)公司　君為
偉德逍遙遊 2016 年　月　日　　團體之領隊。
領隊承諾遵守偉德逍遙遊領隊帶團規定。若因領隊個人因素
造成該旅客權益受損時，願負責賠償旅客損失並棄法律
追訴權。為符合觀光局規定，特立書協議，雙方各執一份，
以備查核。

甲　方：偉德旅行社有限公司
負責人：吳偉德

乙　方：　旅行社(股)公司
負責人：

領　隊：

中　華　民　國　2016　年　　　月　　　日

領隊借調同意書

觀光局已取消旅行社領隊人員專任與約聘事項，但旅行社內規還是繼續存在專任與約聘之事實，所以出團旅行社(綜合)與協辦旅行社(甲種)併團時，出團前就領隊之派遣歸屬論定後，若是甲種旅行社因旅客較多人或其他原因派遣領隊時，但是以綜合旅行社名義出團，雙方就必須簽訂「領隊借調同意書」，必須宣誓雙方之權利與義務，免得日後起紛爭。

舉例說明，AB 甲種旅行社，在 10 月 1 日有 12 位泰國旅客，基於人數不足 16 人之出團人數(泰國團基本出團人數)，AB 甲種旅行社客人不足，本身又無法招攬同業生意，故將 12 位泰國旅客交由偉德綜合旅行社出團，因偉德綜合旅行社公司業務人數多，又可以招攬生意，所以招攬到 16 人數出團機率大，後至 9 月 20 日止，10 月 1 日泰國團已有 20 位旅客報名，已達 16 位出團人數，兩家旅行社就人數之衡量，以 AB 甲種旅行社 12 位旅客居多，所以派遣領隊人員隨團服務，以偉德綜合旅行社名義出團(因其他 8 位是由偉德綜合旅行社招攬而來之旅客，不可用 AB 甲種旅行社出團)，雙方約定簽訂「領隊借調同意書」AB 甲種旅行社必須遵照偉德綜合旅行社公司帶團規定，「併團」兩字常為旅客印象不良之字眼，原因就在未能跟旅客溝通清楚出團名義，再者最大問題就是領隊是否經驗充足，是否照顧全體客人等等。

併團之狀況在旅行社非常常見，就是綜合旅行社所謂的躉售生意或是同業生意，全臺 3,000 家左右旅行社，臺北新北市約有 1,300 家旅行社，乙種旅行社不到 10 家，生意量非常大，標準的臺北綜合旅行社，同業部部門配備約有 30 位業務員，還有主管約共 35~40 人，同業業務區域分 4 組，1 組 7 位業務員左右，每 1 組配備 1 組長主任，每兩組配 1 位經理或副理，部門負責人則是副總級以上，堪稱公司最大部門，而且是營利部門公司之生命線，1 業務員負責 40 家左右之同業，接受公司教育訓練，每日固定至同業旅行社招攬生意。

成為公司業務後有機會帶團出國，就是所謂的業務領隊，就是公司領隊，此部門出國帶團機率極高，成長機會大，國家區域路線又有多，環遊世界是指日可待，日後也可跳升公司簽約之專業領隊，筆者就是從事在此部門成為大主管副總經理，日後成為專業領隊，因此周遊列國，這也是筆者一直勸進大學觀光相關科系學生，進入旅行業此一部門是第一首選，但是要先考上領隊證照，那未來環遊世界就不是夢了。

長線團與短線團

　　旅行社業務分長線與短線，一般以班機飛行時間估算，並非以天數計算，飛行時間 7 小時以下稱短線團，達 8 小時以上成為長線團，由此可知東南北亞包含中國大陸都是短程線飛行時間在 7 小時內，歐洲、美國、紐澳與非洲等地都是長程線，飛行時間 8 小時以上，飛歐洲不過境轉機停留，基本飛行時數消費 12 小時以上。

　　長線團與短線團最大的差別，因為 7 小時之內飛行時間以距離來算，是華人移民很多的地方區域，自然當地派遣華語導遊人數充沛，當地既派遣華語導遊，領隊不必導覽解說，又有導遊的協助服務自然輕鬆很多，這是業者所說的初階領隊的級數，日本除外，因日本飛行時間 3~4 小時屬於短線，早期日本已習慣用臺灣留學生帶團，所以現在也都是領隊兼導遊。班機飛行 8 小時以上，相對距離來說華人就比較稀少，另一方面歐美紐澳這些區域生活水準素質高，華人大部分從事非旅遊業之行業別，故導遊人數不多且兩地收入之差異，導遊收費極高，素質不齊，往往花了錢得不到好的服務品質，也不討國人喜愛，於是帶長線的領隊必須兼任導遊，就是所謂的領隊兼導遊 (Throughout Guide)，從事領隊兼導遊至英美語系國家，若到加拿大、美國、紐西蘭與澳洲等地，講的語文是英文，業者稱為中階領隊，再者到非英語系國家，歐洲、非洲與中南美洲等地，而且還要跨國，如歐洲荷比法瑞義 12 日，不是以英語系為主，還要第二第三種語言輔助，稱為高階領隊。

環遊世界

　　所謂領隊兼導遊 (Throughout Guide) 指臺灣旅遊市場旅行業者在經營歐美及長程路線，大都由領隊兼任導遊，指引出國旅行團體。抵達國外開始即扮演領隊兼導遊的雙重角色，國外若有需要則僱用單點專業導覽導遊，其他不再另行僱用當地導遊，沿途除執行領隊的任務外，並解說各地名勝古蹟及自然景觀。當然初階、中階與高階之收入也有差別，以下就小費而言之收入不納入其他收入，泰國 5 日 1 團 20 人，1 人領隊 100 元小費 *5 日 *20 人＝ 10,000 元。美國 9 日 1 團 25 人，1 人領隊收 10 元美金小費（扣掉司機 2 元），8 元 *9 日 *25 人 *31 匯率＝ 55,800。歐洲 12 天 1 團 25 人，1 人領隊收 10 元歐元小費（扣掉司機 2 元），8 元 *12 日 *25 人 *35 匯率＝ 84,000。這是最粗淺的算法，收入不同是主要原因，但是自我回饋與展現專業受旅客肯定的讚賞時，這榮譽豈是用金錢能衡量的。

土耳其卡帕多奇亞熱氣球之旅
觀看當地喀斯特地貌亦稱石灰石地形之特殊景觀

東南亞柬埔寨吳哥窟
大吳哥城巴戎廟石雕

冰島冰上四輪驅動車前往冰原
騎乘雪上摩托車之接駁車

美國洛杉磯環球影城侏儸紀公園前之機器恐龍

土耳其艾菲索斯古城，有世界十大古蹟之美稱

二、領隊的定位及任務

　　旅客往往對於領隊在執業時不知其定位，好的用心的領隊往往會讓旅客知道他的存在，因為經驗好，因此，一切都安排就緒，不會有問題，使人有一次愉快的旅行，領隊在旅遊產業中的定位及任務如下：

● 表 6-3

定位	任務
旅遊執行者	執行並監督整個旅遊品質包含餐食、住宿、行程、交通、自費行程、購物、自由活動等。協調導遊與旅客之間的關係，執行公司與當地旅行社的約定，維護整體的旅遊服務品質及旅客權益。
旅遊協調者	當發生行程內容物與當時約定不同時，領隊具有居中協調的功能與任務，必要時需要採取仲裁的角色，牽制當地導遊或旅行社以維護旅客權益。
旅遊現場者	團體在國外發生意外緊急事件，如航空公司班機延誤、交通事故、天然災害、恐怖攻擊等，領隊是現場者，將負起聯繫通報及保護旅客安全的責任。
任務替代者	旅遊當中領隊往往肩負著替代及補強的作用，當地導遊講解或中文不好時必須取而代之或充當翻譯。行李員不夠時，必須協助。對待小朋友要像保母般的細心照料，替代角色多。
國際交流者	領隊在國外主要是國人的代表、也是督促國人行為舉止的中間者，以達到教育及推廣的作用，以維護國家形象與旅客權益，是非官方之進行國際交流，擔任國家的交流者。

芬蘭航空 070 班機，香港飛赫爾辛基班機原定 0025 起飛卻延遲到 0300 時起飛，這中間必須聯絡臺灣旅行社與當地旅行社地面安排，如司機接團等事宜

中間為埃及導遊，左邊為助理，右邊是司機，此團行車 20 分鐘導遊只有講兩句話，早安好、到了下車囉！之後由領隊與助理協助用英文翻譯講解

臺灣高雄市與美國波特蘭市締結為姐妹市，此為波特蘭市玫瑰節，高雄市之遊行
花車

這是筆者以非官方身分帶團訪問美國波特蘭市市長辦公室

三、領隊的基本要素

1. 相關之法令規章的熟悉，瞭解旅遊服務業的特性及可能面對的困難。
2. 對旅客心理做研究，要有高人一等的耐心與毅力，以真誠對待旅客。
3. 按部就班不煩躁，亦能應變，以大部分旅客的利益為依歸。
4. 認識現行法令偏向保護消費者的現實面，適時把自己也當成旅客，設身處地思考。
5. 充分的外語及專業術語的溝通能力，處理緊急事件應變的能力。
6. 在處處有誘惑之際，事事能把持職業道德與良知，遵守公司規定，盡忠職守。
7. 帶動團體氣氛的技巧，居中協調旅客任何之糾紛，維護其權益。
8. 服務時扮演各種角色，要有開發新景點設計產品的能力。
9. 領導統御的要領和技巧，活潑開朗、完美的服務態度、永遠抱持一顆熱忱的心。
10. 擁有多種的外語能力，簡潔語言的表達，適時的翻譯充分讓團員瞭解。

四、領隊工作守則

　　領隊帶團代表公司執行國外業務，務必善盡職守、謹言慎行、熱忱服務，認真負責，謀求全體旅客之整體權利利益為其本分。

（一）領隊應具備之條件

1. 具有合格領隊證，受訓完畢取得執業證。
2. 服務旅客團員積極態度。
3. 擁有強健的體魄，完整的身心。
4. 豐富的旅遊專業知識，瞭解各地風俗民情。
5. 良好的外語表達與全方位的溝通能力。
6. 足夠的耐性、毅力、愛心、同理心。
7. 領導統御的要領、技巧、身段、氛圍。
8. 良好的操守、誠摯的待人態度、風趣的言行。

（二）領隊之職守

1. 確實按行程表，督導配合當地導遊司機與旅行社，完成既定行程。
2. 確保旅途中團體成員及自身之生命財產安全，快快樂樂出門，平平安安回家。
3. 執行公司託付之角色，達成公司交辦之任務。
4. 維護公司信譽、商譽、形象、品質。
5. 蒐集、分析、聯繫、通報旅行有關之資料及訊息。
6. 協助旅客解決困難，提供適切之資訊。
7. 隨機應變，掌握局勢，以求圓滿完成任務。

（三）領隊的戒律

1. 帳款上據實報帳，不浮報、不虛報。
2. 言行上，勿在背後批評旅客，誠信待客，不可輕諾寡信。

3. 關係上，不可涉及男女關係，該與旅客、當地導遊相處得當，嚴守分際。

4. 金錢往來，一清二楚，購物活動不可勉強，不可欺騙，不強收小費。

5. 法令上，熟悉並遵守法令，提醒而不教授旅客做違法的事。

6. 行為上，行止端莊，自重人重，避免奇裝異服、賭博、不酗酒、不攜購違禁品。

6-2 領隊工作流程與內容

一、旅行團體出發前

1. 接到派團通知時

(1) 請教剛去過此地的領隊，就當地狀況，依行程蒐集、補強相關資料。

(2) 一一通知旅客參加說明會，並確認參加人員。

(3) 查詢此團中的行程、飯店、班機、餐食等資料、預備開說明會。

2. 行前說明會

(1) 瞭解行前說明會場地；發送說明會書面資料，旅行社稱為 Hotel List。

(2) 包含班機、飯店、行程一覽表三項，再配合其他說明事項。

(3) 詢問旅客特殊需求，做成紀錄如素食，蜜月床型，其他事項。

(4) 提醒旅客是否簽訂旅遊定型化契約，告知旅遊契約內容，請旅客親自簽名。

(5) 就行程食衣住行育樂、氣候、幣值等解說，約 40~50 分鐘。

(6) 提醒投保旅行平安保險、海外急難救助服務等。

(7) 初步瞭解旅客需求、習性、素質、成員關係、選擇旅遊地原因。

(8) 第一步與旅客接觸，所表現的專業程度，給旅客留下的印象是很重要的。

說明會資料內必須要有班機時間、行程餐食內容與飯店住宿資訊一覽表，還需要國內外緊急聯絡電話，提供旅客必要資訊

分辨旅遊平安險

一、旅遊平安險

（一）旅遊不便保險

1. 國內提供給付，有食物中毒慰問金。

2. 國外提供給付有：旅行文件重置費用、行李延誤補償費用、行李損失補償費用、班機延誤慰問保險金、班機改降慰問保險金、額外住宿與交通費用、劫機慰問保險金、食物中毒慰問金、提早結束旅程之補償費用、信用卡盜用損失補償費用等。

新光海外緊急救援手冊

（二）個人責任險

　　因可歸責於被保險人行為所致之意外事故，致造成第三人體傷、死亡或第三人財物損失，依法應負賠償責任並受賠償請求時，本公司依本保險契約約定負賠償責任。

（三）旅遊平安保險

1. 國內外旅遊包含，意外身故保險金或喪葬費用保險金、意外殘廢保險金。

2. 海外旅行平安險，國外旅遊包含意外身故保險金或喪葬費用保險金、意外殘廢保險金、傷害醫療保險金、海外突發疾病住院醫療保險金、海外突發疾病門急診醫療保險金、海外突發疾病出院療養保險金。

3. 電話醫療諮詢、安排入院許可、住院期間之病況觀察、安排緊急醫療轉送、安排親友前往探視及住宿、安排未滿 16 歲子女返國、安排遺體／骨灰運送回國或當地安葬、代墊住院醫療費用及保證金。

新光產物保險

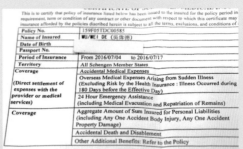

歐洲申根保險節略

4. 最重要的就是「安排緊急轉送回國」因嚴重病況無法在當地治療須接受緊急醫療轉送回國治療，俗稱「後送險」，視必要狀況，轉送費用最高以美金 $30,000 為限（約新臺幣 90 萬），臺灣醫療儀器先進，醫生醫術精進，很多在國外無法進行的手術必須轉回國內醫治，之前就有許多報導因國人國外疾病需後送，但礙於經費，動輒百萬，無法後送，請外交部協助，還有直接請國人捐助比比皆是，非常重要，必須詳盡告知旅客。

二、歐盟申根醫療保險規定

歐洲申根國家已就人民的生命做很完善保險制度，所以去歐洲旅遊者必須依照其規範，投保符合規定的旅遊醫療保險。歐盟建議保險須符合下列條件：

（一）醫療保險給付額度最少必須 3 萬歐元或等值貨幣（約新臺幣 130 萬元）。

（二）保障需包含支付因意外或突發疾病住院費用（保額最低各需達 3 萬歐元）。

（三）包含支付因醫療之故的緊急轉送回國費用緊急醫療護理和緊急住院治療或死亡費用。

（四）住院醫療費用可由保險公司直接支付予歐洲當地合法登記之醫療院所。

（五）承保之保險公司必須在申根國家區域內設有辦事處或分公司 26 個建議投保歐盟申根國家醫療旅遊保險之國家比利時、丹麥、德國、法國、芬蘭、希臘、冰島、盧森堡、荷蘭、挪威、意大利、奧地利、葡萄牙、瑞典和西班牙、愛沙尼亞、拉脫維亞、立陶宛、馬爾他、波蘭、斯洛維尼亞、斯洛伐克、捷克、匈牙利、瑞士、賽普勒斯。

3. OP（團控 Operator）交接團體

(1) 核對行程表、工作單、旅客需求單、核對旅客證照。

(2) 帶團流程一一再確認、請現金款項、有價票券、其他資料。

(3) 預做旅客機位座位表、確認飯店房間分房表、團體總表、餐廳預訂表等表格。

(4) 領取旅客胸章、行李牌、領隊證、布旗等。

(5) 確認旅客要求特殊餐食，並在出發前3 日與航空公司再次確認。

(6) 檢查 (PVT) 護照 Passport、簽證 Visa、團體機票 Ticket 等，一一核對中英文姓名及效期、簽證種類、簽證入境次數。

(7) 注意填妥出入境卡 (ED Card) 中大部分內容，簽名欄空下，不可代簽。

(8) 確認行程內容是否與開說明會時相同，檢查旅客特殊需求請求單。

(9) 依行程表核對國外 LAND 的部分，包含旅館、餐廳、巴士、門票等。

有價證卷 (VOUCHERS)

為避免領隊人員攜帶大量現金成為歹徒覬覦
目標，領隊人員因攜帶現金招致被搶被偷不在少
數，動輒數 10 萬臺幣，所以旅行社以「有價證卷
VOUCHERS」替代現金交易，支付給旅館、餐廳、
司機、門票與導遊等，之後再由這些單位人員向
旅行社請款，但還是有些國家地區不接受此種付款方式，旅行社會以直接刷卡方式，最後不得已才請
領隊攜帶現金支付，越先進國家接受度越高，反之亦然。

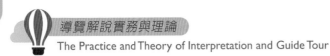

旅行證件

護照剪腳，臺胞證打洞，是已經過期失效了，
另兩本為國際駕照與國際預防接種及預防措施
證明書

護照晶片

旅遊簽證

肯亞落地簽證

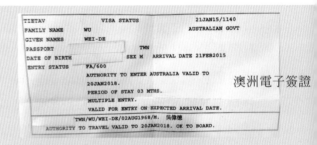

澳洲電子簽證

柬埔寨簽證

機場登機

瑞典斯德哥爾摩阿蘭達國際機場自動辦理登機電腦

肯亞航空電子機票

登機證，最上面是傳統登機證，下面兩張是機場由自動辦理登機電腦列印出，這是未來之趨勢，取代人工

出入境卡 ED CARD

　　E 為 Embarkation Card, Embarkation 原是搭乘之意，為出境卡。

　　D 為 Disembarkation Card , Debarkation 原是登陸的意思，為入境卡。

　　早期在入境他國時都必須填寫 ED CARD 與 CUSTOMER FORM （海關申報單），在過移民局 IMMIRGRATION 時護照與一併查驗，但現今機票都已成電子機票，簽證也改為大部分免簽證，所以 ED CARD 與 CUSTOMER FORM 都已簡化，只提供需要申報之旅客填寫，附圖為香港 ED CARD，但表格已不見 ED 照兩字之全文，因為這兩字以改成 DEPARTURE 出境與 ARRIVAL 抵達，比較實用。

出境卡　　　　　　　入境卡

國際預防接種證明書
(International certificate of vaccination orprophylaxis)

依照世界衛生組織國際衛生條例 (International Health Regulations, IHR) 規範所簽發，國際通用的預防接種（或採取其他特定預防措施）證明書。依照 IHR(2005) 規定，國際衛生條例締約國得依黃熱病 (yellow fever) 防治需求，要求全部或來自高風險國家之入境人員，出示黃熱病預防接種證明，黃熱病流行國家集中在非洲及拉丁美洲。

4.TP（線控 Tour Planning）交接團體

(1) 與線控確認沿途付款方式，現金款項、有價證券 (Vouchers、Coupon)。

(2) 確認 Local 所提供之英文 Working Itinerary 是否與中文行程表符合。

(3) 確認各餐廳、景點、門票、Bus Hour 及 Tour Guide。

(4) 特別交代事項，如新景點、餐廳、飯店進行考察拍照做資料。

(5) 確認所搭乘航空班機、中途過境、轉機機場等過程狀況。

5. 團體出發前電話說明會

(1) 前 3 日電訪旅客，開簡短行前說明會、確認旅客結構屬性，注意事項。

(2) 查詢旅客特殊需求，是否可以滿足旅客。

(3) 說明集合時間及地點並請旅客牢記領隊手機。

(4) 就行程食衣住行育樂、氣候、幣值等解說約 10~15 分鐘。

6. 出發當日機場集合

(1) 領隊當日到達機場切勿遲到，應提前 1 小時到機場，確認特別餐食。

(2) 出團前請詳讀客戶基本資料：如姓名、年齡、職業、居住地、出生地、成員、暸解分析此次造訪目的、熟記長相特徵。

(3) 簡短自我介紹，用小名或綽號較具親和力，第一印象重要；給予旅客有細心、安全感、責任心、親切、用心等感覺。

(4) 櫃檯劃位、同行者盡量安排在一起，回程亦同。

KUONI group travel experts

Gullivers Travel Associates (Hong Kong) Limited

Itinerary

T/L: Mr. 吳偉德

27 Goswell Road, London, EC1M 7GT, United Kingdom
Tel: +44 20 3170 4000 Web: www.kuonigrouptravel.com

領隊團體操作手則 (ITINERARY)

(5) 集合團體，如旅客未到，打電話給旅客或到其他櫃檯尋找，已到的旅客先發放行李掛牌，及其他須填寫之表格。

(6) 說明登機證、登機時間、登機門、班機飛行時間、專機過境否、護照套內表格簽字等資料，並解說出境及手提行李登機注意事項、隨身物品攜帶、不超過 20 分鐘。

(7) 托運行李，拿到行李收據，並確認行李已過行李檢查 X 光機才可離開。

(8) 在機上，與空服員核對特殊餐食的座位，幫忙小朋友索取玩具或撲克牌，下機後請旅客於登機門外集合，由領隊統一帶領入境。

(9) 班機抵達目的地後：需要集合，入海關、拿行李、檢查行李、入境等事項。

(10) 與導遊會合後，就當日行程，旅客要求，緊急事項等進行溝通。

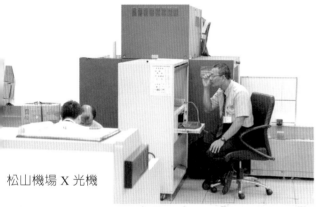

松山機場 X 光機

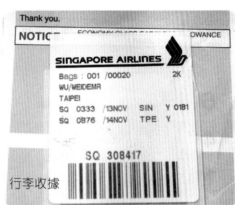

行李收據

桃園國際機場大廳

二、旅行團體出發後

1.團體抵達及行程開始

(1) 領隊排第一個先跟移民官告知團員人數及行程,必須要有三道程序 CIQ,總稱「官方手續 Government Formalities」。Customs 海關,進入國境時,對旅客攜帶入境之財物(行李)予以檢查。Immigration 移民官,證照查驗也稱為護照管制 Passport Control。Quarantine 檢疫,人的檢查疾病、動物檢疫及植物檢疫。

(2) 請團員檢查完護照後到行李轉盤集合,確認大家行李都拿到後才由領隊一起帶出關。

(3) 與導遊見面確認今日行程,介紹導遊司機給旅客認識。

(4) 團體一起活動後,需要單獨離隊,需告知領隊,以求掌握旅客動向,以免發生意外。

(5) 夜間或自由活動時間自行外出,請告知領隊或團友,並應特別注意安全搭乘船隻,請務必穿著救生衣。

(6) 切勿在公共場合露財,購物時也勿當眾清數鈔票。

(7) 務必注意各個景點:有無門票、入內參觀、下車照相、行車經過,並詳加記錄。

(8) 與導遊開會,確認領隊、導遊、司機每人的工作執掌,並提醒小細節。

2.團體巴士安排

(1) 領隊每日早晨確定行李都到齊後出發,利用在遊覽車上,先介紹今日行程及注意事項與車行時間,與團員噓寒問暖,盡量與旅客拉近距離,並且給導遊、司機熱烈掌聲。

(2) 領隊座位坐後座,把視野好的位置留給旅客,旅客座位視團體人數多寡前後互換分配;如有暈車者、年長者、

入境日本移民館戳章,表示此次入境可以停留 90 日

檢查巴士安全與清潔

小朋友、行動不便者,特殊要求者,與旅客協商後讓出前三排提供使用。

(3) 每一個景點上下車必須清點人數 2 次以上。

(4) 隨時注意車上溫度適時做調整。

3. 餐食安排

★團體合菜

(1) 抵達後先請餐廳安排座位,之後確認每個人都有座位或同行者並坐,特殊餐、素食者、小朋友座位。

(2) 告知洗手間,主動拉椅子服務,注意茶水。

(3) 目視每一個人的需求(主動服務)。

(4) 建議旅客未上 3 道菜前,領隊勿用餐,詢問菜的鹹淡,確認餐型。

(5) 切勿問旅客菜色好不好,需問旅客有沒有吃飽。

(6) 如遇特別餐,請勿於用餐前誇大形容,造成認知差距,不易解釋。

(7) 如有素食者,是否可另行安排座位等,應查清楚。

★自助餐食

(1) 告知先試味道,再依個人喜好用餐,拿太多吃不完,浪費食物。

(2) 等全部旅客均已取食,再行約定集合出發時間。

(3) 如有素食者,是否可另行安排座位餐食,須查清楚。

★早餐

(1) 一般導遊不會出現,領隊提早 20 分鐘到,先到餐廳內安排好座位。

(2) 餐廳前恭迎旅客,約定時間過了 15 分鐘就進餐廳自行用餐,每日與不同旅客同桌共進早餐,拉近距離。

(3) 早餐形式非常多,應前一日入宿飯店時,與餐廳或櫃檯確認形式,並告知團員早餐形式及安排內容。

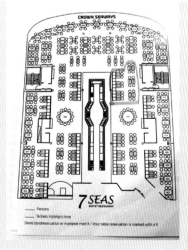

餐廳位置圖

遊輪 DFDS 早餐 VOUCHERS

4. 飯店住宿

(1) 由領隊辦理住宿登記手續,展示英文能力。

(2) 注意房型、同行者有小朋友、單女者、年輕女性房、房間號碼等安排。

(3) 提醒住宿飯店房間與電梯、樓梯、緊急出口等相關位置。

(4) 查房、房內電器使用、浴室使用及其他使用,提示開門及反鎖之安全性。

(5) 住宿飯店請隨時加扣安全鎖,並勿將衣物披掛在燈上或在房間吸菸,聽到警報聲響時,勿搭電梯,請由緊急出口迅速離開。

(6) 游泳池未開放時間,請勿擅自入池,並切記勿單獨入池。

(7) 確認 MORNING CALL 時間,如遇早班機或早起有活動時,領隊必須親自再 CALL 一次。

5. 自費活動

(1) 既定行程已完成後安排,妥善安排未參加者,保持團體整體性。

(2) 自費行程安排注意,三不原則:

a. 合不合理 Reasonable

b. 值不值得 Value

c. 危不危險 Dangerous

　　例如:美國拉斯維加斯 O Show(約 7,000 元)與法國巴黎紅磨坊秀 Moulin Rouge(約 9,000 元)前者是水立方秀在水裡表演,後者是法國傳統秀還有康康舞;兩者在作自費時的價位皆超過表定價,因為需要透過他人幫忙代訂,還要帶位費、小費、車資、佣金等,這就涉及合不合理、值不值得的問題了;另外,紐西蘭的高空彈跳有一定的危險性,不見得適合每一個人。

(3) 旅遊安全書面須知表及擬定旅客安全守則一覽表,其中必須包括活動危險等級區分狀況、自費活動項目的參加要點。

..n Seaways			Oslo-Copenhagen 13.07.2016 16:30		
..bin NT6000831	Cat/sold	Status	CabinDescription Aafo100668-0407,		Passenger
5416A	A4	AL	S	Cabin With Single Beds and Sea ﹨ RC	Ms	Shu Kuei Liu H
5418A	A4	AL	S	Cabin With Single Beds and Sea ﹨ RC	Ms	Chu Ting Chua
5418C	A4	AL	S	Cabin With Single Beds and Sea ﹨ RC	Mr	Yueh Lin Chua
5420A	A4	AL	S	Cabin With Single Beds and Sea ﹨ RC	Mr	Wen Yuan Lu
5420C	A4	AL	S	Cabin With Single Beds and Sea ﹨ RC	Ms	Yueh E Lin
5422A	A4	AL	S	Cabin With Single Beds and Sea ﹨ RC	Ms	Man Yu Yang
5422C	A4	AL	S	Cabin With Single Beds and Sea ﹨ RC	Mr	Tsung Han Yar
5424A	A4	AL	S	Cabin With Single Beds and Sea ﹨ RC	Mr	Win Jin Chang
5424C	A4	AL	S	Cabin With Single Beds and Sea ﹨ RC	Ms	Li Chin Chen
5426A	A4	AL	S	Cabin With Single Beds and Sea ﹨ RC	Mr	Yu Chin Yang
5426C	A4	AL	S	Cabin With Single Beds and Sea ﹨ RC	Ms	Shu Chu Lin

遊輪船艙房間表:記錄艙房、型式、房間號碼、旅客姓名

(4) 領隊必須宣導旅客自身應負的責任事項等，以確保旅客與公司的權益。

(5) 最後應準備書面文件讓旅客簽名，以證明領隊已盡到各項宣導之責任與義務，避免旅遊糾紛時產生刑事上的責任歸屬問題。

6. 購物安排

(1) 退稅方式 Tax Refund，必須要詳加瞭解，並說明解釋清楚以維護旅客權益。

(2) 購物時間不可占據表定行程時間，說明可購性等，不可半推半就推銷，妥善安排未購買者，保持團體整體性。

7. 團體緊急事件處理

(1) 如遇狀況無法到達目的，如道路坍方、雪崩、示威抗議、罷工等，盡量顧及旅客權益，並疏導溝通，一切以安全為主，尋求替代景點並與公司及當地旅行社回報，尋求解決方案，方案協議好與旅客簽訂同意書帶回，切勿領隊及導遊私下與旅客協商後行動，這是最忌諱的。

(2) 觀光局要求，應攜帶緊急事故處理體系表、國內外救援機構或駐外機構地址、電話及旅客名冊等資料。其中，旅客名冊，須載明旅客姓名、出生年月日、護照號碼（或身分證統一編號）、地址、血型。

(3) 遇緊急事故時，應確實執行以下事項：立即搶救並通知公司相關人員，隨時回報最新狀況及處理情形。通知我國派駐當地之機構或國內外救援機構協助處理。

(4) 領隊現場處理：應採取「CRISIS」處理六字訣之緊急事故處理六部曲。

a. 冷靜 (calm)：保持冷靜，藉 5W2H 建立思考及反應模式。

b. 報告 (report)：警察局、航空公司、駐外單位、當地業者、銀行、旅行業綜合保險提供之緊急救援單位等。

c. 文件 (identification)：取得各相關文件，例如報案文件、遺失證明、死亡診斷證明、各類收據等。

d. 協助 (support)：向可能的人員尋求協助，例如旅館人員、海外華僑、駐外單位、航空公司、Local Agent、旅行業綜合保險提供之緊急救援單位、機構等。

e. 說明 (interpretation)：向旅客做適當的說明，要控制及掌握旅客行動及心態。

f. 紀錄 (sketch)：記錄事件處理過程，留下文字、影印資料、清晰照片、尋求佐證，以利後續查詢免除糾紛。

8. 小費

小費，英文名 Tips，源於 18 世紀的英國倫敦是保證迅速服務 (to insure prompt service)；原本餐廳給服務生在餐費以外的獎勵，現在被視為社交禮儀，小

費並不是法定要給，數目也沒有明確，多數地區的行業都有不成文的規定，尤其在歐美地區。

(1) 小費，支付小費是種禮貌，感謝別人提供的服務，旅行社都有一定的建議每日小費的金額，一般旅遊團體會產生小費的部分有餐廳、司機、當地導遊，領隊、飯店行李員及飯店床頭小費均因當地習慣、消費水準之不同而異。

(2) 小費是導遊領隊對於工作的努力，受到旅客肯定所得到的報酬，千萬不能視為理所當然的所得，如果旅客給予的不達預期，常常會引起很大的爭議，而產生的旅遊糾紛，不得不謹慎。

(3) 領隊有義務收取導遊及司機的小費，收小費是一種很高深的藝術與學問，目前並沒有確切的方式，告知領隊要如何收小費，編者在此建議適合與不適合的時機與方式提供參考。

★不適合時機與方式

a. 行程剛開始時─還未服務就先收。（大忌）

b. 到房間跟團員收─一定要收到，死賴著不走。（忌）

c. 找團員幫忙收─他人也不好意思不給。（忌）

d. 收到小費就馬上清點─市儈。（忌）

e. 沒有表現，要收小費時裝得很可憐─不必如此悲情。（忌）

★適合時機與方式，行程將結束時

a. 一一私下跟團員收。（優）

b. 講一段感性祝福的話全體一起收。（優）

c. 講一段感性祝福的話請團員自行給。（很優）

d. 講一段感性祝福的話請團員放信封袋裡。（很優）

e. 講一段感性祝福的話，隻字不提，一切盡在不言中。（最優）

9. 機場辦理出境登機作業

(1) 製作旅客通訊錄，辦理電子機票作業，請看票務常識。

(2) 櫃檯劃位、同行者盡量安排在一起。

(3) 說明登機證，登機時間及登機門，並解說出境及手提行李登機、注意事項、登機程序及安檢，隨身行李攜帶物品。

(4) 託運行李，拿到行李收據，並確認行李已過行李 X 光機才可離開。

(5) 在機上，與空服員核對特殊餐食的座位。

10. 機場辦理出境作業

(1) 確認所有團員護照簽證，排隊出境。

(2) 檢查完證件後，依序排隊出境前的個人隨身行李安檢。

(3) 團員可自行購買免稅品 DFS(duty free shop)。

11.團體滿意度調查

發放團體滿意度調查表、並解釋團員不瞭解調查事項，與導遊查詢團體整體狀況，密封收回調查表。(Customer Satisfaction Investigation,CSI)

三、旅行團體返臺後

1.團體結束後作業

(1) 3 日內到公司交團，帳務整理、報帳與核銷、事故報告。

(2) 繳交旅客滿意度調查表、領隊帶團服務檢查表。

(3) 國外市場資訊報告、國外業者意見反應。

(4) 領隊個人對行程意見與建議行程，國外其他公司團體及景點現況報告。

(5) 與同儕或業務人員交換心得及報告。

2.團體客訴處理

有無違反規定，具體陳述事件，回憶當時狀況，交由公司主管協調及處理。

6-3 領隊解說重點資訊

一、機位座位表

航空公司會將班機團體機位會安排一區域，座位分配是按照英文姓 ABC 來依序排列，若夫妻同行，先生姓吳，英文為 Wu、太太姓陳，英文為 Chen，按英文 ABC 來排列，陳小姐與吳先生的座位會離很遠，兩者的座位是最前與最後不會在一起，這時領隊若劃了機位座位表，或許可以解決這個問題，但關於每一個旅客或是每一組旅客，對於機位座位的需求狀況很多，例如有人偏好走道，有人偏好窗口等等，第一天接觸旅客，若強行在區域內排座位，依當時情況調整會無法滿足所有旅客，且有遭致客訴之疑慮。

團體機位之安排雖領隊無法掌控，但也不能卸責，是故製作此表後告知旅客航空班機的座位分配是按照英文姓 ABC 來依序排列，讓旅客知道團體區域位置，就算現場無法以領隊之力調整，旅客已經覺得你很用心了，而且很有經驗；再者，登機後，亦可掌握所有團員是否都登機，確認人數；座位圖是由編者繪製波音 747-400 機型，有打 ✓ 表示是航空公司人員安排此團體機位之區域，此團為 32 人含領隊，旅客知悉後，可自行調整對交換座位，如下表：

排數	靠窗	中間	靠走道	走道	靠走道	中間	中間	靠走道	走道	靠走道	中間	靠窗
	A	B	C		D	E	F	G		H	J	K
51	✓	✓	✓	✗	✓				✗			
52	✓	✓	✓	✗	✓				✗			
53	✓	✓	✓	✗	✓				✗			
54	✓	✓	✓	✗	✓				✗			
55	✓	✓	✓	✗	✓				✗			
56	✓	✓	✓	✗	✓				✗			
57	✓	✓	✓	✗	✓				✗			
58		✓	✓	✗					✗			
59		✓	✓	✗					✗			
60				✗					✗			
61				✗					✗			

二、分房表

　　旅館飯店住宿房間乃領隊之職責，並非導遊，因為旅客與領隊是來自於同一國家區域，民俗文化相同，同樣之思考邏輯，比較能善盡安排理念；分房表為每位領隊在辦理住宿時所需的表格，但旅館飯店已經排入旅客住宿房間房號，唯領隊會依旅客需求重新調整房間房號，以下為分配房間所需表格，且需注意事項：

(1) 若住宿場域不允許更換房間，領隊絕對不能再調整，如過夜渡輪、賭場飯店與渡假村等，因為這涉及安全性與用房卡房號消費等之因素。

(2) 房號若是不討好，或是範圍分布太廣，領隊只需發房卡或鎖匙，盡量不要講鑰匙（要死）諧音，不需報房號，不討好號碼，如 438、119、911、3849、7788 等，中國不吉利號碼為 4（死）諧音，國外不吉利 13（13 號星期五，跟宗教有關），所以會出現有 4 樓之房間，領隊不得不注意。

(3) 範圍分布太廣，若此團有 20 個旅客，10 個房間分布在 6 個層樓，旅客會擔心安全問題，就盡量將女性旅客房間排在房間數較多的樓層，或在領隊住宿房間層樓，旅客比較有安全感，記得別把女性房間排在邊間，也有爭議，何謂邊間若此團房間數 10 間，房號為 221、223、245、246、251、252、253、254、269、270，邊間為 221 與 270。

(4) 分房表有個資問題，是不可以公開或給予其他旅客團員或任何不相關的人員，會有洩漏個資疑慮。

(5) 分配住宿房間是一件很複雜的工作，若是與旅客溝通過，依旅館飯店安排不再更動調整，當然領隊可以很輕鬆，但這並非領隊服務標準，若是能夠盡量滿足客人需求才是領隊的目標，如下表。

ROOM LIST XXX TOUR						
TOUR NUMBER:AAFO000000000_____Pax						
Room No	No	Chinese Name	English Name	Date Birth	Passport No	Remark
5231	1	王大明	WANG, DA MING	1966.JUL.06	123466789	
	2	陳小華	CHEN, HSIAO HWA	1967.JUN.05	157924683	
5232	3	吳大德	WU,DA DE	1970.JAN.01	132654789	Tour Leader
	4					
	5					
	6					
	7					
	8					

三、團體總表

團體總表是領隊有旅客所有的資料，包含中英姓名 (NAME、ENGLISH NAME)、出生年月日 (DATE BIRTH)、護照號碼 (P.P.NO.)、護照效期（P.P ISSUE.EXPIRY、簽證號碼 VISA NO.）、簽證簽發地 (VISA PLACE) 與簽證效期 (ISSUE EXPIRY) 等資料，如下表，因為護照簽證需交還給旅客，有時需要旅客資料時，不需再跟旅客索取，所預留之旅客個資，這亦是個資問題，是不可以公開或給予其他旅客團員或任何不相關的人員，會有洩漏個資疑慮。

NO	NAME	ENGLISH NAME	DATE BIRTH	P.P. NO.	P.P ISSUE .EXPIRY	VISA NO.	VISA PLACE	ISSUE EXPIRY
1	王大明	WANG, DA MING	1966. JUL.6	123466789	2010. JAN.1 2020 JAN.1	23561235	TAIWAN	2016. AUG.1 2016 NOV.1
2	陳小華	CHEN, HSIAO HWA	1967. JUN.5	157924683	2010. FEB.1 2020 FEB.1	21456985	TAIWAN	2016. AUG.1 2016 NOV.1
3	吳大德	WU,DA DE	1970. JAN.1	132654789	2010. JUL.1 2020. JUL.1	21459874	TAIWAN	2016. AUG.1 2016 NOV.1

四、餐廳預訂表

　　這是國外特殊餐食，需要及早預訂作業之表格，有憑有據，對領隊與客人是一種保障，如下表。

TO	BISTRO Restaurant	From	XXX 旅行社有限公司 XXX Travel Service
Name		Name	
Tel		Tel	
Fax		Fax	
Date		Cell	
Time		E-mail	
Pax		Website	

MENU			

MIXED SALAD
CHICKEN BREAST PROVENCE SORCE
STAB OF COCOA SOUSSE ON EUSRAD SOURCE

　　PRICE：20 EUR Per/ Person

```
┌─────────────────────────────┐
│ Sign and Seal               │
│ Please send back to reconfirm! │
│                             │
└─────────────────────────────┘
```

～ Thanks and Best Rgds!! ～

祝福－生意興隆、高朋滿座！

T/L		Cell phone number	

參考文獻 ✈ Reference

1. 全國法規資料庫，領隊人員管理規則，
   2016.08.30
   http://law.moj.gov.tw/LawClass/LawAll.
   aspx?PCode=K0110022

2. 吳偉德、鄭凱湘、薛茹茵、應福民 (2016)。
   領隊導遊─實務與理論（第五版）出版社，
   新文京出版

3. 行家旅行社，關於行家，2016.08.30
   http://www.protour.com.tw/

4. 格蘭國際旅行社（股）公司，格蘭簡介，
   2016.08.30
   http://www.grandeetour.com.tw/

5. 美國運通，歐盟申根醫療保險規定，
   2016.08.30
   https://www.insurance.americanex-
   press.com.tw/travel-insurance/europe-
   an-schengen-medical-rule/

6. 新光人壽，旅平險介紹，2016.08.30
   http://www.skl.com.tw/Proc/Products/
   TravelComList.aspx

7. 衛生福利部疾病管制署 (2016)。國際預防
   接種證明書（黃皮書）核發作業，臺北

導覽人員規範與
導覽解說

The Practice and Theory of
Interpretation and GUIDE TOUR

政府在觀光旅遊產業內所規範的導覽解說服務人員種類，有導遊人員、領隊人員、領團人員與導覽人員等，管理單位有文化部、內政部與觀光局等單位，當然在一般還有稱為志工人員，也同樣有從事導覽解說的工作，如廟宇志工人員或是醫療單位志工人員；本章以觀光旅遊產業來定位與解釋，使讀者有一個初步的概念，對於導覽解說服務人員，瞭解工作特性、任務使命及發展方向。

解說工作

導遊人員講解中正紀念堂全景模型

動物園導覽志工人員正在對學生講解黑猩猩生態

學生領團人員在車上學習如何解說一日行程，手中還拿著小抄

導覽解說服務人員解析上，可依職業特性所帶動經濟效益方面分析，導遊人員與領隊人員是觀光局為管理單位，是經濟效益最好的兩類型從業人員，出團就有固定收入，適合學校畢業後一般人士從事的工作別，但有門檻需要經過國家考試及格受訓後取得執業證才能執業；領團人員是以大專大學生為主的工作別，簡單來說就是國民旅遊與學校畢旅，經過旅行社或救國團等等單位自行訓練即可工作；導覽人員分為政府單位與非政府單位，政府單位，如博物館、國家公園與國家風景區等地，非政府單位，如私人博物館、農場與觀光工廠等，政府單位是由文化部、內政部與觀光局管理，這些單位的導覽解說服務人員，需要經過單位訓練考試，每年固定考核，大部分是所謂外聘人員，或是志工人員，沒有固定薪資，支付車馬補助費，聘僱導覽解說員，以經濟效益而言，恐無法支持一般生活開銷，大部分從事人員為退休人士，如教師與軍務人員等。

導遊人員考試

華語英語導遊證

　　導遊人員須經過「專門職業及技術人員普通考試導遊人員考試」，國家考試合格與受訓，正式領取證照才能執業，考試種類為專技人員高普初考，學歷資格為高中（職）以上，須為本國籍，考試每年舉辦一次，分為外語導遊與華語導遊。考試及格後須參加職前訓練，節次為 98 節課，訓練後測驗成績以 100 分為滿分，70 分為及格，導遊人員申請執業證，應填具申請書，檢附有關證件向交通部觀光局或其委託之有關團體請領使用。導遊人員取得結業證書或執業證後，連續 3 年未執行導遊業務者，應依規定重行參加訓練結業，領取或換領執業證後，始得執行導遊業務。導遊人員執行業務時，應接受僱用之旅行業或招請之機關、團體之指導與監督；導遊人員執業證分外語導遊人員執業證及華語導遊人員執業證。導遊人員執業證分英語、日語、其他外語及華語導遊人員執業證。領取導遊人員執業證者，應依其執業證登載語言別，執行接待或引導使用相同語言之來本國觀光旅客旅遊業務。

　　已領取英語、日語或其他外語導遊人員執業證者，如取得符合教育部對外華語教學能力認證考試外語能力合格認定基準所定基準以上之成績單或證書，且該成績單或證書為提出加註該語言別之日前三年內取得者，得檢附該證明文件申請換發導遊人員執業證加註該語言別，並得執行接待或引導使用該語言之來本國觀光旅客旅遊業務。

　　已領取導遊人員執業證者，經交通部觀光局或其委託之有關機關、團體舉辦第一項所定其他外語之訓練合格，得申請換發導遊人員執業證加註該訓練合格語言別；其自加註之日起二年內，並得執行接待或引導使用該語言之來本國觀光旅客旅遊業務。

　　領取英語、日語或其他外語導遊人員執業證者，得執行接待或引導大陸、香港、澳門地區觀光旅客旅遊業務。領取華語導遊人員執業證者，得執行接待或引導大陸、香港、澳門地區觀光旅客或使用華語之國外觀光旅客旅遊業務。

國史館團體導覽申請須知

一、凡 10 人以上之團體即可申請導覽服務。

二、週一至週六，上午 9：40 至 12：00 以及下午 13：40 至 16：30 為團體導覽服務時段（親子導覽服務時段為週一至週五平日時段）。

三、請於參觀日 7 天前提出申請（如：下週五團體導覽之申請截止日為本週四）。

四、請於國史館網站填妥團體導覽申請表。受理預約後，3 個工作日內回覆確認。

五、預約團體請準時到館，當日逾時 20 分鐘未到館，視同取消導覽服務，但仍可入館參觀；若要更改參觀日期及人數，或取消參觀，請於參觀前告知，國史館將再視預約狀況予以回覆確認。

六、團體領隊請維護團員安全及秩序，並轉知團員遵守入館參觀注意事項。

國史館導覽志工人員在導覽「勳章的故事」

國史館展示 2005 年俄羅斯下議院議員來訪贈送臺灣俄羅斯青花執壺

導覽志工

宜蘭頭城農場導覽人員正在講說農場動植物生態

手信坊創意和懪子觀光工廠導覽人員正在解說產業年代大紀事

7-1 旅遊專業人員規範

一、導覽解說人員規範

臺灣觀光與旅遊所業規範，旅遊導遊人員、領隊人員、領團人員與導覽人員，

一覽表包含語言、主管機關、證照、接待對象、解說範圍、相關協會與法規等說明如下表 7-1：

● 表 7-1

項目類別	國內人員	國外人員	國民旅遊	各大景區
英 語 華 語 第三語	業界泛稱 Tour Guide(T/G)	業界泛稱 Tour Leader(T/L)	領團人員 Professional TourGuide	專業導覽人員 Professional Guide
屬 性	專任、約聘	專任、約聘	專任、約聘	專任、約聘
語 言	觀光局規範之語言	觀光局規範之語言	國語、閩南、客語	國語、閩南、外國語
主管機關	交通部觀光局	交通部觀光局	相關協會及旅行社	各目的事業主管機關
證 照	觀光局規範之證照 外語、華語導遊	觀光局規範之證照 外語、華語領隊	各訓練單位自行辦理 考試發給領團證	政府單位規範工作證 文化部、內政部與觀光局等
接待對象	引導接待來臺旅客英語為 Inbound	帶領臺灣旅客出國英語為 Outbound	帶領國人臺灣旅遊，泛指國民旅遊	本國人、外國人
解說範圍	國內外史地 觀光資源概要	國外史地 觀光資源概要	臺灣史地 觀光資源概要	各目的特有自然生態及人文景觀資源
相關協會名稱	中華民國導遊協會	中華民國領隊協會	臺灣觀光領團人員發展協會	事業主管機關 博物館、美術館
法規規範	導遊人員管理規則	領隊人員管理規則	相關協會及旅行社	公務或私人主管機關

資料來源：本書編者整理

二、專業人員種類及功能 工作範圍

依觀光旅遊產業實務，導覽解說服務人員種類，有導遊人員、專業導覽人員、司機兼導遊與領團人員等，就其種類及工作範圍解釋說明。

（一）導遊人員 Tour Guide

指執行接待或引導來本國觀光旅客旅遊業務而收取報酬之服務人員；分為外語導遊及華語導遊，外國語分英語、日語、法語、德語、西班牙語、韓語、泰語、阿拉伯語、俄語、義大利語、越南語、印尼語與來語等 13 種，英語為國際語言，故只要取得英語導遊證照，幾乎都可接待國外來臺觀光客並執業。

（二）專業導覽人員 Professional Guide

指為保存、維護及解說國內特有自然生態及人文景觀資源，由各目的事業主管機關在自然人文生態景觀區所設置之專業

外語導遊帶領外國遊客到平溪放天燈，導覽解說天燈由來及故事

人員。陽明山國家公園管理處志工服務招募訓練獎懲要點，為國家公園自然生態環境永續發展及因應自然生態環境為主的遊憩活動，期能讓熱心服務之社會人力資源，參與國家公園永續生態的理念，擴大民眾志願服務之層面，特訂定本要點。招募之志工對外提供 pic 解說教育宣導、保育巡查及諮詢服務、對內支援各項行政事務，以激發全民熱愛自然、保育生態之精神，進而達成自然生態環境教育之效。招募志工類別，分解說志工及保育志工，國

籍不限（需精通中文）須年滿 18 歲，需甄試、訓練、面試等，實習訓練時間至少80 小時，每年需要考核。

（三）領隊人員
Tour Leader

係指執行引導出國觀光旅客，執行團體旅遊業務，而收取報酬之服務人員。分為外語領隊及華語領隊，外國語分英語、日語、法語、德語、西班牙語等 5 種，英語為國際語言，故只要取得英語領隊證照，可帶領國人至全世界各地觀光旅遊。

台江國家公園高倍率望遠器材

土耳其當地英語導遊，全程英語講解，領隊必須擔任翻譯

（四）領隊兼導遊
Throughout Guide

臺灣旅遊市場旅行業者在經營歐美及長程路線，大都由領隊兼任導遊，指引出國旅行團體。抵達國外開始即扮演領隊兼導遊的雙重角色，國外若有需要則僱用單點專業導覽導遊，其他不再另行僱用當地導遊，沿途除執行領隊的任務外，並解說各地名勝古蹟及自然景觀。只需取得領隊證照，不需取得導遊證照，帶領歐洲、美洲、大洋洲與非洲，屬於觀光旅行業最帶團高階專業人員，環遊世界指日可待。

出發時領隊在桃園國際機場發放護照後登機前對旅客簡短說明，最好不要超過 20 分鐘，否則登機時間會很倉促

編者領隊兼導遊於瑞典首都斯德哥爾摩金廳正中央壁畫，Mälar-queen 梅拉倫湖女王，斯德哥爾摩守護神

斯德哥爾摩市政廳

（五）司機兼導遊
Driver Guide

指執行接待或引導來本國觀光旅客旅遊業務而收取報酬之服務人員，本身是合格的司機，亦是合格的導遊；臺灣旅遊市場已開放大部分國家來臺自由行，自由行因團體人數的不同而僱用適合的巴士類型，司機兼導遊可省下部分的成本，對旅客服務的內容不變，國外亦有此作法；尤其以大陸旅遊自由行更具便利性。

應合法取得導遊人員證照，國外人士來臺，非以大宗組團方式操作，因外國人士英語流利，個人旅遊風格強烈，所以來臺自由行比例提高，以小團體人數為主4~6 人，雖臺灣交通便利，唯要利用短短數日來遊覽臺灣，那租用小巴士自然是最好之方式，所以司機兼導遊就在此種旅遊方式下產生了。

臺灣觀巴

「臺灣觀巴」集合全臺灣各大景點，規劃多種精采旅遊行程，輕鬆優遊臺灣 FORMOSA 這個美麗島的時尚城市風華、溫暖風土人情、深度農村生態、極致天然美景、溫泉美食、購物與節慶活動，讓您重新發現臺灣無限魅力所在！地球村的風潮下「臺灣」是亞洲地區極具觀光魅力的美麗寶島，約 3.6 萬多平方公里內，一年四季都有撼動您的好風采！

為提供國內外旅客在臺灣的便利觀光旅遊服務，由交通部觀光局輔導旅行業者依自由行旅客之需求，規劃統一品牌形象的「臺灣觀巴」旅遊服務。您不必擔心人數太少，也不用耗費心力辦理保險與行程規劃，「臺灣觀巴」提供各觀光地區便捷、舒適友善的觀光導覽服務，直接至飯店、機場及車站迎送旅客並提供全程交通、導覽解說（中、英、日文之導遊）和旅遊保險…貼心服務，讓您能輕鬆盡享觀光的樂趣。

透過「臺灣觀巴」的引領，帶您暢遊全臺灣得天獨厚的地理景觀，體驗海濱與高峻的山脈景致豐沛的自然生態、 溫馨熱情的民風、精緻迷人的美食特產、懷舊的人文古蹟、節慶的感動與藝文的熱力…多樣化豐富的行程融合歡樂時尚、文化活力，輕鬆帶您遊遍臺灣的城市與鄉間，享受寶島的魅力與感動，以下為節略路線。

臺灣觀巴 8 人座車

臺灣觀巴 40 人座車

地區	路線名稱	經營旅行社	外語導覽
北部	九份、東北角海岸觀光半日遊	宏祥 利代 東南	英日文
	基隆港、野柳、北海岸半日遊		
	臺北市內觀光半日遊		
	臺北夜景觀光半日遊		
	陽明山國家公園及溫泉浴半日遊		
	三峽、鶯歌民俗藝術觀光半日遊		
	烏來原住民部落巡禮半日遊		
	臺北古玩文藝巷弄漫步一日遊	佳瑛	英日文
	探訪蘭陽田園、礁溪溫泉、烏石港外澳一日遊		
	宜蘭冬山河知性之旅一日遊	怡容	英日文
	宜蘭太平山自然之旅一日遊		
	東北角海岸、金瓜石、九份一日遊		
	東北角黃金海岸線一日遊		
	北海岸、野柳（朱銘美術館）一日遊		

（六）領團人員
Professional Tour Guide

依據旅行業管理規則第二十九條規範，旅行業辦理國內旅遊，應派遣專人隨團服務。而所謂的隨團服務人員即是領團人員，係指帶領國人在國內各地旅遊，並且沿途照顧旅客及提供導覽解說等服務的專業人員。

三、國外規範導遊人員

我們瞭解臺灣規範觀光旅遊業覽解說服務人員種類，也就必要瞭解外國相關之導遊導覽人員種類及工作範圍。

臺北市陽明山中山樓外觀，是百元鈔票上的建築物

（一）定點導遊 On Site Guide

在一定的觀光景點，專司此一定點之導覽解說人員，屬於該點之導覽人員。大部分以國家重要資產為主，如臺北市陽明山中山樓、美國紐約大都會博物館、歐洲巴黎凡爾賽宮等。

陽明山中山樓

1965 年，故總統蔣中正先生為紀念孫中山先生百年誕辰暨復興中華文化，亟思興建一座具國際水準之建築物，以緬懷國父孫中山先生肇建民國之艱辛及弘揚並綿延中華文化於不墜，幾經勘查與諮議，擇定現址，艱辛歷程係修澤蘭建築師親聆蔣中正總統暨夫人之構想，精心設計而成。因樓址位於硫磺區，地熱逼人，且土質軟硬混集，石方、淤泥雜聚，加以當時建築機具簡陋，倍增工程進行之險阻，1966 年，僅耗時 1 年 1 個月又 4 天，即完成壯闊瑰麗、名聞遐邇的「中山樓」，工期之短，創下空前紀錄。樓高 34 公尺，全樓係以中國宮殿式建築藝術為藍本，依山而起、依勢而建的經典之作。樓之結構層層疊疊，屋頂鋪蓋以綠色琉璃瓦，飛簷翹角有如大鵬展翼，活潑而生動，如以紅簷白牆，尤顯壯麗。樓之正前方廣場，矗立一座偉岸挺拔的牌樓，正面鐫刻孫中山先生墨蹟「天下為公」，背面為「大道之行」，運筆遒逸灑脫，襯以大門前蒼松翠柏及石獅，自然形成一片肅穆寧靜氣氛。中山樓之美，美不勝收，且因地處幽勝，風景絕佳，目前已成為國內外賓客競相參訪之景點，亦為政府及民間團體重要集會與活動之理想場所，我們確信中山樓已成為我國珍貴的建築藝術文化資產，且必將在臺灣建築史上占有一席之地。

臺北市陽明山中山樓
導覽志工

臺北市陽明山中山樓模型

（二）市區導遊
City Tour Guide

只擔任此一市區之導遊人員，負責引導帶領解說來此地遊覽之旅客，通常還備有保護旅客安全任務，屬於該城市旅行社約聘人員，如印度首都新德里、埃及路克索、義大利西西里島等。

埃及路克索導遊極其霸氣
兼負保護旅客任務

（三）專業導遊
Professional Guide

通常須有專業知識背景，負責導覽重要地區及維護該地安全及機密，屬於該區域聘僱人員，如加拿大渥太華國會大廈、美國西雅圖微軟 Microsoft 總部、荷蘭阿姆斯特丹鮮花拍賣中心。

EMO 義大利米蘭歐洲機床展，導覽人員正在解說飛機引擎製作過程

美國西雅圖微軟 Microsoft 總部，專業導覽人員

（四）當地導遊
Local Guide

指擔任全程或地區性專職導遊，負責引導帶領解說來此地遊覽之旅客，屬於旅行社聘僱或約聘人員，如臺灣的導遊人員、中國大陸的地陪或全陪、美國夏威夷導遊等。

臺灣參訪團在中國杭州市體育學校參觀，導覽人員在警衛陪同下解說

中國江蘇省南京市東郊紫金山南麓中山陵，導遊拿著旗子招呼團體

越南導遊在車上賣力解說

以上為國外常見之導遊導覽人員。其他國家地區還有形形色色種類之導遊導覽人員，導遊必須兼任翻譯工作等等，此類多屬於非英語系國家，如巴布亞新幾內亞、非洲與中南美洲等，不屬於常態性，故在此不一一贅述。

四、導遊領隊人員未來發展方向分析

（一）導遊人員 Tour Guide

分為專任及特約導遊兩種，每位導遊人員都想成為旅行社專任導遊，但必須在技術及經驗上多加磨練；成熟、經驗好的導遊人員並不想專任，因當有重要團體時，即可以團論酬或選擇有挑戰性的團體；有了當導遊的實力，則可以晉升為帶國外團體之領隊兼導遊。

（二）專業導覽人員 Professional Guide

需具有一定專業知識，是各目的事業主管機關在自然人文生態景觀區所設置之專業人員，條件由各目的事業主管機關聘僱，有一定的保障，如上下班固定時間，唯不能如國外領隊兼導遊周遊列國。

（三）領隊人員 Tour Leader

領隊人員執行引導國人出國旅遊觀光，在目前很多國家不僅需要領隊帶團，並需要領隊具有導遊的解說能力與應變的本事，否則就只能侷限在某些有導遊的區域執行帶團的任務，無法進階，收入有限。如東南亞國，一旦具有導遊解說能力，即可做多區域性的發展，如紐西蘭、美國、歐洲或周遊列國更是指日可待。

（四）領隊兼導遊 Through out Guide

臺灣旅遊長程線市場的旅行業經營者，大都以領隊兼任導遊派遣領隊任務，可以說是領隊導遊界裡之最高境界，各方面條件必須到達一定程度，如語文不單僅侷限於英文，需要多國語言，此類人員收入較佳，可周遊夢想國度，最重要是受人尊重、有成就感、回饋自我性強，導遊範圍遍及全球，區域無限受用一生。

（五）司機兼導遊 Driver Guide

合格的司機，亦是合格的導遊。臺灣旅遊市場已開放大部分國家人士來臺自由行。自由行因其人數而僱用適合的巴士類型，司機兼導遊可省下部分成本；有時工作機會不固定，如大陸地區開放自由行提高工作機會；司機兼導遊比較辛苦，開車又講解，有固定的族群在此領域中，如有機會晉級專任導遊較穩定且提高安全性。

（六）領團人員 Professional Tour Guide

國內旅遊，應派遣專人隨團服務，

係指帶領國人的國民旅遊與學生畢旅。此將成為導遊人員或領隊兼導遊的最好訓練機會，一般剛取得領隊或導遊人員執業證，旅行社不會立即給予派團，需要經過實習帶團的實務經驗，經過多年領團人員的努力學習，一定很快就能導遊人員這方面的專才，受僱於旅行社。

7-2　導遊工作流程與內容

一、團體到達前的準備工作
Preperation works before group arriver

（一）**團體資料**：旅客資料、訂房訂餐、住宿旅館、團體人數、房間數量型式。

（二）**交通狀況**：班機入境出境時間、巴士公司與司機。

（三）**景點行程**：新景點，走路行程、購物點、夜間行程、自費行程。

丸林魯肉飯臺式料理，都是以小菜為主，雖不登大雅之堂但是有臺灣的特色，唯有些料理外國人不見得敢吃須提醒客人，如內臟、豬腳等

臺北喜來登大飯店，5星級飯店，交通地理位置都方便，唯大巴士只能停在側門，團體須從側門進去有點不被尊重的感覺，必須先提醒客人

HINO 日野汽車股份有限公司 (Hino Motors, Ltd)，亦稱日野汽車，1942年成立於日本東京，主要生產大型巴士與貨車，在日本的中重型柴油卡車製造業中有著領先之地位。日野屬於日本豐田集團，目前在臺灣大型巴士占有率約為30%，屬於中價位車種，新車約新臺幣600萬元，行駛於一般公路狀況不錯，但行駛山路比較搖晃須提醒旅客

二、機場接團作業
Meeting service at airport

（一）證件佩掛：導遊證件、團體車牌。

（二）到達時間：巴士是否到達、巴士車號、司機狀況。

（三）團體抵達：行李齊備，上洗手間、證件妥善保管。

（四）領隊溝通：告知今日安排、確認人數行李數。

三、飯店接送作業
Transfer in hotel procedures

（一）開場白：祝福詞語、歡迎詞語、自我介紹。

（二）注意事項：當地時間、天氣氣象、貨幣使用、民生問題。

（三）旅遊事項：整體行程、當日行程、行車時間、行李事項。

（四）導覽解說：大致先介紹一下食衣住行育樂等。

四、飯店住房登記／退房作業
Hotel check in/out proce dures

（一）住房登記：領隊辦手續、導遊介紹旅館位置、設施與附近環境。

（二）住宿房間：發送房間鎖匙、領隊導遊房號。

（三）注意事項：明日晨喚時間、早餐時間、行李運送、出發時間、導遊手機。

（四）查察房間：導遊查房、領隊大廳守候。

（五）領隊溝通：導遊領隊就團體旅客狀況交換意見，以利團體操作順利。

（六）退房作業：清點行李、旅客消費、旅客物品齊備、重要物品。

飯店環保措施

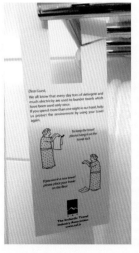

左圖表示旅館房間內不被分化之垃圾不可放入馬桶中，右圖表示住宿 1 日使用大毛巾應該不需換洗，若需要換洗請將毛巾置於地面上，是環保概念

圖示表示旅館住宿 1 日使用大毛巾應該不需換洗，若需要換洗請將毛巾置於地面上，是環保概念

五、餐食安排作業
Meals booking arrangement

（一）座位安排：請領隊協助安排座位（領隊與客人同國家地區比較瞭解習性）。

（二）用餐安排：餐食內容、幾菜幾湯、茶水水果、素食旅客、禁忌餐食。

（三）注意事項：廁所位置、貴重物品不離身、問吃飽別問吃好、出發時間。

（四）導遊領隊：導遊與領隊約在客人上第 3 道餐食時用餐，要比客人先吃飽，餐桌位置不宜離客人太遠。

導遊餐食安排

海霸王餐廳是地點佳、場地氣派與及餐食不錯的餐廳，一般國外團都會最少安排一次至該餐廳用餐，唯司機無法停車，需先聯絡餐廳準備便當給司機

位於臺北市雙城街的雙城美食，是 24 小時營業的小吃圈，若是旅客晚上想出來走走，吃吃宵夜很方便，就在捷運旁，不過要注意安全，因為旁邊就是雙城街酒吧街

六、市區及夜間觀光導遊作業
City sightseeing tour/Night tour conducting

（一）市區觀光：車上簡略介紹景點，避開塞車路段、有料無料、上下車清點人數 2 次。

（二）導覽解說：行進速度、集合地點、注意人數、導遊在前領隊在後。

（三）夜間活動：明顯集合地點、巴士時間、人員安全、發送旅館名片、勿單人行動、導遊手機、提早一點集合時間。

（四）注意事項：宵小份子、禁止攝影、貴重物品放置、遵守時間、跟緊團體、走失留原地、巴士車號特徵、巴士外觀特徵、行程順暢度。

七、購物及自費安排作業
Shopping arrangement;Optional tour arrangement

（一）購物安排：購物時間不可占據行程時間、說明可購性、不可推銷、退稅說明。

（二）自費安排：值得性、合理性及危險性。

（三）注意事項：妥善安排未購買及參加者，保持團體整體性。

臺北市昇恆昌免稅店是觀光客常去的購物站，晚上也有營業

八、團體緊急事件處理
Group emergency procedures

（一）處理機制：通報相關單位及旅行社，現場緊急應變、維護客人及公司權益，做好溝通橋樑。

（二）注意事項：與領隊溝通、善盡與旅客溝通、沒有是非對錯只有盡心盡力。

九、前往機場辦理登機作業
Airline check in procedures

（一）暫別詞語：感謝詞語、祝福詞語。

（二）離境資訊：退稅說明、班機起飛及抵達時間、離境作業手續及流程。

十、團體滿意度調查
Group Customer Satisfaction Investigation, CSI

（一）問卷調查：到機場時發放團體滿意度調查表並說明調查內容，並收回。

（二）領隊問卷：與領隊瞭解團體整體狀況，密封收回調查表，不可現場拆看。

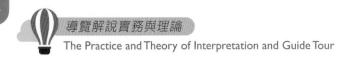

十一、機場辦理出境作業
Airport departure formalities

（一）**離境手續**：收取相關證件辦理離境與登機手續、發送護照登機證。

（二）**注意事項**：告知班機起飛及登機時間，妥善安排托運及手提行李，確認團體每位成員證件備齊、團體成員一一互道珍重。

十二、團體結束後作業
Tour guide Report after group departure

（一）**公司報帳**：3 日內到旅行社交團，辦理報帳。

（二）**回報任務**：繳交團體滿意度調查表，報告此團整體狀況，並繳交導遊報告書。

21 世紀已進入知識經濟時代，在這些年代中知識獲取與教育學習為重要，「多元商數 (Multiple Quotient)」理論的產生，原本應在學生知識獲取與教育學習上，多元商數內涵要素是由 8 種商數所組成，編者在此運用多年導遊經驗演化出 10 種情境，所規劃導遊人員在各方面學有專長下，建議導覽解說時，應用之方式，以下提供 10Q 參考。

旅客退稅

桃園國際機場出境大廳一定要班機離境前 2 小時到機場，若退稅的貨品多甚至要 3 小時前到機場，若是屆時旅客退不了稅或飛機趕不上都會算導遊的責任

桃園國際機場出境大廳外籍旅客退稅櫃檯現金滿 2000 元小額退稅，可立即辦理，方便遊客。

7-3 導遊人員導覽解說

一、導覽解說之商數 Multiple Quotient

（一）IQ 智力商數 Intelligence Quotient

主要是導遊個人主動求知的能力，且能運用經驗去吸收、儲存與管理知識 以解決問題與困難，智力商數是傳統的關鍵能力，它猶如是一個人學習知識的最佳武器，擁有高智力商數將使學習更加有效率與得心應手。導遊必須培養專業素養，隨時積極進取各式專業知識，是敬業的表現，對職業的尊重，使用於導覽解說上，必然取得旅客之認同。

（二）EQ 情緒商數 Emotion Quotient

主要是導遊個人對自己情緒之認識與管理，自我激勵，對他人情緒之認識與管理之能力，世人難免有情緒，當個體受到外界刺激時，在內心深處常會引起各種情緒波動狀態，倘若反應不當或過度，可能會造成自己和別人的傷害，故妥善管理自己的情緒，並避免情緒失控是個體生活適應與否的關鍵所在（吳清山、林天祐，2003）。易言之，情緒商數是人群社會中的社交知識，是人與人相處間的潤滑劑。

導遊人員在導覽解說時，控制情緒，能在各種狀況下，維持情緒起伏平靜，保持理智，相同的對旅客所提出之合理及不合理之需求，處之泰然。

（三）MQ 道德商數 Morality Quotient

導遊個人的修養與犧牲奉獻之能力。是在評價群己和諧之程度，所關注的是在社會關係的探究，確定人在社會中之定位，每一個人都有權利享受社會之資源，但也要有義務為社會之繁榮與進步盡最大犧牲與奉獻。因此在尊重社會上每一個人的個別差異之基礎上，以「人人為我，我為人人」之處世原則，在群己互動過程中，養成凡事守法的觀念與勤勞儉樸的習性。導遊在導覽解說時，可以敘述完備外加註解，也可以按表操課，都是憑藉道德良心，不推銷強迫自費及購物，使旅客達到最舒適的旅遊，能捨能得是最高境界。

（四）AQ 逆境商數 Adversity Quotient

當導遊人員遭受挫折與失敗之容忍力，能承受考驗與打擊，個人面對逆境時之心態大致可以區分為三種：第一種心態「我要面對它克服它！」；第二種心態「看看情形再說吧！」；第三種心態「我完

了！」逆境商數 (AQ) 一書作者史托茲山者把以上三種心態比喻成三種類型之人：第一種人「攀登者」，這種人會以最積極的態度來面對所有的逆境，不管什麼挫折他都想征服它。第二種人「半途而廢者」，他們爬到一半就累了想放棄，如果能找到一塊好地方休息，他就不想走了；第三種人「放棄者」：這類型的人根本不想登山（吳清山、林天祐，2003）。職是之故，在面對充滿詭譎多變的環境，「唯一不變的是變化，唯一確定的是不確定」，個人隨時會遭遇到挫折，一個具有高 AQ 的人，比一般人更能承受挫折之考驗，而經過逆境洗禮的人通常在往後會有一番大成就，導遊有面對逆境承受壓力的能力，克服失敗和挫折的能力，隨時記取缺失，勇於面對困境，導遊導覽解說工作上極具挑戰性，相對也富有很大的成就感。

（五）CQ 創意商數
Creation Quotient

導遊個人能具有水平思考之能力，係指在有目標或有疑難的導向思考情境中，個人能突破限制提出新的意見、發現新的方法，找到新的答案或做出嶄新的解說方式，亦即，個人之思考富有價值性與新奇性。導遊之創造力永遠是一股青春的活力，它能使人永保青春；發揮創意使用於導覽解說上才能使人保有新鮮感，創意無限有夢最美。

（六）PQ 表現商數
Performance Quotient

導遊個人在專業素養養成上具有一定之專業度，唯旅客來自於四面八方各行各業之專業人才，如醫學、建築、藝術、語文與運動等，在導覽解說時也必定會涉及這方面之解說內容，當解說至相關旅客產業內容時，一定要虛心地向在場專業人士請教，並詢問：「您的看法如何？我這樣的解釋可以嗎？」等尊重之說法，千萬不要強出頭，身為導遊人員，應該知道如何表現自己，何時隱藏自己不強出鋒頭，隨時讚揚旅客不與旅客爭相出頭，這是很高的境界。

（七）SQ 微笑商數
Smile Quotient

一句諺語：「出手不打笑臉人」，微笑是最好肢體語言，微笑除人讓人看了高興，自己內心也保有快樂之氣息，不論何時何地導覽解說時保持微笑是自己與他人的福氣，不但可以拉近人的距離，保有好人緣，真誠的微笑讓人覺得善良，使他人願意與之親近，拉近彼此距離之功效。

（八）HQ 健康商數
Health Quotient

導遊個人對自己健康狀況的瞭解與掌握，包含正常的作息與飲食習慣，還有保持持續的運動和體重的控制。所謂「健全的心靈乃是寓於健康的身體」，表示一個

人的身心兩者要互相配合且缺一不可，亦即缺乏心靈的身體是行屍走肉，缺乏身體的心靈是空無虛幻的。因此，得知健康商數乃是一切商數之基礎，藉著穩固健康商數才能進一步發展其他商數。導遊工作是一個非常多元及有成就的工作，工作之餘應注重養生之道，勤作運動及保養，唯保有健康的身體，才能持久勝任導覽解說工作上。

（九）TQ 科技商數
Technology Quotien

導遊個人對於電腦與資訊的基本功用之瞭解與應用的能力，且能運用去進行蒐集資料產生導覽解說內容，科技商數是知識經濟時代下所應具備的商數，是一個蒐集資料的引擎，藉由它可迅速與準確蒐集到所需的資料，並加以轉化成為有用資訊，再內化成為自己專屬的知識，最後昇華後成為眾人皆知的智慧。導遊人員利用現有之資訊科技蒐集資料、儲存資料、分析資料與應用資料，無時無刻都必須更新導覽解說之資訊，現今到處都是 WIFI 網路，如不善加利用，旅客資訊超過導遊，那導遊之講解內容就不再吸引人，導遊人員工作勢必將被淘汰。

（十）AQ 藝術商數
Art Quotient

所謂藝術是觀光旅遊產業非常重要的一個領域，但不專指名詞的藝術，還包含有動詞藝術之成分，很多事項都需要藝術之薰陶，說話要藝術、做人要藝術、唯美要藝術等，藝術不過是一個處理事情態度的代名詞，簡單而言就是做的要「漂亮」而言；當然也涉及導遊欣賞、品析與評價藝術方面的素養能力，藝術商數可使個人的生活更加豐富，生命更加多采多姿，亦即藝術之鑑賞素養乃是一個人的精神糧食，能讓人心曠神怡，若是有導遊有藝術氣息存在，在導覽解說上皆會朝完美方向努力。

二、導遊之給予

遊客的回饋，在於導遊的付出，因此，導遊的給予 (TO GIVE)，是得到回饋最基本的依據，許多行業付出與回報不成比例，特別是導遊人員更為明顯；有付出不見得有回報，但是沒有付出絕對不會有回報，以下是 TO GIVE 六大守則。

（一）教授 Teach

導遊本身是公眾人物，用解說來達到遊客「知」的權力，實際亦是演講者，因此，導覽解說時用字遣詞要非常謹慎。

（二）組織者 Organizer

組織的完整性是一個團體勝敗的關鍵，導遊必須要懂得組織團體的和諧性，需使用解說方式讓旅客團結，讓本身成為組織中的領導者。

（三）感恩的心 Gratitude

導遊導覽解說時，表達懷抱感恩的心，因為旅客是衣食父母，提供工作機會，不應只當旅客，更要當親人般的照顧。

（四）創造力 Imagination

往來的旅客林林總總，導遊導覽解說的方式不應該一成不變，必須要有創新、求變的精神，才能走在時代的尖端。

（五）體力活力 Vigor

再多的經驗、知識、語言，都比不上一個強健的體魄，導覽解說時的活動力是一個團體產生熱情的泉源，非常重要。

（六）精緻化 Excellent

經過長年累月的帶團，會有倦怠，得過且過的心理不可取，如果能夠自我強化，把導覽解說時把每一團都是第一團，做到精緻、完美，表現最傑出的一面，將會是導遊人員中永遠的佼佼者。

三、導遊人員的自律

（一）十要

1. 要敬業樂群、應維護職業榮譽，友愛同儕，互助合作。
2. 要有職業道德、應尊重自己的工作，具奉獻精神，盡忠職守。
3. 要謙和有禮、應謙恭待人，和顏悅色，舉止得體。
4. 要熱心服務、應熱心接待旅客，提供妥適服務。
5. 要遵守法令、應遵守導遊人員管理規則等法規及主管機關命令。
6. 要以客為尊、應尊重外國旅客及其國家，保持良好主客關係。
7. 要注重安全、應隨時注意與旅客安全有關之訊息，接待旅客謹記安全第一。
8. 要專業精進、應充實專業，把握訓練進修機會，虛心學習。
9. 要整肅儀容、應重視儀容，不穿著奇裝異服。
10. 要嚴守時間、應妥善控制行程，接送旅客要準時。

（二）五不

1. 不媒介色情、不安排旅客從事色情交易或涉足不正當場所。
2. 不強索小費、不向旅客強行索取小費，賺取不當利益。
3. 不強銷購物、不向旅客強行推銷自費行程或安排不當購物行程。
4. 不推薦贗品、不帶旅客購買仿冒品，或購買貨價與品質不相當之商品。
5. 不談論禁忌、不與旅客談論敏感政治議題及爭議性之宗教信仰。

參考文獻 ✈ Reference

1. 考選部，105 年專門職業及技術人員普通考試導遊人員、領隊人員考試－考試簡介，2016.08.31
   http://wwwc.moex.gov.tw/main/exam/wFrmPropertyDetail.aspx?m=3008&c=105040

2. 陽明山國家公園志工園地，陽明山國家公園管理處志工服務招募訓練獎懲要點，2016.08.30
   http://eip.ymsnp.gov.tw/volunteer/index.aspx?fn=main&lv0=2&lv1=0

3. 陳啟榮 (2006)，多元商數～ 8Q，教育研究國教之友，第 58 卷第 1 期

4. 吳清山 (2004)。學校創新經營理念與策略。教師天地，128，30-44

5. 吳清山、林天佑 (2003)。創新經營。教育資料與研究，53，134-135

6. 中華民國觀光導遊協會 (2011)，導遊人員自律公約，導遊協會

7. 陳育軒 (2011)，EROT 解說的定義，國立臺中師範學院環境教育研究所

8. 中華民國考選部，105 年專門職業及技術人員普通考試導遊人員、領隊人員考試簡介，2016.08.31
   http://wwwc.moex.gov.tw/main/exam/wFrmPropertyDetail.aspx?m=3008&c=105040

9. 全國法規資料庫，導遊人員管理規則，2016.08.31
   http://law.moj.gov.tw/LawClass/LawAll.aspx?PCode=K0110003

10. 國史館，團體導覽申請須知，2016.08.31
    http://www.drnh.gov.tw/MainBoard_Exhibition.aspx?MenuKey=180&NextPage=1

11. 臺灣觀巴，讓「臺灣觀巴」帶您深度體驗悠遊臺灣之美！ 2016.08.31
    http://www.taiwantourbus.com.tw/About/

12. 臺北市陽明山中山樓，引覽，2016.08.31
    http://www.ntl.edu.tw/ct.asp?xItem=10890&CtNode=1264&mp=13

廟宇導覽解說

*The Practice and Theory of
Interpretation and GUIDE TOUR*

近年來，行政院文化部文化資產局與各地方縣市政府所屬單位，依據〈文化資產保存法〉審查登錄與臺灣國民生活有關之傳統與特殊文化之風俗、信仰、節慶及相關文物稱為「無形文化資產民俗類」，而媽祖文化信仰是每年農曆 3 月份盛大的活動，亦是全民運動，每年動輒數十萬人投入參加盛會。

8-1 媽祖傳統文化

一、天上聖母

天上聖母，民間俗稱媽祖，是中國大陸東南及東南亞琉球、日本及新加坡、臺灣地區等沿海一帶之海上神祇，亦稱天上聖母、天妃、天后、天妃娘娘與媽祖婆等等，媽祖信仰於中國福建湄洲傳出，經歷百千年，稱為媽祖文化。2009 年列為聯合國教科文組織「人類非物質文化遺產」名錄。

媽祖為掌管海上航行的神祇，對於東南亞島嶼型國家而言是家喻戶曉的女神，是中國渡海移民心靈的依靠，由於航行者對於大海的多變產生畏懼及不安，便將媽祖的神像和香火，供奉在船上，祈求航海平安，當時臺灣地區交通運輸亦是以航運為主要收入，東南亞沿海居民都是以捕漁為生，因此媽祖信仰得以傳播與日益普及。臺灣的地理位置與歷史背景下，對媽祖神祇的崇敬成為民間信仰中的海上保護神，調查統計以臺灣地區為天上聖母媽祖為主神祇之廟宇多達近千座，相傳至今於民間信仰的地位之重要及影響力不可言喻。

據歷史傳說，天上聖母媽祖的世俗身分，為福建省興化府蒲田縣湄州嶼人，姓林，名為默娘，據說其祖先原籍在河南，林家世代都高官貴爵，父親為人憨厚擔任福建官人，母親王氏，生有 1 男 5 女，由於男孩多病，身體虛弱，其父母乃祈求觀音菩薩，能再授一子，隔年，西元 960 年 3 月 23 日，母親王氏即生下一女嬰，為媽祖，此女嬰生誕生後一個月，不曾發過哭聲，因此父親取其名為「默娘」，全名為林默娘。默娘自小即顯現出與一般小孩不同能力，聰穎過人尤其領悟力超強及喜愛思考，約莫 10 歲即受教師啟發熟讀詩書且能精通易理，據說 13 歲時經道士以「玄微祕法」傳授醫術能替人治病，16 歲時，遇見神人手持銅符相送更能進一步理解出道術驅妖除魔；相傳當時有兩位山中大妖在人間為非做歹，村莊更要在每年敬貢祭品換取平安，默娘自願前往山林會一會妖怪，雙方一見面則施展法術過招，

默娘因受神人銅符相賜招招破解妖術，成功收服兩妖並追隨默娘行善道，這兩妖就是媽祖繞境隨祀在媽祖身旁的「千里眼」和「順風耳」，之後默娘更是多次救人，助人無數。默娘約 30 歲時，受感召登入高山，瞬眼間化為神仙，踏雲而去，繼默娘經被神化後，村民常於海難之中驚見有女神協助救難，之後村民誦為默娘為媽祖顯靈救人，中國歷代帝王也相對褒封詔誥而傳為佳談。

臺灣於大航海時期，民間據傳神祇媽祖協助鄭成功擊退荷蘭人，亦幫助施琅將軍打敗明鄭長官，繼協助清廷平定叛變，官方將這些傳言與歷史做結合無非是希望藉由媽祖的人氣信仰鼓舞士氣、安定民心，加強統治者深耕民間社會的用心。臺灣信仰初期媽祖的雕塑品則是以「媽媽形象」為版本，隨著中國移民遷臺，各地的媽祖廟則由臺灣本所分靈，其尊號也有關渡媽、松山媽、鹿港媽、北港媽、大甲媽及新港媽等在地化的稱謂，再者臺北士林區天母之地名，取自當時的日治時期的天母神社，日本人見於臺灣人對媽祖信仰的熱衷便想辦法與天母做連結，創立個「天母教」，合祀天照大神與天上聖母媽祖，緩衝彼此信仰，殊不知還沒調和完成日本即戰敗了，當然天母教就式微而留下天母之地名讓後世流傳。

媽祖只有一位真神，民間傳聞媽祖廟中大有許多尊不同臉色的媽祖，有大媽、二媽、三媽等，定義為何至今尚無論定，以下說法可以當作民間百姓傳聞即可，媽祖文化受世間民眾信仰，信徒都有特別需求如入厝、治病、娶妻與除妖選等，甚至明牌與選舉都會請媽祖幫忙公出，是故廟方為滿足信徒需求得以媽祖分身以供信徒迎請，媽祖的分身就有了新名稱編號等等，其中稱大媽、二媽、三媽、四媽乃是依雕塑先後的編號，「鎮殿媽祖」主神是在廟裡坐鎮不外出及遶境巡視。

二、媽祖臉色之傳言

1. 粉面媽祖

依常人的面色一樣膚色，象徵凡人昇華成仙模樣。

2. 金面媽祖

媽祖有功受皇帝封賞塑金身，主要為古代皇帝敕封的官廟為主。

3. 黑面媽祖

黑面媽祖有兩種說法，一說長期奉祀在廟中受香火薰染成黑色，古廟及香火鼎盛之廟宇常有主神雕像面容薰黑並非媽祖而已；另一說黑面媽祖長期執行除魔捉妖等任務，與妖魔周旋久而久之進化成黑色面容。

4. 紅面媽祖

因媽祖受信徒愛戴出席喜宴場合，故紅色代表吉祥喜氣，此場合紅面媽祖較為討喜。

溪北六興宮

溪北六興宮三媽廟正殿前左右兩階梯間，有面雕成騰龍或龍頭狀的石板座，稱為御路。古代此御路僅皇帝方能通行其上顯其珍貴，一般人或轎夫則自東西兩階拾級而上。

溪北六興宮三媽廟，黑面三媽的由來，原為太上老君煉丹爐旁的金童玉女，因有一劫數，太上老君告知需下凡收妖濟世待修成再重返回天庭，等候時辰下凡，當天剛好玉女的臉被煙燻的烏漆抹黑時，適逢時辰已到，於是玉女下凡投胎，當濟世修成修道成仙就成黑臉，故此傳說三媽的臉是黑色的，三媽專司處理信眾因果輪迴事宜及排解疑難雜症。

溪北六興宮主體的建物稱為三川門，出入口越多代表其內神祇越高，華人民間所謂帝后級開五門，將帥王爺開三門，此中間主要的出入口稱「三川門」、「五門」等，之後來民間將此建物皆汎指為「三川門」。

鐘鼓樓一般於前殿與正殿間，鐘樓
建於正殿龍邊左邊，鼓樓置於正殿
虎邊右邊，於廟宇之晨鐘與佛寺用
於早晚報時的鐘鼓，亦有用以迎
神、送駕發鳴放出聲響與氣勢作用

廟中石獅置於三川門外，以廟宇向外左雄右雌成對放置，一
般雄獅開口含石珠，腳踩繡球或金錢；母獅前足逗小獅，在
石獅下方分別以雕刻方式感謝捐贈者並註記姓名

 ## 關渡宮

關渡宮正殿供奉天上聖母一媽祖，
位於正殿中央的媽祖殿，是供奉主神媽
祖的神龕，尊像最大的媽祖像稱之為「鎮
殿媽」，主龕中坐鎮，既不外出遠境、
也不受理信眾的迎請，關渡宮還供奉著
許多媽祖的分身像，其中開基建廟、最
早供奉的媽祖像稱之為「大媽」，其後
又會因於種種不同的因緣而增加媽祖的
供像數量。因此媽祖的名號也隨之有
所不同，例如按照數字排序命名的「二
媽」、「三媽」一直到「廿六媽」，連
外國人也來朝聖。

🔵 馬祖

　　相傳宋時，福建省湄州島，漁民之女林默娘非常孝順，某日父親出海捕魚，不幸罹難默娘非常難過，遂投海尋父，之後發現默娘帶著父親屍體漂流至南竿島雙雙罹難，鄉親感動其孝行，捐款厚葬與興建廟宇祭祀孝行，尊稱為媽祖，並將其名作為島嶼名稱以示紀念。爾後「媽祖」如何改名「馬祖」，有兩種說法，第一為避媽祖名諱與重疊性高，改名「馬祖」。另一軍方說法「媽祖」無法突顯出戰地前線精神，去除「女」字邊，增加剛強之氣。

2009 年完成興建之媽祖巨神像，現高度 28.8 公尺，曾是全世界最高的一座媽祖神像。這座神像從提案到正式落成，花了 10 年以上的時間，而「媽祖在馬祖」是馬祖主要的觀光行銷口號，巨神像周邊，陳列由 12 幅雕塑組成，述說媽祖得道成仙的故事。

馬祖的戰地位置是臺灣前線最重要的一環，馬祖北海坑道貫穿岩壁，為「井」字形交錯的水道，步道全長 700 公尺，走完一圈約 30 分鐘，約 2 年時間完成，施工設備簡陋，用炸藥爆破後全靠士兵一鑿一斧挖掘花崗岩壁而成，成為重要戰略位置，至今成為觀光客必到之景點。

澎湖天后宮

臺灣澎湖縣馬公市,主神為天上聖母媽祖,臺灣最早的媽祖廟宇至今約 400 多年,現存的天后宮 1922 年完成,清朝占領臺灣後,施琅回報朝廷表示對臺戰役有天妃媽祖相助,奏請皇帝加封,晉天妃為天后,至今稱「天后宮」,而重修時出土的「沈有容諭退紅毛番韋麻郎等」碑,不僅是明廷與荷蘭關係的明證,也是荷蘭侵澎史中彌足珍貴的文物。

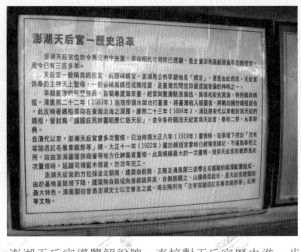

澎湖天后宮導覽解說牌,直接對天后宮歷史進一步了解,是自行前往參觀之遊客不可或缺之工具

西方海神－波賽頓

　　希臘名－波賽頓 (Poseidon)，羅馬神話的名為涅普頓（英語 Neptune）是希臘羅馬神話中的海神，其象徵物武器為「三叉戟」，海王星名稱的來源，為希臘羅馬神話故事中重要的人物之一。掌管宇宙範圍的三兄弟，宙斯 Zeus 管理天庭、黑帝斯 Hades 分陰界，波賽頓管理海洋河川，是希臘羅馬航行者的重要神祇。羅馬特萊維噴泉 Fontana di Trevi，亦稱許願池，傳說背對許願池右手將錢幣往許願池一丟許下重返願望，未來就能重返羅馬永恆之都，每天上萬名遊客在這投入美元歐元等種種硬幣，羅馬市政府統計每日約 3000 歐元（臺幣 10 萬元）的錢幣，這樣的話題不但吸引觀光客前來，也帶來一筆是觀光收入。

Club-Med 太平洋度假村的 logo 來源，靈感及來自於海神的三叉戟，據說三叉戟向上海面風平浪靜，向下則是波濤洶湧

馬特萊維噴泉，中間巴洛可式的雕像是波賽頓，象徵著勝利歸來

8-2 媽祖遶境活動

　　400多年前，媽祖信仰文化由中國福建閩南一帶的新移民信眾渡海來臺，隨即帶入臺灣成為民間支柱信仰之一，每年逢農曆3月媽祖誕辰，從「大甲媽祖遶境進香」、「白沙屯媽祖進香」與「北港朝天宮迎媽祖」等重要民俗活動，全臺各地之臺中市大甲鎮瀾宮、彰化縣鹿港天后宮、雲林縣北港朝天宮、嘉義縣新港奉天宮、臺南市大天后宮等廟宇都會擴大舉辦祭祀、進香、遶境等活動，其中在臺中市大甲鎮瀾宮的媽祖遶境，歷史較久且較大。

大甲鎮瀾宮，寺廟建物內有木、石、泥柱等，裝飾形狀有幾何、雕花、花鳥與蝙蝠等等，以龍柱最為常見，龍柱雕線粗獷、造形結構精實雄偉，雲朵搭配，近期龍柱造形線條趨於流暢明快，龍側配以蝙蝠、仙鶴為主

大甲鎮瀾宮俯視圖

　　每年農曆三月「天上聖母」遶境進香是鎮瀾宮最重要的活動，創建之時的湄洲進香活動，每年大甲媽祖遶境進香的日子須於當年的元宵節由董事長擲筊決定進香出發的日期與時辰，現在 9 天 8 夜的遶境活動，依鎮瀾宮媽祖遶境傳統文化舉行獻敬禮儀，分別有筊筶、豎旗、祈安、上轎、起駕、駐駕、祈福、祝壽、回駕、安座等 10 個主要的典禮，每一項典禮都按照既定的程序、地點及時間虔誠行禮，進香活動還有許多精采的廟會活動，包括神像戲偶、戲班、繡旗、花車、舞龍舞獅等，經彰化員林、雲林西螺、虎尾到嘉義縣新港奉天宮，行進過程中，迎媽祖隊伍在各地區善男信女歡迎下，焚香祭、祀燃放鞭炮，早早準備牲禮素果膜拜，等候媽祖自嘉義新港奉天宮迴鑾時，再一次進行活動高點，沿途數 10 萬餘名信眾紛紛擺出流水席招待親友及香客，以祈求國泰民安風調雨順，以及家庭和樂平平安安。此活動於 2011 年經行政院文建會指定為「國家重要民俗活動」。大甲媽祖遶境進香，

大甲鎮瀾宮龍除三川門外亦有龍虎門為規模大的寺廟建築規格，三川殿兩側建有二廳，左廳為青龍廳稱龍門；右廳為白虎廳稱虎門以廟內向外方向為主，正所謂前朱雀、後玄武、左青龍、右白虎，為華人傳統風水觀念之說，進入寺廟，一般由龍門進虎門出，意味著有「出將入相」的意思

中界點於嘉義縣新港鄉新港奉天宮，去程
經駐駕廟宇依序為彰化南瑤宮、西螺福興
宮，回程行經駐駕廟宇依序為西螺福興
宮、北斗奠安宮、彰化天后宮、清水朝興
宮，每年來回徒步約 350 公里，為臺灣 3
月最盛大的宗教遶境活動。

一、筊箸典禮

　　每年遶境進香起駕時刻，於每年元宵
節 18：00 時，擲杯請示媽祖後，決定該
年起駕日期時刻。

二、豎旗典禮

　　頭旗為夜遶境進香指揮旗，擲杯杯請
示媽祖後豎起頭旗，即是向三界昭告進香
工作開始正式啟動。

鑼隊與哨角隊是神明出巡時最常進的隨行成員之
一，當行經廟宇與定點時，便敲鑼聲 13 響以示尊重，
接著吹奏哨角宣示主神即將到來，襯托主神的神聖
與尊貴

臺南市安南區國立臺灣歷史博物館內陳設媽祖遶境之示意蠟像群

三、祈安典禮

出發前一日的 15：00 時舉行，向天上聖母稟明今年遶境各項事宜，並祈求庇佑參加之人員平安順利。

四、上轎典禮

出發前一日 17：00 時舉行，聖母登上鑾轎祈求賜福給沿途村莊的信徒，庇佑未來都能平安順利。

五、起駕典禮

「起駕」媽祖鑾轎，由神轎班的人員將神轎扛起，出發前往遶境進香，庇佑眾人進香一路平安。

六、駐駕典禮

經 3 天的步行抵達新港，約於 19：00 時進入新港奉天宮，眾人在奉天宮誦經讀書，感謝媽祖庇佑。

七、祈福典禮

隔天 05：00 時大殿舉行信徒舉行祈福儀式，祈求媽祖賜福於爐下眾弟子。

八、祝壽典禮

08：00 時備妥祭品，隨香信徒，一起為天上聖母祝壽，三跪九叩，祝賀媽祖萬壽無疆，此時是最感人的時刻，亦是整個遶境活動的最高點。

九、回駕典禮

回駕前所有信徒，恭請天上聖母登轎回鎮瀾宮，祈求媽祖庇佑眾人平安踏上歸途。

十、安座典禮

當天上聖母回到大甲鎮瀾宮登殿安座，整個媽祖遶境進香活動即將結束，眾人叩謝媽祖庇佑安座典禮之後，信徒彼此在快樂的氣氛中返家，並相約明年參加遶境盛事。

神轎

　　媽祖神轎，或稱輦轎，抬轎規格分二抬（二人扛）、四抬（四人扛）、八抬（八人扛）等三種，以八抬轎為最盛大，八抬輦轎以木雕、彩繪手法來裝飾，以表示對神明的尊敬，其傳統宮廟屋頂式的轎頂，所以有「文轎」之尊稱。

 ## 報馬仔

　　報馬仔即探子，其造型很有學問，眼鏡則意指「明辨是非」，挑桿上的長傘代表「與人為善」，戴斗笠防曬傷，穿簑衣防雨水，反穿皮襖意指「無私送暖」，掛著的豬腳，取台語諧音「做人知足」，戴老花眼鏡表示前方「看得清楚」，懸掛的錫壺勸誡世人懂得「惜福」，繫在腰上的菸斗指吸菸時會有含煙的動作諧音為「感恩」；腳生瘡表示人生「難免不全」，長短褲管為「不道人長短」，臉上的燕尾鬚諧音「言非虛」，掉了一隻鞋為聖母辦事「不拘小節」，寓意很深。

 八家將

八家將乃臺灣民間信仰的陣頭之一，據傳源於五福大帝駕前專責捉邪驅鬼的將軍，之後演變成王爺、媽祖等廟宇的開路先鋒，擔任主神的隨扈。為臺灣民俗活動是廟會陣頭之一。

千里眼與順風耳

　　媽祖神轎前方臉色硃紅、能耳聽八方者是「順風耳」為水精將軍，右手舉至側耳作聽音狀。臉色青綠、能眼觀千里者為「千里眼」稱金精將軍，右手舉至額前做遠視狀。未成仙時據傳2位原是山林裡擾亂村落、為害百姓的妖怪，經媽祖收服成為隨駕的將軍，在日後遶境活動時是非常重要的角色，此木偶在傳統藝術是結合了紙雕（盔帽）、木刻（偶頭）、竹編（篾架）、刺繡（服飾）共四個傳統工藝領域藝術表現，都是由傳統工匠所需時日才能打造完成。

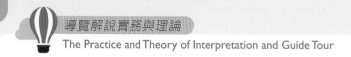

參考文獻 ✈ Reference

1. 高雄市中山國民小學，天上聖母，http://www.zsp.ks.edu.tw/theme/religion/god-birth/010.htm

2. 文化部臺灣大百科全書，媽祖，http://nrch.culture.tw/twpedia.aspx?id=9158

3. 臺灣民俗文化工作室，臺灣的媽祖信仰 https://www.folktw.com.tw/culture_view.php?info=105

4. 關渡宮，天上聖母，http://www.kuantu.org.tw/GDT_C_01_02_01.html

5. 桂林聖母宮，三媽的由來，http://7930680.com/news1-4.html

6. 國立臺灣歷史博物館，媽祖遶境，https://the.nmth.gov.tw/nmth

7. 馬祖國家風景區，歷史起源 https://www.matsu-nsa.gov.tw/user/Article.aspx?a=22&l=1

8. 雲林縣政府，與神同行─北港迎媽祖‧歡迎相揪逗陣來 https://www.yunlin.gov.tw/News/detail.asp?id=201904160001

9. 大甲鎮瀾宮，進香活動，http://www.dajiamazu.org.tw/content/about/about05_01.aspx

10. 專業民間習俗團隊，媽祖遶境由來，https://www.sim.org.tw/festival66.html

11. 文化部文化資產局，澎湖天后宮，http://view.boch.gov.tw/NationalHistorical/ItemsPage.aspx?id=81

*The Practice and Theory of
Interpretation and Guide Tour*

博物館導覽解說

The Practice and Theory of
Interpretation and GUIDE TOUR

國際博物館會議 (ICOM)，對博物館定義：「一座以服務社會為宗旨的非營利機構，它負有蒐集、維護、溝通和展示自然和人類演化物質證據的功能，並以研究、教育和提供娛樂為目的。」

 ## 太空計畫

美國首都華盛頓，航空航太博物館 (Smithsonian National Air and Space Museum) 博物館內收藏，查爾斯・奧古斯都・林白 (Charles Augustus Lindbergh) 1927 年，第一位美國飛行員駕駛單引擎飛機聖路易斯精神號(Spirit of St. Louis.) 從紐約羅斯福機場橫跨大西洋飛到巴黎樂布爾歇熱機場，是歷史上首位成功完成不落陸飛行，橫跨大西洋的駕駛員

　　美國阿波羅計畫 (Project Apollo)，美國國家航空暨太空總署從 1961 年至 1972 年主要展示美國飛行器能進入外太空與載人航空的實力，進而與當時的蘇聯爭霸世界，美國阿波羅計畫主要完成載人登陸月球和安全返回地球的目標並探測月球特性、物質化學分析與月球重力磁場等任務，也認為是日後能發射衛星之測試。

　　美國國家航空暨太空總署的阿波羅計畫中的第 5 次載人任務，人類第 1 次登月任務里程碑，歷時約 8 天，繞行月球 30 周，三位執行此任務的太空人尼爾‧阿姆斯壯、麥可‧科林斯與勃茲‧艾德林，1969 年 7 月 20 日，阿姆斯壯首次踏上月球的人類，說了一句經典名言：「我的一小步，是人類的一大步」，至今，人類也不只一次發現有太空生物，逐漸證實可能是有外太空人。

　　美國首都華盛頓，航空航太博物館收藏，1965 年 6 月 3 日雙子座計畫中的第 2 次載人飛行任務，在這次任務中，太空人愛德華‧懷特完成了美國第 2 次航空史上太空漫步，約 20 分鐘，任務執行 4 天。

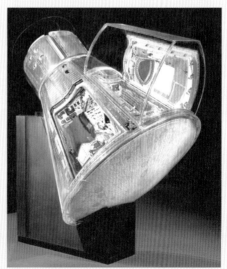

美國首都華盛頓，航空航太博物館收藏，阿波羅 11 號哥倫比亞指揮艙 Apollo 11 Command Module Columbia

雙子座 4 號 GEMINI IV

臺灣博物館法第 3 條定義：「指從事蒐藏、保存、修復、維護、研究人類活動、自然環境之物質及非物質證物，以展示、教育推廣或其他方式定常性開放供民眾利用之非營利常設機構。」

 十三行博物館

位於新北市八里，臺灣第一座市立考古博物館，博物館展示情境設有遺址出土各項重要文物常設展、特展區、考古學習與互動體驗區，先進的設備吸引大批旅客參觀，館中介紹有關十三行文化還有植物園文化與圓山文化等，過去遺跡與背景。十三行博物館為十三行遺址，重要的考古遺址，此地出土人面陶罐、陶器、鐵器與墓葬等，各樣史前遺物，距今約 1,800 至 500 年前，屬於臺灣史前鐵器時代，擁有煉鐵技術。2002 年獲臺灣建築獎首獎，2003 年獲遠東建築獎傑出獎。

十三行博物館人面陶罐路標

建築及設計獎導覽牌

陶器紋質

博物館中庭模擬考古探坑

第 6 條指出：「為蒐藏、保存、研究原住民族文獻、歷史與文物，中央目的事業主管機關應設置原住民族博物館，推動原住民族文化永續發展。」

傳統上博物館是一個以收藏及展示為主的機構，近年來歐美藝術治療界認為是這一個「安全的地方(Safe place)」，可以進行藝術治療（Art Therapy，或稱藝術育療）的場域，因此許多與博物館結合的藝術治療活動已在歐美各地不斷實驗及實施。

歐美博物館界也認同透過博物館場域為特殊族群規劃藝術治療活動，已是二十一世紀重要工作之一。美國除了聯邦政府提供博物館經費內明文規定，部分比例須提供殘障或低收入者等參訪機會，許多企業機構亦提供基金贊助相關計畫。有以如大都會人壽保險公司等贊助美國紐約現代美術館為阿茲海默症 (Alzheimer's Disease) 患者規劃「與我相會 (Meet me at MoMA)」活動，是一個相當成功的案例（王婉如，2014）。

春

義大利佛羅倫斯烏菲茲美術館的「春」，由桑得羅・波提且利 (Sandro Botticelli) 約繪於 1482 年，是義大利佛羅倫斯畫派藝術家，文藝復興早期的作品極為膾炙人口。

此畫作靈感來源於詩人陳述一個早春的清晨，在優美雅靜的果林裡，端莊撫媚的愛與美之神維納斯位於中央，正以閒致典雅表情等待著，春將降臨舉行盛大的典禮。波提且利的「春」將永恆的春天描繪出來，是極為輕快優美的感覺；維納斯漫步在月光下，如皇后般莊嚴、如春風般和煦，她走過的路上，萬物萌發，鮮花盛開。神話中的維納斯是美麗的象徵；也是一切生命之源的化身。畫中：草地上、樹枝上、春神衣裾上、花神口脣上，到處是美麗的鮮花，整個世界布滿著春的氣象。波提且利向我們提供了人們會嚮往的一切：自然、青春、愛情與美的一種寓意。波提且利的這幅「春」表現了春天的美和典雅，畫家構圖上採用平面的裝飾手法，將眾多的人物安排在了適當的位置上。畫中一共 9 人從左至右一橫列排開，沒有重疊與穿插，並且根據他們在畫中的不同作用，安排恰當的動作。作為主角的女神維納斯所處位置比其他人稍後一點。畫中像一幕正在上演的舞臺劇，布景是一片帶金色的暗褐的小樹林。作此畫時波提且利 37 歲，正是他藝術生涯巔峰之時期。

1. 畫中：右上方臉色略灰是風神，他擁抱著春神。

2. 畫中：春神又輕觸著花神。

3. 畫中：花神頭戴花環，身披飾花盛裝的佛羅娜花神，正以優美飄逸的健步迎面而來（腳步一前一後代表行走），將鮮花撒向大地，象徵春回大地，萬木爭輝，代表著春天即將來臨。

4. 畫中：中間站立著女神維納斯微俯的頭，半舉右手，紅色披風的垂擺婉約，意境成一片嚴肅

烏菲茲美術館

而又溫婉與母性的和諧。在此波提且利所繪維納斯的儀態端莊、典雅,所代表的是司掌萬物之生命的女神。

5. 畫中:女神維納斯,頭上方飛翔著手執愛情之箭的小愛神邱比特;邱比特蒙住雙眼,正準備射出愛情金箭,意味著這樣的季節,不管射到誰,都有愛情的權利。

6. 畫中:維納斯的右手邊,是三美神身著薄如蟬翼的紗裙,沐浴著陽光,手拉手翩翩起舞,她們分別象徵,維納斯的右手邊第一位,名為「華美」戴著人間飾物珠光閃耀,她是那樣的嫵媚,高舉的手臂,伸張的手指,微仰的面頰格外明顯地表露出來美麗。第二位名為「貞淑」羞答答背過身去,沒有任何嬌飾,衣著極為樸素,表情嚴肅,她是「純潔」的化身。其左肩衣服脫落下半截,暗喻了愛的誘惑,波提且利

想在此表現出春天到了,勇敢追逐愛的勇氣。最後一位名為「歡悅」動態幅度最大,頭髮鬆散,胸前配戴一個別緻的胸針,衣服格外華麗、內外起伏,整個姿態顯示了她內心劇烈的沖動,這些特徵說明了她就是「愛欲」的化身。在三位美神翩翩起舞的接觸中,「美」誕生了。

7. 畫中:左方是身披紅衣天神宙斯特使赫米斯,他有一雙飛毛腿,手執伏著雙蛇的和平之杖,他的手臂和劍形成反向曲線,他的手勢所到,即刻驅散冬天的陰霾,春天降臨大地,百花齊放,萬木爭榮。波提且利運用自己的想像力對古代希臘羅馬神話故事重新詮釋,繪出人物線條流暢,色彩明亮,在充滿著歡樂祥和的神話故事氣氛中,帶有一絲憂愁,欣賞完此畫,是否有療癒的感覺?

義大利佛羅倫斯烏菲茲美術館的春

野獸派

野獸派的誕生，在 20 世紀初，用大區域的色塊布滿畫作，大膽鮮豔的畫風，搭配印象派的色彩理論，將後印象派梵谷與高更等推向最高點，主要由亨利‧馬諦斯、古典野獸安德魯‧德朗領導，畫風特色利用狂野色彩、慣用紅、青、綠、黃色彩作畫，也為後世畫家畢卡索創作靈感來源。

舞 The Dance 有兩幅，一幅藏於美國紐約現代美術館，另一幅在為聖彼得堡冬宮博物館，此幅是藏於美國紐約現代美術館 (Museum of Modern Art, MoMA)，法國畫家馬諦斯 (Henri Matisse) 作品，構思來自西班牙伊比利半島加泰羅尼亞，馬諦斯看見漁夫粗獷原始的圓圈舞而產生靈感，描繪 5 個裸女圍著圓圈跳舞，在 5 人手拉手的牽引下，強調出力量的表現與運動的韻律，全畫僅用 4 種色彩呈現，天空藍色、地面綠色、裸女黑

野獸派的「舞」

髮與舞者皮膚褐色，馬諦斯説：「藍色不是天空，綠色不是草地，色彩如同音樂的和音，用色不在量多而要善用色彩相互調和的關係，才能表現繪畫的張力之美。」在這幅狂野奔放的畫面上，舞蹈者被某種粗獷而原始的強大節奏所控制，他們手拉著手，圍成一個圓圈，扭轉著身軀，四肢瘋狂地舞動著。

美國紐約現代美術館 MOMA

　　博物館建構完整且富有教育意義的導覽行程，由導覽人員執行導覽解說使旅客充分得到教育與豐富的知識；但現今旅客參觀博物館思維有很大的轉變，慢慢從博物館引導式的路線改變成旅客導向之路線，導覽人員如何與旅客有效互動傳遞訊息，使旅客化被動為主動，積極的有動機去瞭解新的事物，對於博物館展覽或藏品產生更多更廣的興趣，這是博物館導覽解說人員重要里程碑。

丹麥－哥本哈根腓特烈堡 Frederiksborg Slot 號稱北歐的凡爾賽宮，城堡本身亦是一個博物館，導覽解說員正敘述丹麥王室征戰時，宮廷畫家隨兵出征所畫下之行軍圖

宜蘭蘭陽博物館導覽員正向學生傳遞訊息

羅馬教廷國梵蒂岡博物館，導覽人員正在解說導覽方向與參觀重點

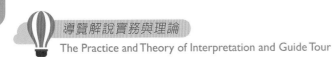

9-1 博物館導覽解說

Grinder, A. &E. Sue McCoy, E.S(2006)，在如何培養優秀的博物館導覽解說人員一書中指出：「一名稱職的導覽人員，就像一位讓人著迷的花衣魔笛手，帶領著旅客輕鬆進入新奇又迷人的世界，一個他們感官過去從未穿透的地方」，導覽人員於每場導覽的針對遊客條件不同，主題不同，導覽路線的規劃就必須隨之調整。Beck 與 Cable 也將解說視為教育性的活動，目的在於藉由不同媒介，包括展示、演說、導覽等揭示文化與自然資源的意義，強化人們對自然奇觀與歷史古蹟的理解與欣賞，並更進一步的去保護它。

聖母痛子雕像

　　米開朗基羅於 1496 年雕塑作品，是用一整塊大理石雕刻出的作品，也是他的成名作，創作題材來自「聖經」，描述當耶穌基督被釘十字架後，聖母瑪利亞懷抱著基督時悲痛萬分的心情，基督躺在聖母雙膝之間，而整件雕刻品在耶穌躺在聖母身上，向下垂落的協調性，是一大重點，米開朗基羅將聖母雕刻為一位少女，就是要引起這個作品話題的布局，此件作品因幾年前遭到惡意分子槍擊，所以現在用防彈玻璃保護著。

　　米開朗基羅、達文西與拉斐爾，稱為「文藝復興藝術三傑」，米開朗基羅作品大衛像、聖母痛子雕像、摩西像、梵蒂岡西斯廷禮拜堂的「創世紀」天頂畫和壁畫「最後的審判」是為神人級的畫家。

博物館的工作內容與節目製作相同有分幕前幕後人員，其中大多數旅客最直接接觸到的就是第一線的導覽人員，遊客對博物館的展覽內容物瞭解程度，當然是取決於導覽解說人員的程度。

一、一線人員

吳偉德 (2010)，一線人員的定義，在此是指組織與旅客接觸最頻繁的人，其他行業這類人員稱為跨越邊線者 (Boundary Spanners)」與旅客接觸最頻繁的人，第一線人員的工作就是服務；在旅客眼中他們就代表整個企業或組織；他們是品牌的代表；他們是行銷該企業或組織形象的人。一線人員的重要性，在此提出「組織」、「導覽解說員」、「旅客」三個關係，此三個介面關聯性相互牽引的；一線人員在組織的邊界工作，將外部客戶和環境與組織內部營運連結，需要瞭解、過濾、解釋，整個組織型態與其外部旅客的資訊與資源上，扮演極重要的角色。如導覽解說人員、服務人員、總機人員、行政人員與警衛人員等，一線人員行銷與組織、員工、客戶之關係此三種行銷活動，主要還是為了與旅客建立及維護長久穩定的關係。

一線人員

義大利 Maranello 法拉利博物館，櫃檯服務人員是導覽解說人員，是博物館最典型的一線人員，接觸旅客頻繁的人，第一線人員的工作就是服務；在旅客眼中他們就代表整個企業或組織。

導覽人員正在解說 F1 車的車型歷史

（一）外部行銷

組織與旅客間主要強調組織應該對旅客設定承諾，其一切承諾必須符合實際，過度承諾，會使組織與旅客關係不穩固且微弱。

（二）內部行銷

組織與導覽解說員兼組織不僅提供，更要提升履行承諾的保證，並賦予動機及傳遞技巧、工具運用予人員，以提升其能力。

（三）互動行銷

導覽解說員與旅客講究的是一種傳遞承諾，旅客與組織的互動，都關係到承諾的履行與否，此刻員工所扮演的角色及功能，是藉由銷售活動直接與旅客進行服務接觸，用以達到組織所設定的履行承諾。

二、博物館導覽解說概念

（一）團體導覽目標

導覽目標為博物館導覽解說員希望教育旅客使其達到瞭解和學習的目的，為導覽解說的主題之處，依時間一次導覽解說，可設定數個主題目標。具體目標將重心放在教育旅客學習一些知識。

 導覽目標

義大利威尼斯總督宮亦稱道奇宮，1340年建立，是一座集哥德式、羅馬與文藝復興式的建築，為當時政府、法院與總督王宮所在地，建築主要建造於1310年到1425年期間，現為一座博物館，有戶外建築、室內雕刻、繪畫、兵器、議會、木雕、監獄等主題，一般來說遊客會觀賞幾個主題，而不至於走馬看花。

議會的繪畫與木雕，是巴洛可式的雕刻風格

威尼斯總督宮

戶外建築主題

導覽解說員正在規範及解說參觀路線,與旅
客逕行溝通,一般參觀約 2 小時

兵器主題,其中中間最大件展出品,中間有齒
距的,為貞操帶,為避免憾事發生

（二）導覽解說之方法

分為靜態與動態的方式，靜態有模型、素描、照片、圖表、實物與導覽手冊等；動態則有導覽、演講、媒體、DIY、操作物件與戲劇表演等方式。展覽詮釋原則區分，應避免過度簡化或過於詳細的歷史；找出與展覽內容及展覽物件相關的題材及觀點；斟酌內容和可見性；讓旅客認識物件的獨特性；博物館的介紹與溝通，應有的原則有，視覺上的吸引力；與參觀者熟悉的、認識的環境相銜接；化平凡為神奇；化一般性為特殊性；從具體變抽象；從陌生變熟悉（霍強生，2009）。

利用觸摸地球儀與旅客互動的方式來說明地質狀況

利用演說方式進行導覽解說

使用投影機在大螢幕上，使旅客更能一目了然清晰還原真相

導覽解說員利用大地圖，解說相關地理位置

VASA 瓦薩沉船博物館

　　位於瑞典斯德哥爾摩，展示戰艦瓦薩號 Vasa，是瑞典國王於 1626 年至 1628 年間打造的一艘軍艦。1628 年 8 月 10 日出航航行了不到 1 海里（約 2 公里）後便沉沒，1961 年幾乎被完整地打撈起，1987 年在瓦薩沉船博物館展出，此博物館主要展示沉船瓦薩號，館方調查乃北歐斯堪地納維亞半島，旅客參觀人數最多的博物館，該處導覽解說人員與非解說人員之人員與設備極為齊全。

當時打撈戰艦的潛水夫裝備真品

導覽人員解說模型剖面圖看出，由於在建造時沒有填入足夠的壓艙物，瓦薩號港口停靠時也不能保持平衡，出航隨之沉沒

導覽解說員利用小型模型解說戰艦整體構造，後方為原始戰艦

三、博物館之詮釋方式

（一）詮釋與解說功用

博物館介紹工作的目標是詮釋、解說。Tilden（由 Belcher，1991 引言）認為詮釋包含 6 個基本原則：

1. 所有和參觀者個性與經驗無關的詮釋，都是沒用的。
2. 資訊本身還不是詮釋；詮釋是根據資訊做的解釋。
3. 詮釋本身是結合多種藝術的藝術，無論是針對自然物件或人為物件的詮釋皆同。每種藝術某個程度上都是可教的。
4. 詮釋的主要目標不是教學，而是挑戰。
5. 詮釋應參考全局，而非拘泥細節，並且是針對所有的人。
6. 針對兒童的詮釋，不能用對成人的詮釋製成，一定要特別準備。

和演說一樣，博物館在溝通時必須要以展覽物件為主，應注意對話溝通的四個準則：

1. 量：有資訊性，但不需過渡。
2. 質：真實的正確性。
3. 關係：介紹與溝通主題相關的內容。
4. 表達：明確而且盡量深入淺出。

（二）導覽解說員具備條件

1. 博物館蒐藏的專業藝術、科技、自然等方面的專業背景知識。
2. 教育學上的教學原理與教育方法及技巧的專業知識。
3. 具有與學習者溝通的能力、傳播的工作經驗與關懷人文的心。
4. 博物館學的專門學識。

 維納斯的誕生

義大利佛羅倫斯烏菲茲美術館的「維納斯的誕生」，由桑得羅・波提且利 (Sandro Botticelli) 約繪於 1485 年間，波提且利是為當時佛羅倫斯統治者麥第奇所繪。維納斯 (Venus) 是愛與美集於一身的女神，在希臘神話中稱為「阿芙柔黛蒂 (Aphrodite)」，羅馬名字為「維納斯」。這幅畫靈感是根據麥第奇宮廷御用詩人的長詩，描述維納斯從愛琴海中誕生；此畫表現女神維納斯從愛琴海中浮水而出，風神與春神迎送於左右的情景，構圖比較單純，全畫以裸體的維納斯女神為中心。全畫的色調也極明朗和諧，畫家用這一切來盡量強調形象的秀美與清淡，只能讓人感到波提且利的意圖是神秘的，主題思想是隱晦的。

天神烏拉諾斯與大地之母蓋亞 (Gaia) 是夫妻，蓋亞是宇宙萬物的起源，大地之母蓋亞孕育萬物，包括獨眼巨人、百臂巨人與後希臘羅馬神話中的泰坦神族 (Titans)，故事說明盤古開天，天

維納斯的誕生

與地之間是合為一體的,這些神族一直停留在大地之母體內,不斷擠壓,終於,蓋亞再也受不了,要孩子對抗父親烏拉諾斯的壓迫。於是,小兒子克羅納斯 (Cronos) 接下母親預備的利刃,依照母親計畫,當烏拉諾斯再一次向蓋亞傾洩愛液時,克羅諾斯以刀刃割父親的生殖器,並丟入海洋,就在這一刻,天與地分開了,那些在大地之母體內的孩子都被一一釋放出來,於是開啟了泰坦神族與奧林匹亞神族的故事。而據說烏拉諾斯掉入海水中的性器官上的精血與海水融合,並產生許多白色泡沫,美神維納斯便從大海與泡沫當中誕生,乘風夾帶著貝殼上場,並在西風之神塞菲爾 (Zephyr) 的伴隨下登上陸地,美神希臘的名字阿芙柔黛蒂,在希臘文就是「從海水泡沫出生」之意。

1. 畫中:左上角西風之神塞菲爾 (Zephyr) 抱著晨曦女神奧拉 (Aura),伴隨著花朵把維納斯吹送到幽靜冷落的岸邊,由塞菲爾身上的衣袍隨風狂舞,代表急促之意,接續這股狂風,發現右邊春神芙羅拉 (Flora) 身上與手上的衣飾波浪線條隨之飛舞,這是對比的模式,整個畫作中出現動的感覺。

2. 畫中:右邊春神芙羅拉在岸邊,正用繁星織成的紅色衣袍迎接維納斯,想要盡快地將她包覆,身後的背景是無垠的碧海藍天,代表深遠意義。

3. 畫中:維納斯憂鬱惆悵地站立在象徵她誕生之源的貝殼上,體態顯得嬌弱無力,波提且利很善於用線條,表現出在維納斯身體上極為無奈的情境。

4. 畫中:從維納斯的眼神裡看出,維納斯對來到這新的世界毫無情感,不屑一顧。在此畫女中神維納斯懷著惆悵來到這充滿無奈的人間,意味波提且利對當時各種現實生活不滿的寫照。

朱銘創建

一、朱銘美術館 Juming Museum

位於臺灣新北市金山區,藝術家朱銘成立 1999 年,是一個戶外大型的美術館,原是朱銘先生用來放置大型雕塑作品之地,之後而萌生創建美術館的念頭。整座美術館的設計、建造共耗費 12 年是臺灣地區重要的美術館之一。

朱銘先生自年輕時學習傳統廟宇雕刻與繪畫,之後拜入臺灣雕塑界大師楊英風門下,發展出自我創作方式與風格,最有名作品為「太極系列」、「人間系列」,利用陶土、海綿、銅、不鏽鋼、保利龍等回收物,創建新作品。

二、人間系列(拼貼)
Living World Series

1999 年作品,長 2.65 公尺,高 150 公尺,1996 作品,報紙、水墨、布與畫布等材質,朱銘以 1996 年首屆總統民選的競選剪報、傳單、旗幟做為創作的材質,當年的競選風潮在不自覺中又浮現在於眼前。搖旗吶喊的畫面,聲嘶力竭的吶喊,爭的是民主、也是權勢和名望。原本就應該隨競選結束而退隱的競選媒材,朱銘卻賦予它們新的生命,既作為臺灣選舉的見證,保留了一份時代的軌跡;同時也是一種諷刺。透過作品,朱銘彷彿在告訴世人,人間雖然處處有爭奪、競爭的場面,但爭得了一時,卻爭不了一世。朱銘運用藝術家的手法,呈現出人間百態,既不說教,也不批評,卻留給觀看者無限的省思,和會心的一笑。

人間系列(拼貼)

三、太極系列太極拱門

太極系列太極拱門

　　長 15.20 公尺、寬 6.2 公尺、高 5.9 公尺，2001 作品，青銅材質，太極拱門是由兩人對招的太極推手演化而來，以前的「推手」兩個個體還有間距；而新創作的「太極拱門」則將雙手連接起來，一氣相通，合為一體，較之先前，人物圖像形態已不復存在，作品進入了一種完全由抽象量塊所構成的造型領域。作品整體有如蘊藏氣韻於其中，左方傳送至右方，右方再回送至左方，如此反反覆覆，透過一個抽象兼具現代性的造型語彙，傳達生生不息的概念，永恆而連綿無盡。該作品目前被放置於朱銘美術館的太極廣場，周圍草地寬闊而平坦、後方山巒清翠而明晰。拱門與自然和諧共處，成為大自然有機的組成部分。觀賞者悠游其中，除了感受作品的不凡氣勢，還能與作品一同呼吸、一同融入自然。

太極系列單鞭下勢

四、太極系列單鞭下勢

　　長 4.67 公尺、寬 1.88、高 2.67 公尺，1986 年作品，青銅材質，太極系列是朱銘雕刻語言成熟和藝術風格成形的一個重要標誌。作品取自太極武學單鞭下勢的動作，將人體動作細節省略，化繁為簡，取其意、重其氣。朱銘刻了許多大大小小不一的單鞭下勢，這件屬大型創作，當初為了創作大型雕刻作品，礙於巨大的木材不容易尋獲，且創作中往往又會因木材的紋路、走向影響到作品的效果，因而開發出以保麗龍雕刻再翻製成銅的方法，一來可以不受尺寸所限，二來切鋸過後的痕跡彷若木痕，符合朱銘希望達到的效果。

（三）解說教育功能與啓發

1. 發生興趣→停留觀察→引發思考→產生問題→得到解答→產生學習。

2. 對展品的觀察所產生的觀點與想法，引導旅客主動的表達。

3. 引導如何的欣賞不同性質展品的方式與角度。

4. 瞭解由民主的方式是可以表達自己的觀點，經由討論後得到結論進一步的認識展品，達到實質的教育目的。

5. 讓旅客重新認識與利用博物館的功能。

6. 讓旅客瞭解參觀博物館所應該準備的注意事項。

羅浮宮博物館

　　塞納河右岸，12 世紀時為城堡，14 世紀改為宮殿，16 世紀弗朗索瓦一世重建後 400 年間就不斷整修擴建，哥德式與文藝復興時期風格，羅浮宮前的玻璃金字塔，由華裔建築大師貝聿銘設計，博物館新的入口，也把自然天光引入博物館空間裡，成為巴黎的新地標。博物館的收藏有古東方文物、代埃文物、古代希臘、伊特魯利亞、羅馬文物、雕塑與工藝、繪畫與書畫、刻印藝術等，還包括羅浮宮歷史與及羅浮皇宮等建築雕刻，其中羅浮宮三寶是一般旅客議定會參觀的作品，蒙娜麗莎的微笑、勝利女神和維納斯女神。

一、蒙娜麗莎的微笑

　　蒙娜麗莎的微笑，是達文西的油畫作品，微笑之謎使得義大利文藝復興時期充滿了許多的想像空間，這都是作家達文西的操弄。

二、勝利女神

　　勝利女神雕像，約西元前 200 年作品，是古典希臘時代雕塑傑作，在愛琴海的島嶼上被發現，現今存於巴黎羅浮宮螺旋階梯間展示。

三、維納斯女神

維納斯女神，古典希臘雕像，西元前 120 年間作品，為希臘羅馬神話中掌管愛與美的女神，大理石雕像高約 200 公分，1820 年發現於希臘米克洛斯島，譽為比例最好的「女性人體雕塑」。

以上三件曠世巨著，皆有不同之思考邏輯，導覽解說員該應用不同觀點，表達給訪客使其產生互動，如蒙娜麗莎的微笑最後提到，充滿了許多的想像空間，這都是作家達文西的操弄，是什麼意思，作家在作品完成時都會布上一些有趣的伏筆，有人說蒙娜麗莎是達文西的情人，又有人說是達文西是同性戀，作品蒙娜麗莎一副愛笑不笑的模樣，是當時達文西在素描時，為了呈現這種效果，請小丑現場表演默劇取樂蒙娜麗莎，但蒙娜麗莎不能夠笑只能憋笑，就成了這副模樣，據說現在羅浮宮展品蒙娜麗莎的微笑早就遺失了，看到的都是假的，假作品多達千餘幅畫，連羅浮宮專業人員都分辨不出來，這樣的八卦層出不窮，導覽解說員告訴旅客時，您的感想如何？這就是一種操弄，還不趕快來看看。

四、博物館導覽解說員的技巧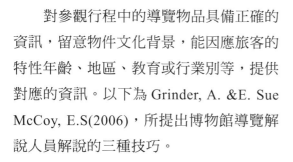

對參觀行程中的導覽物品具備正確的資訊，留意物件文化背景，能因應旅客的特性年齡、地區、教育或行業別等，提供對應的資訊。以下為 Grinder, A. &E. Sue McCoy, E.S(2006)，所提出博物館導覽解說人員解說的三種技巧。

（一）演說式導覽技巧

大部分的時間都由博物館導覽解說人員講解，適合年齡較大之旅客，應在導覽行程結束後有自由參觀的時間，採用講述式導覽技巧的博物館導覽解說人員，導覽時不要拖泥帶水，順暢且連貫的導覽使旅客專心聽講，想要與參觀團體打成一片，有賴博物館導覽解說人員之溝通技巧，表現與參觀團體同為一體的感覺，以輕鬆隨意的態度較為適當。

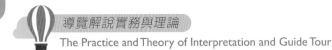
美國紐約州康寧玻璃博物館

1951年，慶祝創建100週年而興建的「康寧玻璃博物館」，是以玻璃製造起家的美國康寧公司，全球有名氣生活的品牌玻璃製品，博物館有藝廊、觀光工廠與圖書館等設計展示空間，在此也收藏楊惠姍作品「澄明之悟」琉璃藝術品。

楊惠姍作品「澄明之悟」，意境為在光裡覺醒，發覺周身透明清澈，如夢如幻，對色彩竟了無罣礙，莫非是已然頓悟。導覽解說員在導覽此作品時都會與旅客互動，因為楊惠姍女士是華人由演藝圈轉往藝文界發展的奇蹟，其作品都有「禪」的意境，令人發省。

美國紐約州康寧玻璃博物館，收藏楊惠姍作品澄明之悟，意境為在光裡覺醒

（二）詢問討論式導覽技巧

是一種對話式的參觀行程，提問題、回答及博物館導覽解說人員和旅客之間的討論組成。此時博物館導覽解說人員的角色是討論的領導人，為參觀行程的輔助者，用於學生團體尤其顯著，問題以及激盪出的答案，讓博物館導覽解說人員有機會主動提供資訊，博物館導覽解說人員應用簡明熱忱的方式呈現，將參觀團體帶往新的思考層次，因此博物館導覽解說人員必須具備充分的歷史知識，得以詮釋和延伸的連結，以現在博物館禁止大聲講解，導覽解說人員必須用母子型導覽機方式進行講解，只能單向傳送訊息，詢問討論方式僅能用在特別參觀團體。

美國阿拉斯加珍娜溫泉冰雕博物館，導覽解說員一邊示範冰雕並回答旅客的問題

（三）引導式探索導覽技巧

引導式讓旅客自行決定參觀的方向，以及展示的連結，因此博物館導覽解說人員負責掌控行程、提供資訊和激發新的思考方向，以及督導團體的進展，旅客自由探索觸發，學習自己感興趣的事物，在博物館導覽解說人員的幫助下得到解答與知識，但這樣的導覽方式並不適合年幼的孩子，而常見於學校或成人組成、人數較少的團體。

國立臺灣博物館，小朋友正進行模擬打獵的情境，瞭解自己感興趣的事物

五、分眾導覽解說概念

Freeman Tilden 於「解說我們的襲產」中指出：「對 12 歲以下的兒童做解說時，其方法不應只是稀釋成人的解說內容，而是要有完全不同的方式，若要達到效果，必須要有整套的活動。」Beck & Cable(1998) 指出：「為兒童、青少年及老年人的團體做解說時，應採用完全不同的方式。」因此，導覽解說時必須依旅客的特性年齡、地區、教育或行業別等，準備不同的解說內容。

所謂大眾行銷，目標族群為一般大庭廣眾，沒有男女老少類別之分，一網打盡，一般的消費性電子 3C 產品都是此方式；現今行銷是以分眾行銷為趨勢，將消費者定義成不同族群，加以區分訂定不同行銷方式，以年齡區分，如學生族群與銀髮族群，以性別區分，如男女性族群，以

教育區分，如大學生與小學生，所以現今定位，能夠將族群習性區別，並加以規劃之行銷方式，如電信公司學生專案、夜店有仕女之夜、應徵啟示大學學歷以上等，由此概念運用於導覽解說不同之族群區分，稱之為「分眾」導覽解說，更能夠傳達教育與知識。

賽爾曼 Robert Selman(1979) 社交認知階段。

★ 年齡 3~6 歲：以自我中心的觀點，個體觀念，無法分辨出自我與他人看法間之差異。

★ 年齡 5~9 歲：主觀的觀點設擬，友誼，根據具體觀察來做判斷、別人可能會有不同的觀點。

★ 年齡 7~12 歲：自我反射式思考，同儕團體概念與可以對他人的觀點作推論。

★年齡 10~15 歲：共同的觀點設擬，親子概念（更瞭解關係），可進步到中立第三者的觀點，可對一般社會體系形成概念。

★年齡 16 歲至成人：深入於合乎社會的觀點，合乎社會的觀點、瞭解每個人皆有其自己的分析系統。

溫璧綾 (2008)，博物館導覽解說的分眾一文中提到，博物館的導覽解說就像一張網，由許多重要但看不見的線交織而成，這些無形的線存在旅客與展品之間。以研究調查顯史前文化博物館遊客之特性區分為年齡、教育、職業、地區、語言與參觀團體除學校外等 6 種，並提出分眾導覽說四個概念。

（一）故事線

無論是大人還是小孩都愛的故事，用說故事的方式整理經驗與要素，是相當重要且輕鬆的方法，故事本身具有很好傳輸的特性，目的是要增進旅客學習的效果，故事的吸引性包括，與生活有關聯性、有情節串聯性與有高低起伏性。

（二）互動線

互動線存在於旅客與展示品的關係之中，藉由設計一些操作式、互動式、參與式的展示品，提高旅客與展示品之間互動的機會及頻率，以提升旅客的學習興趣及學習效果，此種互動線產生兩種不同的效果，一種互動模式是由展示品吸引旅客，促成展示品與旅客直接互動；第二種互動的模式是因展示品的啟發，而讓旅客與旅客之間產生互動。

（三）社會線

社會線存在於展示主題與社會生活的關係之中，它的存在是避免與社會發生脫節的現象，呈現當代社會的議題或旅客關心的議題，與社會大眾產生關聯，產生親切感及認同感。

（四）教育線

教育線存在於展示主題、內容單元、相關細項與物品內容中，其規劃目標旅客的需求和學習的實施順序，不同教育手法的運用時機，所強調的是正確性。

9-2　博物館導覽志工

　　博物館的志工，一向扮演著重要的角色，如資料整理與導覽解說等工作事項，又為無給職工作，如何經營與管理博物館志工是一個非常重要的議題；這幾年間臺灣各博物館每年擴大志工服務之範圍，博物館扮演著詮釋社會及文化教育的重要角色，遂成為公眾參與互動合作及終身學習的最佳場域。

　　臺灣博物館法第 10 條說明：「博物館應提升教育及學術功能，增進與民眾之溝通，以達文化傳承、藝術推廣及終身學習之目的。為達成前項目的，其方式如下：一、進行與其設立宗旨或館藏主題相關之研究。二、將研究成果轉化為展示內容或進行典藏。三、辦理教育推廣活動或出版相關出版品。」其中辦理教育推廣活動或出版相關出版品上就事業主單位，規範志工所需人才作教育訓練與學習規範，臺灣 2014 年志願服務法第 1 條及說明：「為整合社會人力資源，使願意投入志願服務工作之國民力量做最有效之運用，以發揚志願服務美德，促進社會各項建設及提升國民生活素質，特制定本法。」第 2 條：「本法之適用範圍為經主管機關或目的事業主管機關主辦或經其備查符合公眾利益之服務計畫。」

　　根據臺灣 2014 年的「志願服務法」對志願服務的定義：「志願服務：民眾出於自由意志，非基於個人義務或法律責任，秉誠心以知識、體能、勞力、經驗、技術、時間等貢獻社會，不以獲取報酬為目的，以提高公共事務效能及增進社會公益所為之各項輔助性服務」，條文第 3 條中明示「志願服務者」簡稱為「志工」，為對社會提出志願服務者。因此志工為秉持貢獻付出的精神，不以酬勞為目的，從事增進公共利益事務的人。志工參與文教性質機構有一定的比例，尤其對於高教育程度、都會型的退休居民具有吸引力，加上文教性質機構的地理位置交通方便，志工教育訓練課程偏向知能與育樂 等種種因素，使得民眾願意將一己之力貢獻於此。志工是博物館重要的社會資源，不僅可以補足人力的不足，也可以強化博物館運作與教育功能。因此，高齡者志工不僅提供博物館重要的志工來源，從終身學習的觀點而言，博物館更提供高齡者一最佳學習的管道（隗振瑜，2012）。

　　志願服務法第 4 條：「各級主管機關及各目的事業主管機關主管志工之權利、義務、召募、教育訓練、獎勵表揚、福利、保障、宣導與申訴之規劃及辦理，其

權責如下：一、主管機關：主管從事社會福利服務、涉及二個以上目的事業主管機關之服務工作協調及其他綜合規劃事項。二、目的事業主管機關：凡主管相關社會服務、教育、輔導、文化、科學、體育、消防救難、交通安全、環境保護、衛生保健、合作發展、經濟、研究、志工人力之開發、聯合活動之發展以及志願服務之提升等公眾利益工作之機關。第 2 款目的事業主管機關：凡主管相關社會服務、教育、輔導、文化、科學、體育、消防救難、交通安全、環境保護、衛生保健、合作發展、經濟、研究、志工人力之開發、聯合活動之發展以及志願服務之提升等公眾利益工作之機關。」 基於政府訂定志工服務法條件，而各級主管機關及各目的事業主管機關制定所謂志工管理規則。

導覽志工人員要件，所謂導覽或解說人員，乃一個單位編制內的員工、約聘僱人員、志工、學生及其他負責導覽解說的人力，其能引導參觀並擔負解說的人員，均可稱為導覽人員。這些人員必須具備什麼特質或要件，不同專家有不同的見解。蔡惠民 (1985) 認為：應具備組織結構、口才技巧、非口才技巧、對觀眾的態度、儀表等五項。黃俊夫 (1997) 認為應具備：具有推動博物館運作的熱忱、要有對觀眾學習能力與需求的瞭解和敏感度，積極促使參觀者的領悟和啟發，而不是一味的教導觀眾，應依觀眾的理解力提供選擇性資訊，懂得運用各種不同的教學技巧，激勵觀眾去發現新意，瞭解並掌握展示品特質

的知識與能力，具有靈活的導覽技巧與方法等八項要件。

雖然專家的見解不盡相同，但可歸納他們共同的想法為：導覽人員必須具有熱忱，注重儀態、語調、解說技巧及自身專業學養，且宜與參觀者產生互動，並隨時注意是否對參觀者有所啟發，這便是一個導覽員所應具備的條件。導覽解說工作是博物館面對觀眾最直接的教育，如果解說員能言善道，言之有物，觀眾能聽得清楚，並感覺不虛此行，便可達成解說的目標。

一、臺灣歷史博物館志工制度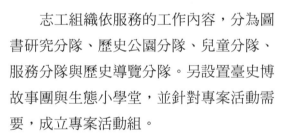

志工組織依服務的工作內容，分為圖書研究分隊、歷史公園分隊、兒童分隊、服務分隊與歷史導覽分隊。另設置臺史博故事團與生態小學堂，並針對專案活動需要，成立專案活動組。

志工組織除了設大隊長一名，依各業務工作項目於各組分設分隊長、值班長、輔導長數名，對內並設置文書組、活動組、志工園地等三個組別以維持、強化志工內部組織運作。

（一）志工幹部之職務

1. **大隊長**：博物館與志工的溝通橋樑，協助館員員綜理志工組織服務事務，並召開志工幹部會議，協助各小組幹部策劃，填寫各類報表與執行進度。

2. **分隊長**：協助分隊內訓練課程研訂，反映分隊內志工需求，負責志工意見溝通及培訓建議，舉辦分隊或跨分隊志工活動，協助館員召集專案活動人力。

3. **值班長**：協助辦理志工工作定位、訓練，協助輔導各志工工作狀況與現場人力調配，協助志工聯繫、溝通與關懷，協助不適任志工輔導或服勤調整。

4. **輔導長**：志工適任輔導，意見溝通及培訓建議，協助館員召集專案活動人力。

5. **文書組**：協助年度志工招募、志工資料與時數統計、志工各項會議紀錄、志工關懷及婚喪喜慶之慶悼、及各項相關業務協助。

6. **活動組**：協助志工表揚大會策劃執行、志工幹部會議之召集及場地準備、志工聯誼活動、志工研習訓練及自我成長課程、各項庶務工作及各項相關業務協助。

7. **志工園地**：負責協助本館志工網站資料公布與更新及各項相關業務協助。

（二）各分隊工作內容

1. 圖書研究分隊，圖書室與學習中心、環境維護、讀者服務、資料建檔、行政庶務、研究資料整理、學習中心圖書順架。

2. 歷史公園分隊，快樂萬花筒與環境解說中心、植栽維護、觀眾服務、導覽解說、蝴蝶復育、生態觀察與記錄。

3. 兒童分隊，兒童廳、故事、手作、導覽、手作活動。

4. 歷史導覽分隊，常設展與特展展廳、常設展導覽、特展導覽、戲劇導覽、定時導覽、預約導覽、常設展導覽。

5. 服務分隊，展示教育大樓、觀眾服務、展品維護、展場管理、觀眾服務。

6. 行政分隊，志工室分 3 組；文書組負責協助志工招募、資料與時數統計、各項會議紀錄、相關行政協助、行政協助。志工園地負責網站管理與維護。活動組負責籌辦志工大會、籌辦幹部會議、志工聯誼活動、志工研習訓練、自我成長課程、相關業務協助。

（三）臺史博故事團理念

1. 我們藉由故事活動來傳遞臺灣土地與人民的故事。

2. 我們藉由故事活動讓民眾認識土地及多元文化，進而珍愛家園、認同臺灣。

3. 我們藉由故事活動與臺史博共同推廣臺灣歷史文化並落實文化平權。

★服務場域及對象

1. 臺史博：於兒童廳（12 歲以下團體）、學習中心（家庭觀眾）等地點服務臺史博觀眾。

2. 其他：前往偏鄉或其他地區服務特殊群體（弱勢、新住民…）。

★ 生態小學堂目標

1. 自我成長、自我實現的志工生態社團。

2. 發揮獨門專長、開發生態教育活動、打造好學好玩的自然教育舞臺。

3. 讓更多人知道園區不只是園區。

★活動類型

1. 生態展覽。

2. 生態私房菜。

3. 生態同學會。

（四）志工管理相關規定

1. 志工培訓：培訓課程分為基礎訓練、特殊訓練、專業課程、在職訓練等課程。

2. 服務時段：平日（週二至週五）或假日（週六至週日）每週擇一時段到館服勤。

3. 服勤時段為上午 9:00 ～下午 1:30，或下午 1:30~5:00。

4. 志工人員均為無給職，服務期間並接受本館考核。

5. 志工人員均應遵守本館有關之各項規章。

6. 其他如有未盡事宜，以本館最新志工訊息公告為主。

（五）召募辦法

1. 將視業務需求不定期辦理召募。

2. 非召募期間可先填報名表，本館將視業務需求優先進行報名文件審核作業。

3. 凡年滿 18 歲，志願參與且具服務奉獻熱忱者，服務期間至少可達 1 年者。

志工均為無給職。經本館依實際需求公開召募並訓練結業，且經考核合格者，由本館核發正式志工證。

（六）徵選方式

1. **初選**：資格審查→面談→考核。

2. **複選**：教育培訓課程→面談→考核。

3. **實習**：排班→實習→考核。

4. **正式志工**：核發給正式志工證→排班執勤。

二、故宮博物院團體導覽解說員（導遊人員）

國立故宮博物院團體導覽解說服務培訓課程及認證實施計畫，依據「國立故宮博物院團體導覽解說服務管理要點」辦理。目的是透過定期舉辦本研習課程，提供帶團導遊對中國藝術的基礎知識與本院文物的瞭解，提升其導覽解說能力，使團體遊客能獲得充實且正確的內容。

培訓帶團導遊瞭解本院相關規定，藉此維護團體遊客參觀秩序，提升整體參觀品質。培訓帶團導遊瞭解本院南部院區之整體環境、典藏與展覽文物，進一步推廣團體遊客前往南院參觀，達到「平衡南北‧文化均富」之目的。

辦理對象為持交通部核發之有效導遊執業證之導遊。培訓課程分為「認識故

烏瑪一大自在天

依據政府觀光南向正政策，故宮博物院也調整展出作品，此為烏瑪一大自在天。印度喀什米爾或喜馬查邦，10 世紀。此件彭楷棟先生捐贈的造像，同時呈現印度教的主神濕婆、其配偶帕爾瓦提以及濕婆的坐騎聖牛南迪。尊像眼神溫柔，嘴角帶著慈悲的微笑，聖牛南迪自後方緩緩探出頭來，為這一場景帶來了讓人愉悅的動態感及生命力。這種主題被特別稱為「烏瑪一大自在天」，廣泛出現於包括東南亞在內的印度教地區。

宮」、「本院展覽文物」、「南院簡介與展覽文物」三大類別，共計 18 小時，其中認識故宮（2 小時）：包括「本院院史」與「展場參觀須知」，介紹本院的發展歷史與脈絡，並說明展場相關規定。本院展覽文物（11 小時）：介紹本院銅器、珍玩、玉器、陶瓷、書畫、圖書文獻及佛教藝術

等展覽文物。南院簡介與展覽文物（5 小時）：介紹南院環境及展覽文物，如佛教、織品、茶文化與陶瓷等南院精華文物。

培訓師資與測驗試題，由國立故宮博物院院提供專業師資進行授課與測驗試題，至故宮（臺北）參與課程，課程需修習完成 15 小時以上者，方能進行測驗。

通過測驗後核發解說證，取得國立故宮博物院解說員之資格。證期限為當年度有效期限至當年度 12 月 31 日止，該年度需進行回訓課程，方能取得下年度之解說證。回訓課程，於第一次取得解說證之後，每年度需參與 3 小時回訓課程，方可取得下一年度解說證。

四處皆可看到志工人員舉牌，請輕聲細語

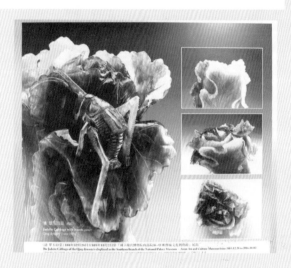

因應故宮南院開幕特將翠玉白菜移至南院展出，自 104 年 12 月 28 日展覽 10 個月，到臺北故宮僅能看到圖片

語音導覽機的使用充分解決導覽人員不足與語言問題

故宮旅遊團體大量的語音導覽機使用需要線上預約，現場有故宮數名志工整理

導遊人員若不參加故宮辦理解說人員訓練，日後就不能在故宮解說了，僅能借租自動導覽機給遊客，自行導覽

參考文獻 ✈ Reference

1. 文化部，博物館法，2016.09.05
   http://www.moc.gov.tw/informa-
   tion_306_37430.html

2. 如何培養優秀的導覽員：博物館與相關文
   化教育機構導覽人員養成手冊／愛樂森
   葛林德 (Alison Grinder), 蘇 · 麥考依 (E.
   Sue McCoy) 作；閻蕙群翻譯，2005，出
   版社：五觀藝術，出版日期：2006.08.01

3. 霍強生 (2009)。博物館的詮釋與導覽。東
   吳大學，探索博物館文物與典藏文獻活動
   營之「導覽人員培訓課程」，未出版，臺
   北

4. 溫璧綾 (2008)，博物館導覽解說的分眾，
   文化驛站 23 期，56-59。臺北：國立臺灣
   史前文化博物館

5. 張乃彰，導覽解說理論／規劃與技巧，
   2016.09.05
   http://www.aerc.org.tw/
   download/2015/01-%E5%B0%8E%E8
   %A6%BD%E8%A7%A3%E8%AA%AA%
   E7%90%86%E8%AB%96%E8%88%87
   %E6%8A%80%E5%B7%A7(%E5%BC%
   B5%E4%B9%83%E5%BD%B0%E8%80
   %81%E5%B8%AB).pdf

6. 黃英雅 (2012)，觀眾對導覽解說服務滿意
   度、人員需求與付費意願之研究：以國立
   臺灣歷史博物館，歷史臺灣國立臺灣歷史
   博物館館刊，第 4 期 069-101

7. 張尊禎 (1999)，逛博物館：全臺灣博物館
   知性探索之旅，臺北：上旗文化

8. 全國法規資料庫，志工服務法，
   2016.09.05
   http://law.moj.gov.tw/LawClass/LawAll.
   aspx?PCode=D0050131

9. 吳偉德 (2010)，綜合旅行社薹售業專業經
   理人與一線人員之知識管理研究，銘傳觀
   光研究所碩士在職專班。

10. Larry Beck and Ted Cable 著 (2000)。
    21 世紀的解說趨勢解說自然與文化的 15
    項指導原則。(Interpretation for the 21st
    century: fifteen guidingprinciples for
    interpreting nature and culture，吳忠宏
    譯。臺北：品度。(原著於 1998 年出版)。

11. 王婉如 (2014)，21 世紀博物館之社會服
    務工作—以 MoMA 及 FSU MoFA 之藝術
    治療為例，博物館簡訊 68 期，中華民國
    博物館學會

12. 「解說我們的遺產」，Freeman Tilden
    著／許世璋、高思明譯 (2006)，五南出版

13. Viktor Lowenfeld(1991)，原著 Creative
    and Mental Growth，王秀雄校閱

14. 創造與心智的成長—透過藝術談兒童教
    育，王德育翻譯，三友圖書

15. 劉豐榮 (1991) 艾斯納藝術教育思想研究，
    水牛圖書

16. 林清山 (1991) 譯，教育心理學—認知取
    向，遠流

17. 愛樂森·葛林德、蘇·麥考依 (2006) 如
    何培養優秀的導覽員，五觀藝術

18. 張譽騰 (2000)，解讀博物館，臺北：文建
    會出版

19. 張譽騰審定，曾于珍等譯，Dr. Friendrich
    Waidacher 原著 (2005)，博物館學理論—

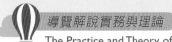
德語系世界的觀點，臺北：五觀藝術管理有限公司

20. 劉婉珍著 (2002)，美術館教育理念與實務，臺北：南天書局

21. 黃淑芳著 (1997)，現代博物館教育，博物館教育活的規劃與執行，臺北：臺灣省立博物館印行

22. 王秀雄著 (1991)，怎樣教「美術批評」─美術鑑賞教學之研究，國立藝術教育館：美育月刊

23. 王秀雄著 (1993)，社教機構（美術館）美術鑑賞教育的理論與實際研究，臺灣省政府教育廳

24. 居延安譯，亞諾‧豪澤爾著 (1988)，藝術社會學，臺北：經典出版社

25. 閻蕙群譯，Alison Grinder & E. Sue Mc-Coy 原著 (2006)，如何培養優秀的導覽員，臺北：五官藝術管理股份有限公司

26. 吳鴻慶 (2003)，超博物館，臺北：揚智文化事業股份有限公司

27. 黃光男著 (1991)，美術館行政，臺北市：藝術家出版社

28. 王維梅 (1990)，解說員─教育尖兵，博物館學季刊，4(3):13-17

29. 郭丁熒 (1990)，由教育意義與本質談博物館教育功能之發揮，博物館學季刊，4(3):53-56

30. 郭禎祥 (1990)，談藝術鑑賞教學與評量的某些理論與實務，師大學報，35，319

31. Hein, G. E. ,(1998), Learning in the Museum, London & New York: Routledge

32. Loomis, R.J.(1987),Visitor Evaluation, Nashville：AASLH.

33. 蔡惠民 (1985)，國家公園解說系統規劃與經營管理之研究，內政部營建署

34. 黃俊夫 (1997)，公共服務之第一線─本館導覽服務系統規劃。科技博物，1(2)，頁82-97

35. 隗振瑜 (2012)，以國立臺灣博物館為例初探高齡者志工服務參與，博物館簡訊 62 期，國立臺灣博物館

36. 國立臺灣歷史博物館，志工制度，2016.09.06
http://www.nmth.gov.tw/content_164.html

37. 高雄市立美術館，高雄市立美術館志工管理要點，2016.09.06
http://www.kmfa.gov.tw/home02.aspx?ID=$8004&IDK=2&EXEC=L&DATA=4871&AP=$8004_HISTORY-0%5E$8004_PN-1

38. Smithsonian National Air and Space Museum,Gemini IV Photo,2016.09.08
https://airandspace.si.edu/collection-objects/capsule-gemini-iv

39. Smithsonian National Air and Space Museum,Apollo 11 Command Module Columbia Photo,2016.09.08
https://airandspace.si.edu/collection-objects/command-module-apollo-11

40. Sina，波提切利繪畫賞析（一）春、維納斯的誕生，2016.09.08
http://blog.sina.com.cn/s/blog_4889d9730100qhix.html

41. 隨彩，隨堂筆記：馬諦斯 MATISSE，2016.09.08
http://waitingliang.blogspot.tw/2010/10/matisse.html

42. 朱銘美術館，太極系列太極拱門，
    2016.09.08
    http://www.juming.org.tw/opencms/
    juming/bookwork/study/threeD/
    threeD_0008.html

43. 新北市金山中學網站設計，人間系列 Living World Series，2016.09.08
    http://library.taiwanschoolnet.org/cyberfair2015/XKPJL2015/minimalistic_
    wood/d-3.htm

44. 3d-art-ebooks, La Joconde, 2015.09.08
    http://3d-art-ebooks.com/wp-content/
    uploads/2013/06/La-Joconde-en-
    Hd.2.4-Mo-.jpg

*The Practice and Theory of
Interpretation and Guide Tour*

環境教育與生態導覽解說

The Practice and Theory of
Interpretation and GUIDE TOUR

自然資源的保護與旅遊，生態旅遊的內涵，乃自然資源得以保護以及提供基本的服務設施，係需透過入園收費、稅收或相關的管制措施所致，而在評估保護措施與旅遊間的經營管理指標則有：遊客中心、園區導覽手冊、被動式解說設施、自導式解說設施、入園設施品質、入園許可管制、入園收費、特許使用權、保育工作的經濟貢獻、及環境教育的貢獻。

另一方面，仍須包括旅遊業者在行程設計上的安排，如遊客人數、旅行團的參訪次數等，以及進一步引導遊客到地方消費，協助地方收入。

1975 年南斯拉夫首都貝爾格勒的國際環境教育會議中所制定「貝爾格勒憲章(Belgrade Charter)」，其中制定如下：

宜蘭頭城農場對環境教育的推廣

一、環境教育的宗旨：「促使世界人類認識並關切環境及其相關問題，具備適當的知識、技術、態度、動機和承諾，個別或整體的致力於現今問題之解決及預防新問題的產生」。

二、憲章中環境教育定義：「環境教育的目標類別是：協助個人與社會團體獲得整體環境相關的覺醒、知識、態度、技能、評估能力、參與」。

三、環境教育指導原則：「環境教育必須考慮環境整體性，是終身教育，應採取科際整合，從世界觀點檢視環境問題並關切地區差異，重視現在及未來環境情勢，從環境觀點檢視所有發展與成長，並強調國內各界與國際合作解決環境問題的價值和需要」。

臺灣配合環境教育發展以貝爾格勒憲章為準則近年來所制定的政策，於 1988 年環保署實施運作「加強推動環境教育計畫」。1991 年教育部環保小組推動「加強環境教育計畫」。1992 年行政院頒布「環境教育要項」。2001 年教育部頒布九年一貫課程環境教育課程綱要。2002 年頒布「環境基本法」。2011 年實施「環境教育法」，高級中等以下學校每年須訂定環境教育計畫，所有員工、教師、學生皆須進行 4 小時的環境教育。

10-1 環境教育理念

人類環境的一種概括意念 (motion) 或觀念 (idea)；其可以是抽象的心理意象 (mental image)，也可以是具象的符號 (symbol)。人類的環境概念，是由自身對某一類環境事物的觀察或體驗，經由思維的歸納或演繹，而抽取出對該類環境事物的共通的重要特徵或類比關係，人類對環境的概念形成與概念澄清，都是環境教育哲學的重要課題，為環境的概念 (environmental concepts)，環境的定義與類型環境的定義，雖因中西不同文化的背景而略有差異，但基本涵義是相似的。

一、環境的概念

環境 (environment)，在中文辭源 (1989) 字義上，是環繞全境或周圍境界的意思，其含括了周圍的自然條件和社會條件。在英文字義上 environment 意指包圍 (encircle) 或環繞 (surround)，在生態學上用以描述提供生命所需的水、地球、大氣等。依美國 Webster（韋氏）第三新國際辭典定義環境為描述某物環繞的事物，同時環繞的情境 (condition)，常影響到生物的生存與發展 (Gove, 1986)。英國牛津生態辭典解釋環境包括了生物存活中所有外在物理的、化學的與生物的情況 (Allaby,

1998)。對於人類而言，環境除了水、土壤、氣候、及食物供應等，尚包括了社會的、文化的、經濟的、政治的考量。環境，是由許多相關且相互作用的變因所組成；在本質上是不可分的。人類依據使用性質，有不同環境分類的觀點與層次，以滿足不同的使用目的。環境之類型，因人們立場、學域或使用性質而有不同之分類（沈中仁，1976；王鑫，1989）。例如，環境依時間屬性，可分為過去環境、現在環境與未來環境。環境依空間屬性，可分為陸域環境與水域環境；或本土環境、異域環境。

二、環境教育

行政院環境保護署在國家環境教育綱領，提到了環境教育的理念：「地球唯一、環境正義、世代福祉、永續發展為理念，提升全民環境素養，實踐負責任環境行為，創造跨世代福祉及資源循環利用之永續臺灣社會」。

環境教育 (Environmental Education)，強調的是要在真實環境中行教育、教育有關於環境的知識、態度、技能，並且為實踐永續環境而進行教育。環境教育包含了 6 個核心的學習要素如表 10-1。

● 表 10-1　6個核心學習要素

自然資源保育	環境管理	生態原理	互動與互賴	環境倫理	永續性

進行環境教育的方式有許多種，環境教育學界普遍認為要獲得良好的教學效果，教學時可藉由以下六種方法或策略來進行。

（一）學中做，做中學

（二）在真實的情境中體驗

（三）採合作學習法

（四）運用感官來學習

（五）探索在地的環境議題

（六）由生活中取材

地球是人類目前經研究探索知道在宇宙環境中，唯一擁有生命現象的環境。人類是地球環境中自然的生物，這種生物人類對於地球上的環境資源與環境生態，有自然的權利與義務去永續經營（汪靜明，1996）。在地球運轉的可見現象中，環境影響人類的文化發展，而人類也影響了環境的生態演替。從現代環境論者的觀點，無論從「環境或然論」或「環境決定論」，環境對於人類一生處於廿世紀的人們犧牲了自然環境的生態奇蹟，造就了人類社會的經濟奇蹟。

回顧人類與環境互動的發展，從遠古的獵食生存，逐步發展到經濟生產、消費生活、以及近年來環保生態的關係。人類的環境倫理，從人類中心主義、生命中心主義，演進到生態中心主義。人類對環境的行為，從觀察自然、理解自然、利用自然、發展到保育自然。人類對環境的影像處理，從類比式的素描、彩繪、光學攝影，進展到數位化的電子攝影。人類對環境的旅遊，從看山看水、遊山玩水、知性之旅，發展到深度之旅的生態觀光。人類對環境的關懷，從敬畏自然、尊重生命，警覺到保全生態系、保障生物圈的生態管理。

三、環境態度

環境態度(Environmental Attitudes)，意指個人對環境或與環境相關事物所抱持的贊成與否、喜好或厭惡的心理反應，具有一致性與持久性，是一種評價感覺與行為傾向，可以從社會化過程中學習而形成。

雖然有部分研究顯示，環境態度與環境保護行動並沒有絕對的關係，不過大多數研究仍發現，臺灣人的環境態度與環境行動呈現正相關。如果人們具備正向的環境態度（例如願意去承擔保護環境的責任感、對經濟成長論持保留態度、對環境行動的後果抱持正向信念），如此將更可能產生環境行動。

10-2 環境破壞問題

自然環境豐富了人類物質需求與活動空間，但人類思緒領域只是自然食物的消耗者和獵食者，它主要是以生活活動，以生理代謝過程與環境進行物質和能量交換，主要是利用環境，而很少有意識地改造環境。即使發生環境問題，那主要是因為人口的自然增長和像動物那樣的無知而亂採亂捕，濫用自然資源所造成的生活資材的缺乏，以及由此而引起的饑荒，為了解除這一環境威脅，人類就被迫擴大自己的環境領域，學會適應在新環境中生活的本領。

隨著人類學會馴化植物和動物，就逐漸在人類的生產活動中出現了農業和畜牧業，這在人類生產發展史上是一次重大革命。隨著農業和畜牧業的發展，人類改造環境的作用也越來越明顯。與此同時也往往由於盲目的行動，而受到自然界的應有懲罰，產生了相應的環境問題，如大量砍伐森林、破壞草原，引起的水土流失、沙漠化等。只是在世界人口數量不多，生產規模不大的時候，人類活動對環境的影響尚不明顯，環境問題不具有普遍性，沒有引起重視。

自從人類發展歷史過程中發現，也有最早的環境問題第一個環境問題由於過度的採集和狩獵，往往是消滅了居住地區的許多物種，而破壞了人們的食物來源，失去了進一步獲得食物的可能性，使自己的生存受到威脅，這是人類活動產生的最早的環境問題。為了解決生存危機，人類被迫進行遷徙，轉移到有食物的地方去，一次又一次的發生與重複，造就人類與自然界的衝突。

一、農牧時代的環境問題

（一）新石器時期問題

隨著生產工具的進步，磨製石器如石犁、石鋤的使用，產生了原始農業和畜牧業，這就是人類農業革命的興起。在西亞一些國家首先發展起農業，在那裡發現的西元前 6~7000 年的文化遺址，表明當時已經使用了農具，如裝有石製刃口的鐮刀、磨光的石臼、石杆和骨鋤等。

後來在非洲的尼羅河流域、中亞、以及中國等，也相繼向原始農業過渡。為了發展農業，古埃及和巴比倫等建立了完善的灌溉系統，他們建築的堤壩、堤堰、水渠，為沼澤地排水、灌溉農田、預防水災、給城市供水等功能、已經有相當的水平。從事農業的部落首先過定居生活。定居使馴養動物成為可能，在動物飼養過程中，發現動物能在飼養下繁殖後代，並且

發現其變異了的性狀可以遺傳，從而學會選種和育種並逐漸培養出各種家畜家禽的品種，產生了原始畜牧業。隨著人口的增長，反覆的刀耕火種，反覆棄耕，特別是在一些乾旱和半乾旱地區，就會導致土壤破壞，出現嚴重的水土流失，使肥沃的土地變成不毛之地。曾經產生光輝燦爛的古代三大文明，巴比倫文明、哈巴拉文明與馬雅文明的地方，原來也是植被豐富、生態系統完善的沃野，由於不合理的開發，刀耕火種的掠奪經營，過分強化使用土地，才導致千里沃野變成了山窮水惡的荒涼景觀，也是以土地破壞為特徵的人類的環境問題。

（二）工業革命時代的環境問題

以 200 多年前蒸汽機的廣泛使用為標誌，爆發了工業革命，許多國家隨著工業文明的崛起，由農業社會過渡到工業社會。工業文明涉及人類生產和生活的各個方面。由於機器出現，生產技術進步，使生產力突飛猛進地發展，人類的衣、食、住、行、用等各種生活和享受的物品不斷地被生產出來，湧進市場；燃燒煤、石油、天然氣等化石燃料作為能源基礎，電力的廣泛應用，為生產和生活提供巨大的動力；水、陸、空交通線的建設，大城市的湧現，大規模商業銷售系統的建立，好像把世界各地連成一體。

工業文明的興起，大幅度地提高了勞動生產率，增強了人類利用和改造環境的能力，豐富了人類物質生活條件和精神生活資訊。今天，現代生活中的每一個人都離不開這樣的高度發達的技術社會。但是，很多國家盲目地不惜代價，不顧一切地挖掘自然資源，破壞生態環境，對地球生物圈的破壞是無可挽救的。如大氣汙染、水體汙染、土壤汙染、噪音汙染、農藥汙染等，其規模之大，影響之深是前所未有的。如，18 世紀末英國產業革命後，因蒸汽機的發明和普遍使用而造成的環境汙染，倫敦發生 3 次由於燃煤造成的煙霧事件，主要是由於燃煤產生的大氣煙塵及二氧化硫，死亡約 2,800 餘人。20 世紀初，各資本主義國家工業更加迅速發展，除燃煤造成的汙染有所加重外，內燃機的發明和使用，石油的開發和煉製，有機化學工業的發展，對環境汙染帶來更加嚴重的威脅，曾出現過多起舉世聞名的公害事件。自 50 年代以來，不但工業廢汙排放量大，而且出現許多新的汙染源和汙染物，使原來未被汙染波及的領域也不能倖免。例如，巨型油輪、海上鑽井等的出現，使海洋汙染日趨嚴重；航空與航天技術的發展，使高空大氣層也遭受汙染，甚至山巔與極地也被不同程度地影響了。

（三）近代的環境問題

20 世紀 60 年代開始的以電子工程、遺傳工程等新興工業為基礎的「第三次浪潮」，使工業技術階段發展到信息社會階段。信息社會的特點是，在信息社會裡戰

略資源是信息，價值的增長通過信息。信息社會中充分體現人與人之間的相互作用。新技術、新能源和新材料的發展和應用，給人類在利用和改造自然的抗爭中增添了新的力量，它將帶來社會生產力的新飛躍，影響產業結構、社會結構和社會生活的變化，對經濟增長和社會進步產生深刻的影響。它的環境意義和作用表現為：一方面新的科學技術革命有利於解決工業化帶來的環境問題，新技術的應用將實現提高勞動生率和資源利用率。另一方面，新技術應用於環境管理系統、環境監測和汙染控制系統，可大大提高環境保護工作效率，促進環境保護工作。

新技術革命的發展，使發達國家發展新興產業，可能把技術落後，環境汙染嚴重的傳統產業轉移到發展中國家。就某一地區而言，城市發展高技術新興產業，而傳統工業則可能向農村鄉鎮轉移。這樣，將使汙染由發達國家向發展中國家轉移，由城市向農村轉移。其次，新技術、新材料的應用，也會產生相應的環境效應，有許多因素尚難以預測。此時期之環境科學和環境保護工作的發展過程，大致可以分為二個階段：60 年代中到 70 年代末為第一階段，當時發達國家面臨著嚴重環境汙染的現實，迫切的任務是減輕汙染問題，於是開始了大量的汙染源治理工作。許多國家頒布了一系列保護環境的政策、法令和治理措施，取得一定的效果。

二、世界即將消失的美景

（一）澳洲大堡礁
Great Barrier Reef

世界最大最長的珊瑚礁群，位於南太平洋澳大利亞東北海岸，北從托雷斯海峽著昆士蘭海岸，長達 2,300 多公里，是唯一能在外太空中看到的「生物群」水面上棕櫚樹鑲邊的眾多純樸小島，水下去探尋彩虹般色彩斑斕的珊瑚島和海洋生物。約有 2,900 個礁體及 900 個大小島嶼，分布在約 35 萬平方公里的範圍內，約臺灣面積的 10 倍，孕育 1,500 種魚類，自然景觀非常特殊，是全世界潛水者最愛的天堂，最近處離海岸僅 16 公里。在落潮時，部分的珊瑚礁露出水面形成珊瑚島。在礁群與海岸之間是一條極方便的交通海路。風平浪靜時，遊船在此間通過，船下連綿不斷的多彩、多形的珊瑚景色，就成為吸引世界各地遊客來觀賞珊瑚礁的最佳海底奇觀。大堡礁是由數十億隻微小的珊瑚蟲所建構成的，是生物所建造的最大物體，其造就了豐富的生物多樣性，珊瑚棲息於熱帶、亞熱帶海域，在陽光充足、水質清澈的淺海區形成。溫度是影響造礁珊瑚生長的限制性因素，只有海水的年平均溫度不低於 20 ℃，珊瑚蟲才能造礁，其最適宜的溫度範圍是 22~28 ℃，所以珊瑚礁、珊瑚島都分布在熱帶及亞熱帶海域。在 1981 年被列入世界自然遺產。

澳洲大堡礁世界是最大最長的
珊瑚礁群

澳洲大堡礁景觀

★消失年份預估：2030 年

★消失原因：氣候變化、環境汙染與漁業
活動，引起海水溫度升高使珊瑚「白
化」對生態系統健康危害最大的因素，
多數的造礁珊瑚本身並沒有色素，其顏
色多半來自共生藻的顏色，當環境惡劣
時，共生藻就會離開珊瑚宿主，導致整
個珊瑚組織失去色彩，直接且清楚露出
白色的鈣質骨骼。「白化」的珊瑚並沒
有死亡，如果環境能夠迅速恢復正常，
共生藻便可能再度快速增生，使珊瑚恢
復原有的色彩。但若環境持續惡劣，珊
瑚還是有可能因為缺少平常共生藻所
提供的能量，而開始真正地死亡。其他
的威脅還有海運事故、油外洩和熱帶氣
旋。自 1985 年來，大堡礁已經因為上
述危害因素損失了超過一半的珊瑚礁，
其中 2/3 的損失是發生在 1998 年以後。

★補救辦法：澳洲政府採取的行動為了
永久保護大堡礁，將大堡礁分區維護，
由民間業者經營，業者負有遊客安全、
生態解說、環境監督和資源保育的責
任，若有嚴重疏忽或違反生態保育的
規定，執照就會被取消，此保育計畫
頗受國際間好評。澳洲政府在近年宣
布考慮利用巨大遮陽棚保護大堡礁珊
瑚，經過實驗效果極佳，將在昆士蘭
省沿岸利用遮陽布保護脆弱的大堡礁。

（二）坦尚尼亞與肯亞之動物大遷徙 Animal migration/ Wildebeest migration

前提到坦尚尼亞賽倫蓋提國家公園與肯亞馬賽馬拉保護區之間每年都會進行以牛羚斑馬為首的動物大遷徙，此不贅述。

★消失年份預估：2060 年

★消失原因：第一是大自然氣候及植物的生長的一連串變異，由達爾文提出的「進化論」物競天擇。

適者生存是生物界演化的基本模式，影響草食動物的糧食來源，坦尚尼亞賽倫蓋提國家公園與肯亞馬賽馬拉為世界最多草食及肉食動物的棲息地，遷徙途中危機四伏將遇到鱷魚群與獅群的襲擊，斑馬跟牛羚一樣都是可以長途跋涉的遷徙動物；斑馬吃草，喜歡吃上半部；牛羚則喜歡吃草的根部，兩者在食物上沒有競爭關係，因此一起踏上遷徙之路，儘管是兩種的動物，但牠們總是很緊密地跟著一起遷徙，大遷徙經由陸、水、空路徑進行危機四伏，往往抵達目的地後，斑馬與牛羚數量會僅剩一半，肉食動物與腐肉動物亦隨著草食動物遷徙而移動，去獵食最主要的動物正是斑馬與牛羚，非洲獅子為最生物圈最頂端的生物鏈掠食者，一直到有清道夫之稱的黑背狐狼，牠們無時無刻不虎視眈眈的緊盯獵物，獅子所獵捕的動物體重約

150~250 公斤的草食動物，獅子為群居動物，一般都為 1 頭公獅 3 頭母獅及 10 數隻小獅，一餐的量大約是 1~2 頭斑馬或牛羚，進行獵捕的為母獅。

近來不乏觀察到母獅圍捕大型草食性動物，如水牛體重達 500~1,000 公斤，河馬 800~3,000 公斤，大象 2~5 噸，實在非不得已才冒著生命危險獵食，母獅因此喪命者不在少數，其中原因即是斑馬與牛羚逐漸減少中；再則世界已幾乎快看不到的花豹，是屬於上等生物鏈掠食者，但因在非洲草原競爭不過其他大型食肉動物，而成為夜行性動物，牠也是相當敏感的動物，只要有任何風吹草動就會隱匿起來，這便是自然法則，花豹為獨行性動物體重僅有 50~90 公斤，主要食物是瞪羚及飛羚，但因無法有效獵捕，所以現在幾乎什麼都吃，如蹄兔、齧齒類動物，若花豹獵捕到瞪羚或飛羚，會把重 30~50 公斤的獵物拖到樹上，並將頭掛在樹枝交會處，避免其他動物來爭食，馬賽馬拉保護區管理處人員亦發現獵豹因獵捕不到動物而餓死在樹上，在現今年代花豹的命運是悲情的，在非洲草原有 5 大 (big five) 之稱的動物有豹子 (Leopard)、獅子 (Lion)、大象 (Elephant)、犀牛 (Rhino) 和水牛 (Buffalo)，除花豹外其他 4 種動物都看得到，所以花豹絕種的日期已經不遠。

非洲食物鏈

非洲的食物鏈，最頂端的獵食者，獅子

獅子等待獵食牛羚，獵捕的行為一般是
母獅的工作

獵食牛羚正在享用中

母獅帶著小獅移動區域，原則上不會離開公獅
的範圍內，公獅以自己的尿液為區域之劃分

很萌的小獅，長大後會成為
兇猛的獅子

第二則是坦尚尼亞政府已批准一條商用高速公路的建造計畫，這條由阿魯沙 (Arusha) 至穆索馬 (Musoma) 的公路 480 公里的道路中，東西橫跨坦尚尼亞歷史最久且最受歡迎的賽倫蓋提國家公園，1981 年聯合國教科文組織所列的世界自然遺產。該公路將切斷賽倫蓋提野生動物大遷徙的路線，道路將全世界大型哺乳動物密度最高的區域切開，使得人們必須興建圍籬以避免動物遷徙引起的車禍，這樣的作法將使大遷徙結束，牛羚、斑馬、大羚羊和大象在乾季無法抵達牠們唯一的水源馬拉河，而死在圍籬旁。

★補救辦法：是動物大遷徙曾因坦尚尼亞欲開發高速公路而面臨消失危機，幸好計畫暫時擱置，才將這偉大的生命之路保存下來。近年保護區內盜獵猖狂，外來種入侵日益嚴重，如何維護全球僅存的遷徙生態奇景，將成為肯亞的一大考驗。

水牛是群聚動物，獅子攻擊水牛占不到什麼便宜

黑背狐狼是次等食物鏈，因為以自己的實力無法獵食，只能吃剩下的腐肉

禿鷹與禿鷲是最下等食物鏈，等次等動物食用後才輪得到牠們，也只能吃腐肉，但有時會趁機從空中掠奪食物

花豹是一種將要瀕臨滅絕的動物。不群居，也無法與獅子爭食，但也是食物鏈之頂端的一員，只能在夜間進行獵食

（三）失落天堂馬爾地夫

Maldives

馬爾地夫素有千島國之稱，為一個島國，位於斯里蘭卡及印度西南偏南的印度洋水域，南北長 820 公里，東西寬 120 公里，由海底火山爆發形成的 1,200 多個珊瑚礁小島，包含了 26 個環礁組成，約有 200 座島有人居住，其中有許多島嶼被開闢為觀光區，吸引了世界各地的遊客前往。由世界集團及各大酒店度假中心開發成度假勝地，群島間海水湛藍清澈見底；島嶼距離海平面只有 2~4 公尺，但若是印度洋水位上漲 50 公分，馬爾地夫 80％的土地將被淹沒。西方人稱馬爾地夫為「失落的天堂」，因為在本世紀，全球的海平面平均將上升近 1 公尺。因此科學家預言在 90 年內，馬爾地夫也許會像消失的亞特蘭提斯，只能留在人們的記憶之中。

馬爾地夫是一座座光環似的礁湖小島，一些島嶼站在一邊即可看到盡頭，有些島嶼 30 分鐘便可遊完，島嶼的中央是青翠的綠，四周是閃亮的白，島嶼周圍的海是淺淺的透明藍，稍遠一點是湛藍，更遠的海是深藍。馬列島是馬爾地夫首都也是世界上最小的首都，總面積只有 2.5 平方公里，街道上沒有刻意鋪整的柏油路，放眼望去盡是晶亮潔白的白沙路，輝煌炫目的白色珊瑚礁和漆成藍色、綠色的門窗成為強烈對比。馬爾地夫亦是世界三大潛水勝地之一，碧藍的海水，清澈如鏡。在島四周盡是青翠透明的綿延珊瑚環礁群與神話夢境般的藍色礁湖。

★消失年份預估：2110 年

★消失原因：地球暖化、海面水位升高，導致珊瑚白化、海水灌入淹沒。2004 年底發生南亞海嘯，淹沒馬爾地夫 20 多個島嶼後，馬爾地夫有 80％的陸地海拔不到 1 公尺。由於溫室效應全球暖化海平面上升，已有許多島嶼遭到海水氾濫和海岸侵蝕，造成極大威脅。

★補救辦法：馬爾地夫的命運掌握在全球人民的日常生活習慣上，只有減少排放二氧化碳，使地球不再暖化，馬爾地夫才不會消失在地球上。

（四）亞得里亞海女王之稱威尼斯

Venezsia

義大利東北部著名的觀光旅遊與工業城市，也是威尼托地區的首府威尼斯曾經是威尼斯共和國的中心，十字軍東征時最重要之必經之城市，13~17 世紀重要的商業藝術重鎮。島上有鐵路、公路、橋與陸地相連，有 120 個小島組成，並以 180 條水道、400 座橋樑連成一體，以舟與船相通，故有「水上都市」、「百島城」、「橋城」之稱。威尼斯的水道舉世知名，城區建於離海岸約 4 公里的海邊淺水灘上，平均水深 1.5 公尺。潟湖上的 115 座群島約由 150 條水道交織而成，構成威尼斯的島嶼約擁有 400 座橋樑。在古老的城市中心，運河取代了公路的功能，所以主要的交通模式是步行與水上交通。

威尼斯

一、瑞阿托橋 Ponte di Rialto

位於義大利威尼斯，是義大利威尼斯 3 座橫跨大運河的橋樑之一，也是最古老最有建築特色的橋，近 500 年歷史，圖中可看得出左邊的部分正在施工，義大利政府的規定，所有的古蹟，施工期間外觀也要布置的與原來古蹟的外貌一樣，維護市景也避免觀光客到此觀光旅遊的遺憾。

二、米蘭教堂

義大利的古蹟動輒幾百年，上千年的更是不在少數，長年維修的比比皆是，如同米蘭大教堂維修更不在少數，圖中米蘭大教堂能以真面目見人，觀光客應該要掉眼淚了，這樣形容真的一點都不誇張。

三、大運河

義大利威尼斯，倒 S 的大運河，長約 4 公里，流經島上中心區域，與上百條水道連接，百座橋樑，河上有水上計程巴士、私人遊艇、接駁船、鳳尾船好不熱鬧，可說威尼斯島因此運河而興旺。

瑞阿托橋

19 世紀設立火車站，鐵路長堤把威尼斯主島西北部與義大利半島連接起來。20 世紀，又加建公路長堤和停車場，威尼斯主島西北部因而成為鐵路和道路的入口處。中心舊市區街道狹窄，為步行區，是歐洲最大的無汽車地區。在 21 世紀，這座無車都市是相當獨特的，目前聖塔露西亞車站則是威尼斯唯一對外的鐵路車站。

「貢多拉」亦稱鳳尾船，是威尼斯最具代表性和道統的水上代步小船。但現今威尼斯人通常會使用較為經濟的水上巴士穿行市內主要水道和威尼斯的其他小島。威尼斯著名的嘆息橋和附近的潟湖在 1987 年被列為世界文化遺產。

★ 消失年份預估：2050 年

★ 消失原因：大西洋氣候異常造成海平面上升，以及地基下陷等共同作用，飽受水患困擾。由於冬季持續降雨和海潮的猛烈侵襲，近百年來每年淹水次數多達 60 餘次。

★ 補救辦法：1966 年威尼斯水位暴漲，居民內心恐懼，而開始進行各式各樣的治水措施。

於是以舊約聖經中摩西分開紅海，率領猶太人走過海底到達彼岸為名的威尼斯防潮堤工程，稱為「摩西計畫 (The MOSE Project)」開始運作，義大利政府從 2003 年開始了有史以來最大的防洪工程，計畫主體是在威尼斯潟湖外圍一長

貢多拉

串狹長島嶼的三個出海口處，建造巨大的自動水閘門，平時閘門灌滿海水，平躺在海床上，啟動的時候就打入空氣，讓閘門浮出水面，阻擋大浪進入威尼斯。

這三個出水口共有 78 道閘門，每一道都比 747 客機機翼還寬，其中光是閘門的興建費用，就高達 40 億歐元，每年還得花 900 萬歐元去維護它。在潟湖上建造房子的過程是：將數百萬根長約 7.5 的木樁打入湖中泥沙，每塊基地隨房屋樓層與重量需求增減。再於其上覆蓋沙土打實，最後再擺放石造地基，建造房屋。泥沙中來自整個威尼托省的松木，由於排列緊密，空氣不會滲入氧化，且由於長期泡在水中，產生鈣化成為礦物質，就如同石頭般堅硬。威尼斯潟湖是沿著北亞德里亞海東岸的一個範圍廣闊的半淡鹹水海岸潟湖，位於布倫塔河 (Brenta River) 與皮耶芙河 (Piave River) 之間。三個開放的大水域形成這個潟湖的本體，周圍環繞一系列較低鹹度較小的封閉型潟湖。除了威尼斯本身所具有的卓越文化與建築重要性之外，這個潟湖還庇護許多達到歐洲標準的生態重要區域，這些區域被指定為「自然 2000 保護區」(Natura 2000 sites)。威尼斯潟湖庇護義大利最大的水鳥族群，已觀察到超過 60 種水鳥使用這個草澤及島嶼棲地來築巢、過冬、或是作為遷徙的歇腳處。在 1 月份，有將近 13 萬隻鳥會使用這個潟湖。這個潟湖也是魚類棲息地，庇護許多魚種在潟湖與海洋環境之間遷移，完成牠們的生活史。

威尼斯島上隨處可見的鐵架與板子，這可不是椅子，只要一下大雨，威尼斯島就淹水了必須架起板子才能行走，有一半的比例機率會淹水，而且比例越來越高

巨大的自動水閘門

（五）冰河國家公園
Glacier National Park

1818 年，劃定由北緯 49 度到大陸分水嶺之間，為美國與加拿大的國界，這塊地方就是今日的美國冰河國家公園及加拿大瓦特頓湖國家公園。19 世紀末，有鑑於濫殺野生動物情況日趨嚴重，政府明令予以保護。1895 年瓦特頓湖國家公園，及 1910 年冰河國家公園建立時，終於實現了。加拿大及美國的人民認為此二公園，天然景觀相似，且整座洛磯山脈直跨二國境內，冰河切割瓦特頓山谷上方遍布二公園，使二公園都因其特殊冰河景觀而得名。且生長的動、植物也都極為相似，因此認為二公園不應該因國界而分裂。1932 年將二公園合併，建立了「世界第一座的國際和平公園」—「瓦特頓冰河國際和平公園」。這個公園象徵美國及加拿大，兩國人民永恆的和平及友誼，同時也成為第一座生態環境保護區，主要是保護天然的環境，並探究公園與其周圍環境的風土人情，這一塊自然壯麗的土地，同時也象徵著人類追求的最高目標之一「和平」。在這東鄰印地安黑腳族保留區，西至平頭湖及其支流，南以太平洋鐵路為界，北與加拿大的瓦特頓國家公園相連，公園素有「洛磯山脈上的皇冠」美稱，在過去 200 萬年之間，因無數次冰河的消退，造成了壯闊景觀，因為冰河的切割，國家公園內有著非常深的冰磧湖，也因為冰河的切割，山峰常有如金字塔般的銳角，冰河在此地的歷史記錄頻繁，所以國家公園即以「冰河」為名。

位於美國與加拿大的冰河國家公園，也是兩國的國界

冰河國家公園位於美國蒙大拿州與加拿大交界，是世界第一座世界和平公園，代表著兩國永續和平的象徵，更是公認的世界遺產，公園境內共有 75 座高山，曾有高達 100 餘條的冰河，但因地球暖化目前只剩 20 幾座冰河

★消失年份預估：2040 年

★消失原因：公園降雨最終會經墨西哥灣流入大西洋，以西的降雨會流入太平洋，以北的降雨最終會經哈德遜灣流入北冰洋。由於溫室效應的緣故，公園裡的冰河正大幅度縮小中，過去的大冰河變成今日的小冰河，過去的小冰河就已經消失了。冰河退縮後留下許許多多美麗的山川、湖泊、瀑布等，風景從大到小都變化萬千，非常精緻。

★補救辦法：減少排放二氧化碳，使地球不再暖化，是減少冰河退縮的方法之一。

10-3 生態導覽解說

生態旅遊可落實的目標，是提供居民與遊客的環境教育、增加居民與資源保育的經濟收入、資源保育、及地方凝聚力。其中環境「教育」就是利用「解說」來進行，以達到規範遊客行為、認識動植物特徵、及建立正確的保育觀念。遊客對於當地文化與自然環境的尊重態度是相當重要的，由於遊客的尊重與環境倫理觀念，則生態環境的使用將會適度且不致被大肆破壞，生態資源則被予以保育。為導正遊客正確的環境倫理觀念，生態導覽解說將是重要的管理方式。 資源系統化後有助於解說媒體之選擇，茲將解說資源分類，將解說資源分為 2 大類：

一、自然景觀資源

（一）地質、地形景觀

1. 具有區域代表性之地層。
2. 具有化石可為地質使解說之地層。
3. 具有地質、地形演變之現象。
4. 表現主要地形應力作用之現象。
5. 具有區域代表性之構造地形。
6. 特殊而具有觀賞、學術之小地形景觀。

自導式解說牌說明加拿大洛磯山脈班夫國家公園露易絲湖的地質結構

（二）陸生動物景觀

1. 具區域代表性之動物族群。
2. 稀少或被列為保護之族群。
3. 區域特有之族群。
4. 動物可見性最高的地方。
5. 具動物生態關係之現象。
6. 受人為因素影響，族群或棲息環境發生改變之現象。

（三）陸生植物景觀

1. 具代表性之植物群落。
2. 稀有或被列為保護之植物。
3. 植物生態關係之現象。
4. 區域固有之特殊之植物。
5. 人為因素影響，植物群落發生變化之現象。

 陸生動植物

解說牌敘述著非洲肯亞奈瓦夏湖泊
所棲息的留鳥與候鳥圖示

馬告生態區志工導覽員解說著臺灣高山
植物在明池及馬告的生態環境

（四）水生生態景觀

1. 水域較為特殊之地形、地質景觀。

2. 海洋生態景觀。

3. 水域所能從事之活動。

4. 水文作用及其影響。

 水生生態

澎湖南方四島國家公園，無人島潮間帶，當退潮時每一個島上凹陷處，就是一個天然水族館

潮間帶海膽

宜蘭勝洋水草解說人員，解說水生植物種類，有沉水性、挺水性草本、挺水性木本、浮葉性等種類

（五）氣象景觀

1. 區域內主要氣候形態及其影響。

2. 區域內特有之局部天氣變化現象及影響。

3. 天候造成之雲霧變化現象。

4. 天候造成之視覺景觀，如日出、日落等。

柬埔寨吳哥窟巴肯寺日落

二、人文景觀資源

（一）歷史文化景觀。

1. 部落及其文化景觀。
2. 歷史遺留之紀念物（建築或文物）。
3. 區域開拓或殖民史。
4. 區域內某一時期曾經存在之資源利用方式。
5. 發生於區域內之歷史事蹟。

（二）現存人為設施、活動等。

1. 區域內土地之利用現況。
2. 主要之經濟活動形態。
3. 區域內主要工程之功能及其影響。
4. 人造景觀和人為環境與自然環境之互動現象。
5. 園區內遊憩活動據點相關區位之關係。

三、生態旅遊導覽人員管理辦法（節略）

根據發展觀光條例之「自然人文生態景觀區專業導覽人員管理辦法」規範如下：

第 1 條 本辦法依發展觀光條例第 19 條第 3 項規定訂定之。

第 2 條 本辦法所稱自然人文生態景觀區，係指無法以人力再造之特殊天然景致，應嚴格保護之自然動、植物生態環境及重要史前遺跡所構成具有特殊自然人文景觀之地區。

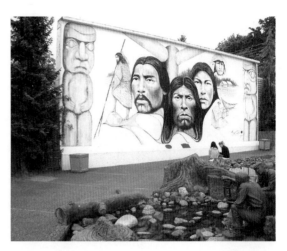

加拿大壁畫之城－茜美娜斯直接用壁畫來表達當地原住民的故事

第 3 條 自然人文生態景觀區之範圍，按其所處區位分為原住民保留地、山地管制區、野生動物保護區、水產資源保育區、自然保留區、及國家公園內之史蹟保存區、特別景觀區、生態保護區等地區，由該管主管機關會同目的事業主管機關劃定之。

第 4 條 旅客進入自然人文生態景觀區，應申請專業導覽人員陪同進入，該管主管機關應依照該地區資源及生態特性，設置、培訓並管理專業導覽人員。

第 5 條 專業導覽人員應具有下列資格：

一、中華民國國民年滿 20 歲者。

二、在自然人文生態景觀區所在鄉鎮市區迄今連續設籍六個月以上者。

三、公立或立案之私立中等以上學校或符合教育部採認規定之國外中等以上學校畢業領有證明文件者。

四、經培訓合格，取得結訓證書並領取服務證者。

前項第二款、第三款資格，得由自然人文生態景觀區之該管主管機關，審酌當地社會環境、教育程度、觀光市場需求酌情調整之。

第 6 條 專業導覽人員之培訓計畫，由自然人文生態景觀區之該管主管機關或其委託之機關、團體或學術機構規劃辦理。

原住民保留地及山地管制區經劃定為自然人文生態景觀區，該管主管機關應優先培訓當地原住民從事專業導覽工作。

第 7 條 專業導覽人員培訓課程，分為基礎科目及專業科目。基礎科目如下：

一、自然人文生態概論。

二、自然人文生態資源維護。

三、導覽人員常識。

四、解說理論與實務。

五、安全須知。

六、急救訓練。

專業科目如下：

一、自然人文生態景觀區之生態景觀知識。

二、解說技巧。

三、外國語文。

第 10 條 專業導覽人員服務證有效期間為三年，該管主管機關應每年定期查驗，並於期滿換發新證。

第 12 條 專業導覽人員有下列情形之一者，自然人文生態景觀區該管主管機關，得廢止其服務證：

一、違反該管主管機關排定之導覽時間、旅程及範圍而情節重大者。

二、連續三年未執行導覽工作，且未依規定參加在職訓練者。

第 13 條 專業導覽人員執行工作，應佩戴服務證並穿著該管主管機關規定之服飾。

第 14 條 專業導覽人員陪同旅客進入自然人文生態景觀區，得由該管主管機關給付導覽津貼。前項導覽津貼所需經費，由旅客申請專業導覽人員陪同之費用支應，其收費基準，由該管主管機關擬訂公告之，並明示於自然人文生態景觀區入口。

四、生態導覽解說應知規範

內政部營建署：「生態旅遊就字面意義可解釋為一種觀察動植物生態、自然環境的旅遊方式，也可詮釋為具有生態觀念、增進生態保育的遊憩行為。」以兼顧國家公園的保育與發展的前提下，教育遊客秉持著尊重自然、尊重當地居民的態度，並且提供遊客直接參與環境保育行動的機會，在積極貢獻的過程中，得以從大自然獲得喜悅、知識與啟發。為了讓大眾更清楚瞭解生態旅遊的定義，「生態旅遊白皮書」中提出了生態旅遊辨別的 8 項原

則，如果有任何一項答案是否定的，就不算是生態旅遊了。

（一）必須採用低環境衝擊之營宿與休閒活動方式。

（二）必須限制到此區域之遊客量（不論是團體大小或參觀團體數目）。

（三）必須支持當地的自然資源與人文保育工作。

（四）必須盡量使用當地居民之服務與載具。

（五）必須提供遊客以自然體驗為旅遊重點的遊程。

（六）必須聘用瞭解當地自然文化之解說員。

（七）必須確保野生動植物不被干擾、環境不被破壞。

（八）必須尊重當地居民的傳統文化及生活隱私。

　　生態旅遊進行時之操作過程，是以現場人員與環境生態相互尊重為守則，基本上要以區域安全及旅客滿意為訴求，生態旅遊是注重生態保育、環境保護、環境教育及社區福祉的旅遊方式，所以操作細節要求必然繁鎖，旅遊者本身需有生態旅遊基本知能，導覽解說人員更要有生態旅遊的素養，以下分有三項規範，生態旅遊者行前之應知規範，相關業者必要規範與現場導覽解說人員遵循規範。

（一）行前通知個人用品注意事項

1. 落實生態旅遊環保精神，請自備手帕毛巾、水杯水壺、環保餐具、盥洗用品與輕便雨具等。

2. 請穿著戶外活動長衣褲、舒適便鞋、個人藥品、遮陽帽、相機、手電筒（夜間生態觀察必備，看螢火蟲則自備紅色玻璃紙包覆燈頭）。

3. 現場戶外研習課程，應減少垃圾製造、不驚擾動物、不採摘植物與多觀察現場等，著重在社區當地營造生態旅遊環境的用心。

4. 盡量減輕行李重量，搭乘交通工具以環保為主，減少交通運具耗油量。

5. 主動準備拋棄式雨衣，細心穿脫多次使用，不製造用過一次就丟的垃圾。

五、相關產業者必要規範

陽明山國家公園箭竹林步道雙語解說牌

（一）餐食飲料部分

1. 遊覽車上不提供瓶裝水或杯水，減少碳足跡與塑膠廢棄物，當地提供桶裝水。

2. 餐廳不提供使用一次性餐具，自備環保碗筷、匙杯等。

3. 餐廳提供適量菜色，不要過剩造成浪費。

4. 餐廳減少肉類菜色，多以在地、當季、無農藥蔬果入菜，減碳保健康。

5. 請餐廳提供公夾母匙，吃合菜時可衛生取食。

6. 食用餐盒，做好廚餘回收與垃圾分類。

（二）住宿旅館部分

1. 自備沐浴用品，旅宿業者不主動提供一次性沐浴備品。

2. 住宿業者提供可重複使用之補充式瓶罐，盡量天然成分之洗髮精與沐浴乳。

3. 住宿業者在客房與浴室適當處張貼節約用水、用電叮嚀卡片。

4. 住宿業者在床頭提示鼓勵續住者減少每日更換床單、被套與毛巾之卡片，以減少水與化學藥劑使用量。

5. 導覽人員可建議旅客只使用旅館單一垃圾筒，減少更換垃圾筒塑膠袋的需求。

（三）交通運輸部分

1. 遊覽車或接駁車不提供個人垃圾塑膠袋，垃圾集中丟到車前之垃圾筒。

2. 社區接駁車須投保乘客意外險。

3. 社區接駁車駕駛需具備導簡單覽解說能力，接駁過程中，給予旅客必要的景點注意事項說明。

加拿大洛磯山脈阿薩巴斯卡冰河透過車上講解冰河的現象使遊客瞭解而不破壞冰河的環境

韓國的野生動物園的遊園巴士可以與野生凶猛動物近距離接觸

六、導覽解說人員遵循規範

（一）現場出發前導覽解說人員說明

1. 以掛圖、媒體簡報或其他適當方式進行行前注意事項說明。

2. 簡要說明旅遊過程、環境資源、安全注意事項與行為規範等。

3. 提醒旅客於景區內有提示勿用閃燈告示牌時，請立即調整相機及設備關閉閃光燈裝置。

4. 提醒旅客生態旅遊不保證看到指標物種，強調生態旅遊環保重要性。

5. 提醒吸菸者於非吸菸區勿吸菸，吸菸區菸蒂丟棄於垃圾筒。

6. 行前說明最長不逾 15 分鐘。

（二）出發後導覽解說人員規範

1. 隨時注意旅客行為，如有不當動作，如破壞環境、捉取生物與亂丟垃圾時，應適時以柔性方式勸導，必要時以法規罰款為前提，予以制止。

2. 絕不干擾休息、睡覺、交配、育雛與用食中的生物。

3. 動植物中文名「俗名（便於旅客認識及記憶之名稱）」，不能說是「學名（是一個物種全世界統一的名稱，以拉丁文呈現）」。

4. 旅客需要親身體驗時，不鼓勵自行摘採樹葉、果實與花朵，需由導覽解說人員利用飄落地上的素材予以解說，如必要時由導覽解說人員，摘採極小量品種供旅客體驗，如微觀、吸聞、撫觸與嚼食等。

5. 不以強力手電筒或探照燈照射動物，如必要時不以光束中心最強光照射。

6. 若需以強力手電筒或探照燈照射動物時，莫近距離接近敏感動物，如蛙類與蟹類，避免高溫傷害動物。

7. 觀看螢火蟲前，提供紅色玻璃紙給旅客套住手電筒燈頭，減少光害。

8. 導覽解說人員若須手抓動物解說時態度謹慎、手腳要輕、時間要短，避免傷害動物。

9. 導覽解說人員對待物種之態度與動作就是身教，在無形中傳遞環境教育予旅客。

10. 夜間自然生態觀察時，應隨時提醒旅客注意地面小生物，以免踩死蛙類、蟹類等生物。

11. 旅客若攜帶綠光雷射筆與高功率雷射指星筆，只可應用在文物或植物導覽上，不可照射動物，如鳥、蝶、螢與飛鼠，以免傷及動物眼睛。

12. 自然生態觀察時，旅客不只應懂物種名稱與功用，還需瞭解該生物的生態特性與生態價值及該物種與生態系之關係，多瞭解生物多樣性保育觀念。

（三）導覽解說人員自我規範

1. 不講植物藥用，避免旅客不當採摘與誤採誤用。

2. 以適當的輔助教具，如圖片、模型、平板電腦、放大鏡、解說牌與地圖等，展示解說內容，取代砍折、摘取或抓取自然資源用以解說。

3. 一位導覽解說人員帶領 10 位旅客是最佳導覽解說效果，最多不要超過 20 位。

4. 免費導覽文宣品，如摺頁、手冊與光碟，只發送給有需要者或願意閱讀者，以免造成垃圾與浪費資源。

5. 若有 DIY 項目，應該節省多人一起操作，若可食用應即食用，以免浪費資源。

DIY 製作粉條，製作完大家正在品嚐

七、回饋當地社區

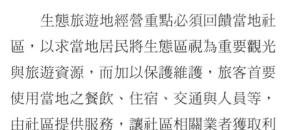

生態旅遊地經營重點必須回饋當地社區，以求當地居民將生態區視為重要觀光與旅遊資源，而加以保護維護，旅客首要使用當地之餐飲、住宿、交通與人員等，由社區提供服務，讓社區相關業者獲取利益，而關心在地環境。業者獲利應有回饋社區機制，讓社區全員分享生態環境帶來效益，從而維護在地環境；再者若社區提供之必要服務，在利益均分下，以公平方式分配多家或輪流經營，力求利益均等，不獨厚某一業者。旅遊仲介者或旅客來到當地旅遊，因該地環境保育良好、自然物種生態完整與人文資源豐富，而做宣傳無疑使其他旅客願意來此探索，使社區享有無限的永續發展資源。

土耳其伊斯坦堡藍色清真寺，是伊斯蘭教至高無上的殿堂，更是觀光旅遊聖地，當地重要之觀光資源

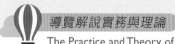

參考文獻 ✈ Reference

1. 林晏州，2002，陽明山國家公園生態旅遊路線及解說規劃，內政部營建署陽明山國家公園管理處

2. 全國法規資料庫，自然人文生態景觀區專業導覽人員管理辦法
   http://law.moj.gov.tw/LawClass/LawAll.aspx?PCode=K0110019

3. 吳偉德、鄭凱湘、應福民、薛茹茵，領隊導遊實務與理論 (第五版)，新文京出版，出版日期：2014.02.01

4. 吳偉德，生態旅遊實務與理論，揚智出版社，出版日期：2015.03.01

5. 文化部，臺灣大百科全書，2014.6.21，范靜芬

6. 貝爾格勒憲章
   http://taiwanpedia.culture.tw/web/content?ID=100707

7. 國外綠色教育簡述：思想與實踐，教育學報 2011 年，第 6 期，杜亮，北京師範大學教育學部教育基本理論研究院，北京 100875

8. 認識環境教育。中華民國環境教育學會主編，2011 年出版

9. 環境教育的生態理念與內涵，汪靜明，2003，環境教育學刊 第二期

10. 楊冠政 (1993)。環境素養。環境教育季刊 (19):2-14

11. Gove,P.B.,editor.(1986).Webster's third new international dictionary of the English language unabridged. Merriam-Webster Inc., Springfield, MA, USA. 2662 pp.

12. Allaby,M.ed.(1998).A dictionary of ecology.Second edition. Oxford University Press,Oxford,UK.440 pp.

13. 王鑫 (1989)。自然資源與保育。環境教育季刊 (1):18-28

14. 王鑫 (1997)。地景保育。明文出版社，臺北市，358 頁

15. 王鑫 (1999)。地球環境教育與永續發展教育。環境教育季刊 (37):87-103

16. 沈中仁 (1976)。環境學。大中國圖書公司，臺北市，428 頁

17. 文化部，臺灣大百科全書，2014/6/21，許世璋
    http://taiwanpedia.culture.tw/web/content?ID=100721

18. 蕭新煌、朱雲鵬、蔣本基、劉小如、紀駿傑、林俊全。2003。永續臺灣 2011。臺北：天下文化

19. 文化部，臺灣大百科全書，2014/6/21，林益仁、光哥
    http://taiwanpedia.culture.tw/web/content?ID=100773

20. 文化部，臺灣大百科全書，2014/6/21，許世璋
    http://taiwanpedia.culture.tw/web/content?ID=100684

21. 文化部，臺灣大百科全書，2014/6/21，林益仁、光哥
    http://taiwanpedia.culture.tw/web/content?ID=100769

22. UNEP World Conservation Monitoring Centre. Protected Areas and World Heritage–Great Barrier Reef World Heritage Area. Department of the Environment and Heritage. 1980 [14 March 2009].（原始內容存檔於 11 May 2008）.

23. The Great Barrier Reef World Heritage Values. [3 September 2008].

24. The Great Barrier Reef World Heritage Area,which is 348,000 km squared, has 2,900 reefs.However,this does not include the reefs found in the Torres Strait, which has an estimated area of 37,000 km squared and with a possible 750 reefs and shoals.(Hopley,p.1)

25. Fodor's. Great Barrier Reef Travel Guide. [8 August 2006].

26. Sharon Guynup. Australia's Great Barrier Reef. Science World. 4 September 2000 [11 June 2007].

27. Sarah Belfield. Great Barrier Reef: no buried treasure. Geoscience Australia(Australian Government).8 February 2002 [11 June 2007].
http://www.csghs.tp.edu.tw/~jueiping/index.files/student/issue/Oceania-04_20.pdf

28. 商業周刊，John Tao，12 個末日景點
http://www.businessweekly.com.tw/KBlogArticle.aspx?ID=2626
http://e-info.org.tw/node/58373
http://weekly.tvbs.com.tw/article/58/224332
http://big5.china.com.cn/chinese/TR-c/284869.htm
http://thomashsu.pixnet.net/blog/post/12439955-%E7%80%95%E8%87%A8%E6%B6%88%E5%A4%B1%E7%9A%84%E7%BE%8E%E6%99%AF-%E9%A6%AC%E7%88%BE%E5%9C%B0
%E5%A4%AB%E7%BE%A4%E5%B3%B6
http://zh.wikipedia.org/wiki/%E5%A8%81%E5%B0%BC%E6%96%AF

29. 摩西計畫
http://e-info.org.tw/node/48058

30. 冰河國家公園
http://www.twwiki.com/wiki/%E5%86%B0%E6%B2%B3%E5%9C%8B%E5%AE%B6%E5%85%AC%E5%9C%92

31. 圖
http://www.dailymail.co.uk/news/article-2232300/Nice-spot-lunch-Leopard-takes-prey-tree-enjoy-meal-spectacular-view-savannah.html
http://thomashsu.pixnet.net/blog/post/12439955-%E7%80%95%E8%87%A8%E6%B6%88%E5%A4%B1%E7%9A%84%E7%BE%8E%E6%99%AF-%E9%A6%AC%E7%88%BE%E5%9C%B0%E5%A4%AB%E7%BE%A4%E5%B3%B6
http://blog.queensland.com/files/2012/05/Lady_Musgrave_Island_Great_Barrier_Reef1.jpg
http://blog.queensland.com/2012/10/25/five-minutes-richard-fitzpatrick/
http://www.visitmaldives.com/en/the-maldives/welcome-to-the-maldives
http://www.visitmaldives.com/en/gallery/308
http://www.fubiz.net/2012/04/05/w-hotel-maldives/w-hotel-maldives5/
http://www.sea-way.org/blog/Venice_BIG.jpg
http://s1.djyimg.com/i6/1105061027031758.jpg
http://www.hdwpapers.com/glacier_national_park_wallpaper_2-wallpapers.html

國家公園導覽解說規範

Chapter
11

The Practice and Theory of
Interpretation and GUIDE TOUR

現今臺灣國家公園導覽解說是以解說志工為主，近年來臺灣在全世界推廣來臺旅遊，除美食外還積極強調地質美景與國家公園，故歐美、紐澳與日本地區來臺旅客以國家公園為主題的自由行旅客越來越多，但國家公園的解說志工一般以中文導覽解說，服務臺灣遊客為主，故內政部營建署國家公園管理處規範，已經開始增聘全職的國家公園外語解說員，在國家公園內各地區服務，這也是一個就業的好消息，本章節就臺灣國家公園觀光資源解說資訊、導覽解說、解說志工與外語解說員等規範為主題。

德國學生團來臺灣野柳地質公園參觀，讚嘆不已

11-1 國家公園導覽解說資訊

「國家公園」是指具有國家代表性之自然區域或人文史蹟。美國 1872 年設立世界上第 1 座「黃石國家公園 (Yellowstone National Park)」，至今全球已超過 3,800 座的國家公園。

位於美國亞歷桑納州的大峽谷國家公園入口

美國亞歷桑納州大峽谷國家公園，因科羅拉多河切割所形成的峽谷自然景觀

臺灣於 1961 年起推動自然保育工作，1972 年制定「國家公園法」，至 2014 年，相繼成立墾丁、玉山、陽明山、太魯閣、雪霸、金門、東沙環礁、台江與澎湖南方四島等，共計 9 座國家公園。

臺灣國家公園位置分布圖

臺灣國家公園法，第1條：「為保護國家特有之自然風景、野生物及史蹟，並供國民之育樂及研究，特制定本法。」國家公園主管機關為內政部。國家公園之選定基準，第一具有特殊景觀或重要生態系統、生物多樣性棲地，足以代表國家自然遺產者。第二具有重要之文化資產及史蹟，其自然及人文環境富有文化教育意義，足以培育國民情操，需由國家長期保存者。第三具有天然育樂資源，風貌特異，足以陶冶國民情性，供遊憩觀賞者。

台江國家公園黑面琵鷺生態展示館

台江國家公園第三賞鳥亭

肯亞阿布戴爾國家公園
方舟飯店內觀賞非洲野牛景觀

台江國家公園黑面琵鷺賞鳥亭內高倍率望眼鏡

肯亞阿布戴爾國家公園方舟飯店

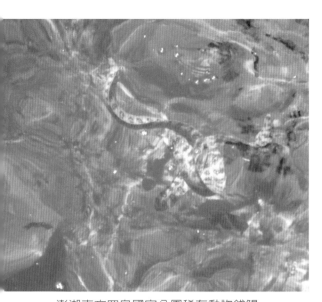

澎湖南方四島國家公園稀有動物錢鰻

澎湖南方四島國家珍貴珊瑚礁

澎湖南方四島國家公園玄武岩地質

國家公園	主要保育資源	面積（公頃）	管理處成立日期
墾丁	隆起珊瑚礁地形、海岸林、熱帶季林、史前遺址、海洋生態。	18,083.50（陸域） 15,206.09（海域） 33,289.59（全區）	1984 年
玉山	高山地形生態、動物、奇峰、林相變化、古道遺跡。	105,490	1985 年
陽明山	火山地質、溫泉、瀑布、草原、闊葉林、蝴蝶、鳥類。	11,455 （北市都會區）	1985 年
太魯閣	大理石峽谷、斷崖、高山地形、高山生態、林相及動物相豐富、古道遺址。	92,000	1986 年
雪霸	高山生態、地質地形、河谷溪流、稀有動植物、林相富變化。	76,850	1992 年
金門離島	戰役紀念地、歷史古蹟、傳統聚落、湖泊濕地、海岸地形、島嶼形動植物。	3,719.64（最小）	1995 年
東沙環礁離島	東沙環礁為完整之珊瑚礁、海洋生態獨具特色、生物多樣性高、為南海及臺灣海洋資源之關鍵棲地。	174（陸域） 353,493.95（海域） 353,667.95（全區）	2007 年
台江	自然濕地生態、地區重要文化、歷史、生態資源、黑水溝及古航道。	4,905（陸域） 34,405（海域） 39,310（全區）	2009 年
澎湖南方四島國家公園	玄武岩地質、特有種植物、保育類野生動物、珍貴珊瑚礁生態與獨特梯田式菜宅人文地景等多樣化的資源。	370.29(陸域） 35,473.33(海域） 35,843.62(全區）	2014 年
合計	312,486.24（陸域）；403,105.04（海域）；（全區）715,591.28		

資料來源：臺灣國家公園管理處

一、墾丁國家公園

分類	說明
地景	珊瑚礁石灰岩台地、孤立山峰、山間盆地、河口湖泊、恆春半島隆起。
海岸	三面臨海砂灘海岸、裙礁海岸、岩石海岸、崩崖。
特點	我國第 1 座國家公園。 10 月到隔年 3 月東北季風，形成本區強勁著名的「落山風」。
遺址	墾丁史前遺址，位於石牛溪東畔，距今 4,000 年歷史，遺物包括新石器時代的細繩紋陶器。 與鵝鑾鼻史前遺址，位於鵝鑾鼻燈塔西北面緩坡上。
人文	以排灣族人為主。

二、玉山國家公園

分類	說明
陸域	歐亞、菲律賓板塊相擠撞而高隆，主稜脈略呈十字形，十字交點即為玉山海拔 3,952 公尺，涵蓋全臺 3 分之 1 的名山峻嶺，臺灣的屋脊。最古老的地層就在中央山脈東側，約有 1 至 3 億年歷史。然而園內因為造山運動的頻繁，斷層、節理、褶皺等地質作用發達。中、南、東部大河濁水溪、高屏溪、秀姑巒溪，臺灣三大水系之發源地。
植物群	涵蓋熱帶雨林、暖溫帶雨林、暖溫帶山地針葉林、冷溫帶山地針葉林、亞高山針葉林及高山寒原等。
古蹟	八通關古道。
動物	臺灣黑熊、長鬃山羊、水鹿、山羌等珍貴大型動物。 山椒魚和中國的娃娃魚是親戚，在 145 萬年前的侏羅紀地質年代時期即出現在地球上，是臺灣歷經冰河時期的活證據。
人文	以布農族人為主。
其他	幾乎包括全臺灣森林中的留鳥，包括帝雉、藍腹鷴等臺灣特有種。

三、陽明山國家公園

分類	說明
地景	火山地形地貌，主要地質以安山岩為主。以大屯山火山群為主，包括錐狀、鐘狀的火山體、火山口、火口湖、堰塞湖、硫磺噴氣口、地熱及溫泉等。最高峰七星山（標高 1,120 公尺）是一座典型的錐狀火山。
植物	夢幻湖的臺灣水韭最負盛名，它是臺灣特有的水生蕨類，其他代表性植物如鐘萼木、臺灣掌葉槭、八角蓮、臺灣金線蓮、紅星杜鵑、四照花等等。春天花季，滿山的杜鵑在雲霧繚繞中顯出一種奇幻的美感，是其特色。
特點	位於臺灣北端，近臺北市為都會國家公園。
人文	昔稱草山，緊鄰臺北盆地，曾有凱達格蘭族、漢人、荷蘭、西班牙、日本等居民。
古蹟	大屯山的硫磺開採史、魚路古道等，俗諺「草山風、竹子湖雨、金包里大路」中的「大路」，指的就是早期金山、士林之間漁民擔貨往來的「魚仔路」，這條古道除了呈現早期農、漁業社會的生活風貌之外，也是從事生態旅遊、自然觀察的理想步道。
生態	3 個生態保護區，分別為夢幻湖、磺嘴山及鹿角坑。

陽明山國家公園小油坑噴氣口

陽明山國家公園硫磺谷

陽明山國家公園硫磺谷地熱景觀

陽明山國家公園七星山步道

四、太魯閣國家公園

分類	說明
地景	立霧溪切鑿形成的太魯閣峽谷，由於大理岩，有著緊致、不易崩落的特性，經河水下切侵蝕，逐漸形成幾近垂直的峽谷，造就了世界級的峽谷景觀。三面環山，一面緊鄰太平洋。山高谷深是地形上最大的特色，區內90%以上都是山地，中央山脈北段，合歡群峰、黑色奇萊、三尖之首的中央尖山、五嶽之一的南湖大山，共同構成獨特而完整的地理景觀。
地形	圈谷、峽谷、斷崖、高位河階以及環流丘等。
植物	中橫公路爬升，1天之內便可歷經亞熱帶到亞寒帶、春夏秋冬四季的多變氣候，海拔高度不同，闊葉林、針葉林與高山寒原等植物，以生長在石灰岩環境的植物最為特別，如太魯閣繡線菊、太魯閣小米草、太魯閣小蘗、清水圓柏等，石灰岩植被和高山植物，可說是太魯閣國家公園最具代表性的植物資源。
動物	臺灣藍鵲、臺灣彌猴等。
河流	河川以脊樑山脈為主要的分水嶺，向東西奔流。東側是立霧溪流域，面積約占整個國家公園的三分之二，源於合歡山與奇萊北峰之間，主流貫穿公園中部，支流則由西方及北方來會，是境內最主要的河川。脊樑山脈西側是大甲溪和濁水溪上游，包括南湖溪、耳無溪、碧綠溪等。
古蹟	太魯閣族文化及古道系統等豐富人文史蹟。目前園內及周邊發現8處史前遺址，其中最著名的是「富世遺址」，位於立霧溪溪口，屬國家第三級古蹟。 古道方面，從仁和至太魯閣間沿清水斷崖的道路，早期名為北路，於清領時期修築，為蘇花公路的前身；合歡越嶺古道是日治時代修建，以「錐麓大斷崖古道」保存較完整；園內最著名景觀為中部橫貫公路。
人文	史前遺跡、部落遺跡及古今道路系統等，太魯閣族遷入超過200年，過著狩獵、捕魚、採集與山田焚墾的生活。

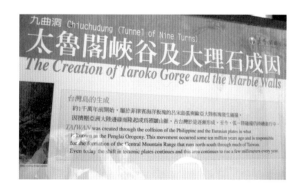

太魯閣國家公園峽谷及大理石成因解說牌

東西橫貫公路門牌旁是太魯閣國家公園入口

五、雪霸國家公園

分類	說明
地景	涵蓋雪山山脈，山岳型國家公園。地形富於變化，如雪山圈谷、東霸連峰、布秀蘭斷崖、素密達斷崖、品田山摺皺、武陵河階及鐘乳石等。 翠池，是臺灣最高的湖泊。
地形	雪山是臺灣的第 2 高峰，標高 3,886 公尺，世紀奇峰之稱是 3,492 公尺的大霸尖山。雪山山脈是臺灣的第 2 大山脈，它和中央山脈都是在 500 萬年前的造山運動中推擠形成，由歐亞大陸板塊堆積的沉積岩構成。
植物	海岸植被之外，涵蓋了低海拔到高山所有的植群類型。大面積的玉山圓柏林、冷杉林、臺灣樹純林等，都以特有或罕見聞名。
河流	大甲溪和大安溪的流域。
動物	七家灣溪的臺灣櫻花鉤吻鮭、寬尾鳳蝶等珍稀保育類動物。
人文	泰雅、賽夏族文化發祥地，七家灣遺址，是臺灣發現海拔最高的新石器時代遺址。

六、金門國家公園

分類	說明
地景	金門本島中央及其西北、西南與東北角局部區域，分別劃分為太武山區、古寧頭區、古崗區、馬山區和烈嶼島區等 5 個區域，區內的地質以花崗片麻岩為主。
古蹟	是一座以文化、戰役、史蹟保護為主的國家公園。文臺寶塔、黃氏酉堂別業、邱良功母節孝坊等。地方信仰特色的風獅爺也相當有特色。
生態	活化石「鱟」最為著名。
鳥類	鵲鴝、班翡翠，戴勝、玉頸鴉、蒼翡翠，此區亦是遷徙型鳥類過境、度冬的樂園，如鸕鷀等候鳥。

七、東沙環礁國家公園

分類	說明
地景	比現有 6 座國家公園總面積還大，相當臺灣島的十分之一，範圍涵蓋島嶼、海岸林、潟湖、潮間帶、珊瑚礁、海藻床等生態系統，資源特性有別於臺灣沿岸珊瑚礁生態系，複雜性遠高於陸域生態。
海域	東沙環礁位在南海北方，環礁外形有如滿月，由造礁珊瑚歷經千萬年建造形成，範圍以環礁為中心，成立為海洋國家公園。
生態	桌形、分枝形的軸孔珊瑚是主要造礁物。 環礁的珊瑚群聚屬於典型的熱帶海域珊瑚，主要分布在礁脊表面及溝槽兩側，目前記錄的珊瑚種類有 250 種，其中 14 種為新紀錄種，包括藍珊瑚及數種八放珊瑚。
鳥類	島上也有少數留鳥及冬候鳥，鳥類紀錄有 130 種，主要以鷸科、鷺科及鷗科為主。

八、台江國家公園

分類	說明
地景	因地形與地質的關係，入海時河流流速驟減，所夾帶之大量泥沙淤積於河口附近，加上風、潮汐、波浪等作用，河口逐漸淤積且向外隆起，形成自然的海埔地或沙洲。北至南分別有六個沙洲地形，分別為青山港沙洲、網仔寮沙洲、頂頭額沙洲、新浮崙沙洲、曾文溪河口離岸沙洲及臺南城西濱海沙洲。
濕地	鹽水溪口（四草湖）為國家級濕地，亦為台江內海遺跡台江國家公園。 曾文溪口濕地、四草濕地，以及 2 處國家級濕地：七股鹽田濕地、鹽水溪口濕地等，合計 4 處。
植物	海茄苳、水筆仔、欖李、紅海欖等 4 種紅樹林植物。
河流	曾文溪、鹿耳門溪、鹽水溪出海口。
生態	黑面琵鷺野生動物保護區。
鳥類	黑面琵鷺。
人文	鄭成功由鹿耳門水道進入內海，擊退荷蘭人。

台江國家公園鹿耳門天后宮

台江國家公園濕地

台江國家公園養蚵文化

九、澎湖南方四島國家公園

分類	說明
地景	澎湖南方的東嶼坪嶼、西嶼坪嶼、東吉嶼、西吉嶼合稱澎湖南方四島，包括周邊的頭巾、鐵砧、鐘仔、豬母礁、鋤頭嶼等附屬島礁。未經過度開發的南方四島，在自然生態、地質景觀或人文史跡等資源，都維持著原始、低汙染的天然樣貌，尤其附近海域覆蓋率極高的珊瑚礁更是汪洋中的珍貴資產。
岩石	東嶼坪嶼面積約 0.48 平方公里，海拔高度最高點約 61 公尺，為一玄武岩方山地形，島上的玄武岩柱狀節理發達，亦是澎湖群島中較為年輕的地層。
生態	島上可見傾斜覆蓋在火山角礫岩上的玄武岩岩脈、受海潮侵蝕分離的海蝕柱，以及鑽蝕作用形成的壺穴等豐富地質景觀。
鳥類	頭巾於夏季時成為燕鷗繁殖棲息的天堂。
人文	西嶼坪嶼是一略呈四角型的方山地形，因地形關係使得村落建築無法聚集於港口，因此選擇坡頂平坦處來定居發展，聚落位於島中央的平臺上形成另一種特殊景觀與人文特色。

澎湖南方四島國家公園潮間帶

澎湖南方四島國家公園海域珊瑚礁

澎湖南方四島國家公園海域

11-2 國家公園導覽解說規範

國家公園：「指為永續保育國家特殊景觀、生態系統，保存生物多樣性及文化多元性並供國民之育樂及研究，經主管機關依本法規定劃設之區域。」還有國家公園事業，指依據國家公園計畫所決定，而為便利育樂、生態旅遊及保護公園資源而興設之事業。遊憩區，適合各種野外育樂活動，並准許興建適當育樂設施及有限度資源利用行為之地區。

國家公園史蹟保存區：「指為保存重要歷史建築、紀念地、聚落、古蹟、遺址、文化景觀、古物而劃定及原住民族認定為祖墳地、祭祀地、發源地、舊社地、歷史遺跡、古蹟等祖傳地，並依其生活文化慣俗進行管制之地區。」

特別景觀區意指無法以人力再造之特殊自然地理景觀，而嚴格限制開發行為之地區。生態保護區指為保存生物多樣性或供研究生態而應嚴格保護之天然生物社會及其生育環境之地區。以上等國家公園的內部規範區域，需要人員解說教育與人員協同管理。

澎湖南方四島國家公園海域浮潛運動

台江國家公園七股潟湖遊船

陽明山國家公園中山樓建築已是臺灣文化景觀（外觀）

陽明山國家公園中山樓牌樓天下為公四字，已是臺灣文化景觀

國家公園法第 22 條：「國家公園管理處為發揮國家公園教育功效，應視實際需要，設置專業人員，解釋天然景物及歷史古蹟等，並提供所必要之服務與設施。」說明國家公園管理處人員與國家公園志工等，共同參與維護及管理是有其必要之合作性。

 國家公園導覽解說規範

解說 (Interpretation services) 是國家公園經營管理的一種方法，為國家公園管理機關、公園資源與公園遊客和當地社會四者之間的溝通橋樑（吳鳳珠，1994）。

林晏州 (2002)，在內政部營建署陽明山國家公園管理處委託研究報告中提到，國家公園管理機關對解說服務的看法，國家公園遊客與地區居間解說服務之功能，公園資源解以解說服務之功能為何說明。

一、國家公園管理

就國家公園管理機關而言，解說服務之功能為：

1. 解說服務可以對遊客傳達公園的法令、政策、計畫與規範等。
2. 就由解說，能使遊客直接參與公園資源經營管理工作。
3. 解說服務可以塑造管理機關形象。
4. 透過解說服務能提供遊客經營管理的訊息，間接促進遊客與管理單位之合作。

二、國家公園遊客

就國家公園遊客與地區居民而言，解說服務之功能為：

1. 增進遊客對自然環境的認識，獲得更充實的體驗。
2. 教導遊客有關生態學的知識，使其瞭解人類在自然環境中所扮演的角色，進而

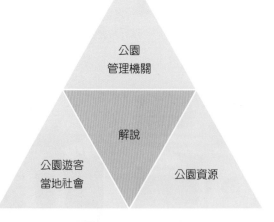

解說與國家公園管理機關、公園資源、公園遊客與當地社會之關係圖

對自然環境資源有更深刻的想法,更愛護大自然。

3. 啟發遊客對自然、文化、歷史、資源的興趣及愛心,減少有意或無意的破壞。

4. 透過解說能使遊客避開危險的地區。

5. 引導遊客遠離環境較敏感、易受破壞的地區。

6. 可以加強遊客與當地居民之關係。

7. 可以促進地方團體對國家公園功能之認同感。

國內外國家公園解說

台江國家公園黑面琵鷺賞鳥亭內解說志工合影

陽明山國家公園中山樓解說志工正在解說中山樓模型

非洲肯亞肯亞山國家公園導覽解說員正在講解大象生態

非洲肯亞肯亞山國家公園大象頭骨(真品)

三、公園資源

就公園資源而言,解說服務之功能為:

1. 藉由解說服務,可以使自然與文化資產獲得保護。
2. 透過解說,可減少遊客與遊憩活動對自然環境與資源所造成的衝擊。
3. 解說可以增加遊客對國家公園資源之認識與瞭解。
4. 透過解說可以減輕環境汙染,並節約能源。

四、國家公園解說設施

國家公園區域內解說設施之傳達:園內各項自然生態與景觀或其他資料予遊客之媒體,可使遊客吸收並增進對自然環境之瞭解,進而產生對自然愛護之情感功能,為國家公園內不可或少之重要設施解說設施應有。

1. 依照有系統之參觀方式,引導遊客前往各遊憩區與特別景觀區。
2. 介紹園區特有之自然與人文景觀資源,增加遊客之生態旅遊興趣。
3. 說明生態系內個體與整體之關係,不當行為生態環境所可能造成的衝擊。
4. 透過解說,讓民眾瞭解不當之資源利用所產生之環境衝突。
5. 重要景觀道路適當地點設置大型解說牌等靜態式解說設施解說。
6. 登山活動步道設置自導式步道解說牌,以靜態式解說提供遊客遊憩經驗。

台江國家公園黑面琵鷺保護區說明

陽明山國家公園小油坑箭竹林步道解說牌

貳 **國家公園解說志工規範**

太魯閣國家公園管理處招募解說志工，為了提升服務品質暨宣導國家公園的生態與環境教育，服勤內容包括太魯閣國家公園管理處各遊客中心、展示館及據點駐站解說、協助環境教育活動、帶隊解說及國家公園經營管理等相關工作。

為協助國家公園環境保護、保育研究、解說教育、遊憩服務及環境維護等各項經營管理之需求，有效運用社會人力資源參與國家公園保育推廣業務，以提升服務品質及行政效能，並激發民眾熱愛自然、保育環境資源之精神，進而達成環境教育之目的。

需具有服務熱忱，且能嚴守服勤規定與時間者，須年滿 20 歲以上，身心健康、熱愛大自然且認同國家公園理念者，每年至少服勤 8 次（64 小時）以上，且可配合於國定假日排班至園區值勤。

具備環境教育人員，或具外語能力，及動植物、森林、園藝等保育相關科系與教學專長等。服務項目包括服務臺諮詢、帶隊解說、協辦活動、環境教育、資源調查、外語翻譯、資料編纂登錄、檔卷整理及與國家公園經營管理等相關之工作項目。

培訓時間共 6 天，基礎訓練 12 小時。特殊訓練 40 小時。完成培訓課程、經考評合格者發給實習志工證；於一年間需完成 2 次帶隊及 4 次值館之服勤實習，並撰寫服勤心得報告。實習期滿經考評合格，領有志願服務紀錄冊者，頒發志工識別證，正式取得志工資格。若成為合格正式志工者，每年必須達到基本服勤時數 64 小時以上，始能保有志工之資格。志工均為無給職（核發交通誤餐津貼）。

資格條件為全國國小以上各級學校教師、退休老師、社會人士等。具森林、地質、動物、植物、觀光及環境保育、解說教育等專業知識之相關科系在學學生或畢業者。熱愛大自然，具服務、奉獻及負責精神，且口齒清晰或外語表達能力佳者。解說志工資格之取得，初審核可後，並通過面試者，參加基礎訓練及特殊訓練課程後，需完成規定之服勤實習及服務期滿半年且經考評優良者，始可取得「解說志工」之資格。解說志工服務項目，櫃檯諮詢、廣播服務、據點解說、帶隊解說、活動設計、交通疏導、參觀引導、秩序維護、資料建檔，及協助一般文書工作或專業性工作等。

參 墾丁國家公園外語解說員規範

嘉義大學外文系畢業的陳小姐，在澳洲打工度假時，曾參加一場生態體驗活動，只見解說員滔滔不絕地介紹雨林植物、河中鱷魚等等，才突然意識到生態解說也可以是一種工作，還能邊玩邊工作，感覺很不錯呢！

回臺灣後，因緣際會下進了海生館從事英語解說員的工作，在海生館 3 年的經歷，培養出從事解說導覽工作所需要的表達方式以及學習態度，後來，到了墾丁國家公園擔任英語解說員，工作範圍更廣泛多元，至今已 3 年時間。要能夠和外國遊客毫無阻礙地溝通、分享自然生態環境知識，英語文能力必須在工作中繼續學習和調整。

成立於 1982 年的墾丁國家公園，因越來越多來臺觀光的外國遊客，而產生英語解說員的需求，墾丁國家公園管理處保育研究課長表示，目前國家公園共有 15 位約聘（僱）解說員，團體遊客可事先申請解說服務，一般個人遊客則可直接到管理處詢問協助，為滿足英語文表達能力的需求，要想成為墾丁國家公園英語解說員，約要達到 TOEIC 800 分以上的程度，薪資方面則依照不同學歷職等可達 33~60K 不等，至於需具備的能力條件，除了學經歷、語文能力之外，最重要的是要肯學習、擁有服務熱忱，才能勝任愉快（商業周刊，2016）。

坦尚尼亞賽倫蓋提國家公園與肯亞馬賽馬拉國家保護區內，四輪驅動車的司機是英語解說員，臺灣的領隊必須充當翻譯人員，給予遊客解說

參考文獻 ✈ Reference

1. 行政院，中華民國國情簡介－國家公園位置示意圖，2016.09.11
   http://www.ey.gov.tw/state/News_Content3.aspx?n=690B370D978A0943&s=14BD0686091713D1

2. 行政院，國家公園體系概況，2016.09.11
   http://www.ey.gov.tw/state/News_Content3.aspx?n=690B370D978A0943&s=14BD0686091713D1

3. 全國法規資料庫，國家公園法，2016.09.11
   http://law.moj.gov.tw/LawClass/LawAll.aspx?PCode=D0070105

4. 吳鳳珠 (1994)，遊客中心多媒體解說效果評估－以玉山國家公園塔塔加遊客中心為例，國立臺灣大學園藝學系研究所碩士論文

5. 林晏州 (2002)，陽明山國家公園生態旅遊路線及解說規劃，內政部營建署陽明山國家公園管理處委託研究報告

6. 郭育任 (2012)，陽明山國家公園步道自然及人文資源調查七星山系及大屯山系步道解說服務內容編撰案，陽明山國家公園管理處

7. 太魯閣國家公園，管理處 105 年度解說志工招募簡章（第 17 期），2016.09.11
   http://np.cpami.gov.tw/chinese/index.php?option=com_content&view=article&id=8069&Itemid=26

8. 太魯閣國家公園管理處，太魯閣國家公園管理處解說志工服務召募訓練獎懲要點，2016.09.11
   http://np.cpami.gov.tw/chinese/index.php?option=com_content&view=article&id=8069&Itemid=26

9. 商業周刊，她從背包客變國家公園英語導覽員，有多益 800 分，你也能邊玩邊工作月領 60K，2016.09.11
   http://www.businessweekly.com.tw/KBlogArticle.aspx?id=16985

國家風景區
導覽解說規範

Chapter

12

The Practice and Theory of
Interpretation and GUIDE TOUR

臺灣地處南太平洋，唯單獨之島嶼，整個地形地質景觀特異，西南沿岸在大鵬灣與雲嘉南濱海國家風景區有潟湖景觀與豐富水鳥資源；東南海岸橫亘於海岸山脈上，有豐富的水上活動與原住民文化；平埔文化集中地位於西拉雅國家風景區；茂林國家風景區有魯凱族部落風情，可探索臺灣蝴蝶之美與魯凱石屋；阿里山國家風景區鄒族的 5 奇是觀光客必到之處；日月潭國家風景區的湖區景致迷人，能媲美國際景觀；再來參山國家風景區的八卦山賞鷹、蔬果之鄉梨山與佛教聖地獅頭山等，

領略寶島多元文化與世界級文化與自然景觀。

臺灣離島風光讓您心跳 200，澎湖群島於臺灣海峽中，是臺灣地區最特殊具有火山遺跡的島嶼景觀；馬祖傳統閩東石屋與海蝕奇景，加上特殊的閩東人文特色，使您念念不忘；蘭嶼與綠島是百分百的熱帶島嶼風情等等。本章節重點講述臺灣國家風景區導覽解說資訊、無痕山林志工概念與國家風景區導覽解說規範，引起大家熱愛這塊土地及對臺灣寶島之導覽解說的興趣，俾使日後能成為一位稱職的導覽解說專家。

12-1 國家風景區導覽解說資訊

國家級風景特定區，是指中華民國交通部觀光局依據「發展觀光條例」，與地區之景觀特性及休憩功能等評估，經相關單位會勘後，劃定並公告之「國家級」風景區，目前臺灣共有國家風景區 13 處。

一、東北角暨宜蘭海岸國家風景區

東北角海岸位於臺灣東北隅，風景區範圍陸域北起新北市瑞芳鎮南雅里，南迄宜蘭縣頭城鎮烏石港口，海岸線全長 66 公里。2006 年 6 月 16 日雪山隧道全線通車，將宜蘭濱海地區以納入，並擴大東北角海岸國家級風景特定區範圍，更名為「東北角暨宜蘭海岸國家風景區」。

成立日期	陸域面積
1984 年 6 月 1 日	12,616 公頃

海域面積	合計
4,805 公頃	17,421 公頃

宜蘭外澳海灘衝浪及眺望龜山島

2015 年福隆沙雕季

 ### 曲水流觴

中國古代的一種遊戲，於農曆三月初三日人們舉行被禊儀式（邊舉行祭禮，洗濯去垢，消除不祥，叫被禊）之後，大家坐在河渠兩旁，在上流放置酒杯，酒杯順流而下，停在誰的面前，誰就取杯飲酒。

宜蘭頭城農場的曲水流觴區

二、東部海岸國家風景區

東部海岸國家風景區位於花蓮、臺東縣的濱海部分，南北沿臺 11 線公路，北起花蓮溪口，南迄小野柳風景特定區，擁有長達 168 公里的海岸線，還包括秀姑巒溪瑞穗以下泛舟河段，以及孤懸外海的綠島。1990 年 2 月 20 日，行政院核定將綠島納入本特定區一併經營管理，於是本特定區成為兼具山、海、島嶼之勝，資源多樣而豐富的國家級風景特定區。

臺東三仙台八拱跨海步橋，是臺東最好觀看日出的景點

成立日期	陸域面積	海域面積	合計
1988 年 6 月 1 日	25,799 公頃	15,684 公頃	41,483 公頃

三仙台

國外景點並陳

日本阿爾卑斯山脈黑部立山大觀峰，山景壯秀
媲美臺灣東部山脈

冰島雷克雅維克藍湖的 Blue Lagoon 是世界級
的溫泉池

三、澎湖國家風景區

北海遊憩系統觀光資源包含澎湖北海諸島的自然生態，漁村風情和海域活動。「吉貝嶼」為本區面積最大的島嶼，全島面積約 3.1 平方公里，海岸線長約 13 公里，西南端綿延 800 公尺的「沙尾」白色沙灘，主要由珊瑚及貝殼碎片形成。「險礁嶼」海底資源豐富，沙灘和珊瑚淺坪是浮潛與水上活動勝地。

馬公本島遊憩系統，本系統包含澎湖本島、中屯島、白沙島和西嶼島，以濃郁的人文史蹟及多變的海岸地形著稱。臺灣歷史最悠久的媽祖廟－澎湖天后宮。而舊稱「漁翁島」的西嶼鄉擁有國定古蹟「西嶼西臺」及「西嶼東臺」兩座砲臺。白沙鄉有澎湖水族館及全國絕無僅有的地下水庫－赤崁地下水庫。

南海遊憩系統，桶盤嶼全島均由玄武岩節理分明的石柱羅列而成。望安鄉舊名「八罩」，望安島上有全國目前唯一的「綠蠵龜觀光保育中心」。七美嶼位於澎湖群島最南端，島上的「雙心石滬」是澎湖最負盛名的文化地景。

成立日期	陸域面積	海域面積	合計
1995 年 7 月	10,873 公頃	7,4730 公頃	85,603 公頃

桶盤嶼

澎湖抱礅

抱礅是澎湖漁民早年捕魚的方法，海水漲潮的時候魚會游至潮間帶覓食，退潮後沒有避走的魚類就會棲息在石縫內覓食，所謂抱礅，就是先將石頭堆成約 30~50 公分的石頭堆，海水退潮時小魚進去覓食，只要將網子往下套上包覆起來，把石頭搬開後，魚就會跑出來，不過這些魚叫小石斑魚，最大不超過巴掌大，為澎湖的獨特魚種，生長於潮間帶珊瑚區，捕食小魚貝殼維生，這是一種很好的捕魚體驗。

七美牛姆坪海灣內類似臺灣形狀的海蝕平臺，稱為小臺灣，吸引許多遊客停留駐足

澎湖望安綠蠵龜保育中心
裡，綠蠵龜一景

 ## 澎湖貝殼沙

澎湖吉貝嚇人的貝殼沙

　　看似潔淨細膩的白沙，但光腳丫一踏上才
知道痛啊！因海中貝殼與珊瑚碎屑百年沉積
堆擠而成，在澎湖吉貝沙灘，正確名稱為沙
尾，吉貝當地人則說它是沙嘴，吉貝沙灘主
要由貝殼細沙構成，夏季耀眼的金光灑落時，
從海面上或站在沙灘上眺望，整片沙灘都呈
現金色光芒或白銀般銳利的亮，這片沙灘約
上千公尺，是澎湖海岸沙灘的代表象徵。

澎湖漁翁島燈塔

亦稱西嶼塔燈，臺灣最早設立的燈塔，位於澎湖西嶼鄉外垵村西南端，始於清乾隆 43 年（1778 年）由臺灣知府蔣元樞與澎湖通判謝維祺捐資，與船家及廈門行會一同捐募興建，為臺灣燈塔之母，1985 年列為臺灣二級古蹟。

漁翁島燈塔亦稱西嶼塔燈

四、大鵬灣國家風景區

日治時代是日軍潛艇或水上飛機之基地，臺灣光復後是空軍水上基地，大鵬灣國家風景區包括兩大風景特定區：大鵬灣風景特定區、小琉球風景特定區。享受南臺灣椰林風情、與浪花帆影熱情的邀約及風味獨特享譽全臺的黑鮪魚、黑珍珠蓮霧。漫步在晨曦或夕陽的霞光裡，欣賞著臺灣最南端的紅樹林、蔚藍海岸與「潟湖」自然景觀之美。

成立日期	陸域面積	海域面積	合計
1997 年 11 月 18 日	1,340.2 公頃	1,424 公頃	2,764.2 公頃

潟湖

潟湖

是源自於沙洲把海灣封閉而形成的湖泊，一般都在海岸口，這些湖原本都是海灣，後因出海岸口淤泥堆積，使得出海口形成了沙洲，而被封閉，臺灣多處海岸口有這種現象。

水筆仔

招潮蟹

水筆仔

　　科別紅樹科，因幼苗像是一枝枝懸掛的筆而得名，莖高約 5 公尺，樹皮為灰褐色，莖節及分枝很多，因莖基部分枝出很多呈叢狀向下的支持根，裸露於地面，具有海綿狀組織，可幫助吸收氧氣及過濾掉大部分的鹽分。生長在河口沼澤地，是河口生態中的生產者，提供蟹、魚與鳥類的食物或棲息地。亦可減少土壤中的鹽分，有防止土壤流失等功能。為海岸防風定砂、防潮護岸之造林樹種。

招潮蟹

　　屬於沙蟹科，眼睛細長有柄狀，類似火柴棒，雄性的兩螯一大一小，左右大小比例差異很大，而雌蟹的雙螯同樣大小，物競天擇雄蟹的巨螯是防衛與爭鬥的武器，在求偶及保衛地盤上使用。招潮蟹寄居於河口及海岸潮間帶泥質灘地，退潮時才會出洞覓食及求偶，大部分居住在紅樹林或沼澤地區。

五、花東縱谷國家風景區

花東縱谷是指中央山脈與海岸山脈之間的狹長谷地，因地處歐亞大陸板塊與菲律賓海板塊相撞的縫合處，產生許多斷層帶。加上花蓮溪、秀姑巒溪和卑南溪 3 大水系構成綿密的網路，其源頭都在海拔 2、3 千公尺的高山上，山高水急，因而形成了峽谷、瀑布、曲流、河階、沖積扇、斷層及惡地等不同的地質地形，並造就了許多不同山形。如疊巒的六十石山位於富里鄉東方，每到百花齊放時節，金針滿山遍野金黃一片，如詩如畫的景致令人駐足流連。

花東縱谷的文化有史前文化與原住民文化，位於花蓮縣瑞穗鄉舞鶴台地附近的「掃叭石柱」，為卑南史前遺址中最高大的立柱，考古學家將之歸類為「新石器時代」的「卑南文化遺址」；距今約 3 千年的「公埔遺址」，位於花蓮縣富里鄉海岸山脈西側的小山丘上，也是卑南文化系統的據點之一，目前為內政部列管之 3 級古蹟。

成立日期	陸域面積	海域面積	合計
1997 年 5 月 1 日	138,368 公頃	無	138,368 公頃

六十石山

國外景點並陳

挪威峽谷自然景觀

加拿大班夫國家公園內的山川自然美景

肯亞的 KIKUYU 原住民人也是重要的觀光資源

六、馬祖國家風景區

馬祖，素有「閩東之珠」美稱，1992 年戰地政務解除，行政院將馬祖核定為國家級風景特定區，希望以積極推展馬祖列島觀光產業為首要工作，其中的中島、鐵尖、黃官嶼等，更是享譽國際的燕鷗保護區，其中神話之鳥「黑嘴端鳳頭燕鷗」，吸引更多國際遊客參訪。此處國家風景區範圍，包含連江縣南竿、北竿、莒光及東引四鄉。

馬祖芹壁

成立日期	陸域面積	海域面積	合計
1999 年 11 月 26 日	2,952 公頃	22,100 公頃	25,052 公頃

國外景點並陳

土耳其艾菲索斯古城露天劇場古蹟，座位達 25,000 個，保存相當完整

極光是太陽出現的高能粒子（也稱為太陽風）被拋出後，接近地球時撞擊了大氣中的原子或離子而產生這天象，不只有綠色，還會出現紅色與紫色，因為人類的眼睛對綠色反應最快，若拿畫素高的單眼相機就可拍攝出不同的顏色，極光只有在北極與南極會產生，一般在沒有光害的地方才看的見，這是一種太陽的生態反應，據說，男女戀人一起看見極光會幸福一輩子

七、日月潭國家風景區

1999 年 921 大地震，造成日月潭及鄰近地區災情慘重，日月潭結合鄰近觀光據點，提升為國家級風景區。風景區經營管理範圍以日月潭為中心，北臨魚池鄉都市計畫區，東至水社大山之山脊線為界，南側以魚池鄉與水里鄉之鄉界為界。區內含括原日月潭特定區之範圍及頭社社區、車埕、水社大山、集集大山、水里溪等據點。日月潭國家風景區發展目標將以「高山湖泊」與「邵族文化」為兩大發展主軸，並結合水、陸域活動，提供高品質、多樣化的休閒度假遊憩體驗。

成立日期	陸域面積	海域面積	合計
2000 年 1 月 24 日	18,100 公頃	無	18,100 公頃

 國外景點並陳

天池位於中國新疆昌吉州阜康市，是天山山脈東段北麓處的一個冰磧湖（冰河遺跡），以湖為名天上仙池，為著名旅遊勝地聖地

懸空寺，位於中國山西省大同市渾源縣，原寺建於北魏年間，現為明清時期重建建築，整座寺建於山的半山腰上，依靠 27 根木樑支撐主要建築，形同懸在半空中，故名懸空寺，現為觀光旅遊勝地，有管制進入人數

日月潭

八、參山國家風景區（獅頭山、梨山、八卦山）

臺灣中部地區風景秀麗氣候宜人，蘊藏豐富之自然、人文及產業資源，且交通便利，尤以獅頭山、梨山、八卦山風景區最負盛名。配合「臺灣省政府功能業務組織調整」及「綠色矽島」政策，交通部觀光局重新整合獅頭山、梨山及八卦山等 3 風景區合併設置「參山國家風景區」專責辦理風景區之經營管理。

灰面鵟，亦稱灰面鵟鷹，在每年 10 月 10 日左右由北方到南方過冬，其中重要休息點為臺灣的八卦台地與恆春半島，適逢 10 月 10 日為中華民國國慶日，而又有「國慶鳥」之稱，此為灰面鵟鷹主題館模型

成立日期	陸域面積	海域面積	合計
2001 年 3 月 16 日	77,521 公頃	無	77,521 公頃

八卦山大佛

九、阿里山國家風景區

　　嘉義地區多山林，境內山岳、林木、奇岩、瀑布、奇景不絕，尤以「阿里山」更具盛名，日出、雲海、晚霞、森林與高山鐵路，合稱阿里山 5 奇。「阿里山雲海」更為臺灣八景之一，是為臺灣最負國際盛名之旅遊勝地。阿里山地區擁有得天獨厚的自然資源，以及濃厚的鄒族人文色彩，來到這裡旅遊，四季皆可體驗不同的樂趣，春季賞花趣、夏季森林浴、秋季觀雲海、冬季品香茗。

成立日期	陸域面積	海域面積	合計
2001 年 7 月 23 日	41,520 公頃	無	41,520 公頃

阿里山的森林

阿里山神木

國外景點並陳

挪威高山觀景火車

挪威 VOSS 火車站，在牆上用英文簡單標示出高度與一些城市的距離

十、茂林國家風景區

茂林國家風景區橫跨高雄市桃源區、六龜區、茂林區及屏東縣三地門鄉、霧臺鄉、瑪家鄉等6個鄉鎮之部分行政區域。推展荖濃溪泛舟活動,並結合寶來不老溫泉區,發展成為多功能的定點渡假區。

成立日期	陸域面積	海域面積	合計
2001 年 9 月 21 日	59,800 公頃	無	59,800 公頃

茂林

國外景點並陳

下龍灣，位於北越，廣寧省下龍市和海防市吉海縣間，接近中國邊境的一片海域，這海灣分布著近 2,000 座石灰岩地質島嶼，矗立在海中，非常壯觀，1994 年列為世界自然遺產

西藏布達拉宮，是藏傳佛教最好的體驗區之一，1994 年列為世界文化遺產

雲岡石窟，位於中國山西省大同市西郊，雕刻大致於北魏興安 3 年到太和 17 年間，石窟群分東、中與西三部分，東部以佛塔為主；中部「曇曜五窟」是雲岡開鑿最早；西部窟群時代約北魏遷都洛陽後的作品，2001 年列入世界文化遺產

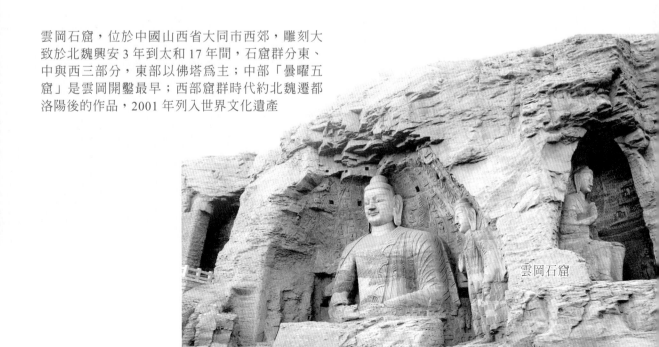

雲岡石窟

十一、北海岸及觀音山國家風景區

　　包含北海岸、野柳、觀音山三處省級風景特定區，轄區內包含「北海岸地區」及「觀音山地區」兩地區。有國際知名的野柳地質地形景觀、兼具海濱及山域特色之生態景觀及遊憩資源，成為兼具文化、自然、知性、生態的觀光遊憩景點，著名風景區如白沙灣、麟山鼻、富貴角公園、石門洞、金山、野柳、翡翠灣等呈帶狀分布。擁有李天祿布袋戲文物館、朱銘美術館等豐富而多樣化的藝術人文資源。野柳「地質公園」馳名中外的女王頭及仙女鞋，唯妙唯肖的造型，以及歐亞板塊與菲律賓板塊推擠造成的單面山，令人讚嘆大自然鬼斧神工的奧祕。

成立日期	陸域面積	海域面積	合計
2001 年 2 月 20 日	8,427 公頃	4,654 公頃	13,081 公頃

野柳質地公園內的女王頭

野柳海洋世界海豚表演

朱銘美術館太極－十字手，保麗龍
雕刻再翻製成銅的方法，放置戶外
不容易損壞

老梅綠石槽

十二、雲嘉南濱海國家風景區

雲嘉南濱海國家風景區位於雲林縣、嘉義縣、臺南市 3 地的沿海區域,均屬於河流沖積而成的平坦沙岸海灘。沙洲、潟湖與河口濕地則是這兒最常見的地理景緻。曬鹽則是另一項本地特有的產業,由於日照充足、地勢平坦,臺灣主要的鹽田都集中在雲嘉南 3 縣市海濱地區。

布袋觀光漁市

成立日期	陸域面積	海域面積	合計
2003 年 12 月 24 日	37,166 公頃	50,636 公頃	87,802 公頃

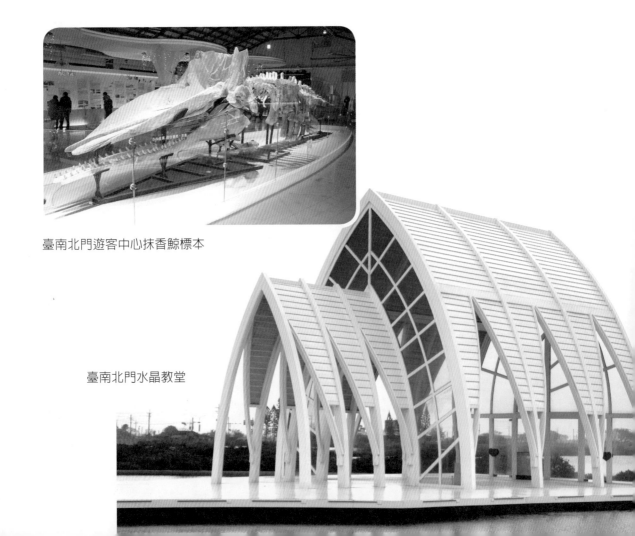

臺南北門遊客中心抹香鯨標本

臺南北門水晶教堂

十三、西拉雅國家風景區

區域內曾文水庫、烏山頭水庫、白河水庫、尖山埤和虎頭埤水庫，獨特惡地形草山月世界、左鎮化石遺跡、平埔文化節慶活動、關子嶺溫泉區等豐富自然和人文資源。臺灣第 13 個國家風景區，是西拉雅族（平埔族）文化之發源地，區域內蘊含相當豐富且深具特色的西拉雅文化。因此，以「西拉雅」為風景區名。

成立日期	陸域面積	海域面積	合計
2005 年 11 月 26 日	88,070 公頃	3,380 公頃	91,450 公頃

西拉雅風景區水火同源，此地地質構造特殊，崖壁間有天然氣冒出，經點燃後火焰不熄滅，而崖壁縫隙中同時又有泉水湧出，形成「水中有火，火中有水」的水火同源特殊天然景觀

臺南市關子嶺溫泉，臺灣獨特的黑溫泉

烏山頭水庫旁的「八田與一紀念園區」日式建築宿舍八田與一的住所八田宅

碧雲寺

西元 1792 年,中國李應祥文士來臺,阿公店(岡山區)居住,1796 年為尋晚年隱修之所,發現在枕頭山南腰「半壁吊燈火」傳為麒麟穴,於是披荊斬棘,自大仙寺內迎回觀音聖像坐鎮於此,隱遁修行,即為今天碧雲寺的開山起源。

碧雲寺

碧雲寺真正興建廟宇,是當時附近的 8 位儒生,因仰慕李應祥學養品德,與一書僮前往拜師苦讀,西元 1806 年前往福州趕考,連書僮 9 人皆應試登科,9 人感佩觀音靈佑,於是合資大銀千兩,購買當時他們師徒所開墾的田地,捐作寺產,並興建寺廟,稱為碧雲寺,1903 年,曾陸續修建數次,1904 年又因大地震毀損一次,但寺方因故無人管理沒有修建,經過信徒爭取,於 1949 年重建,蔣介石先生曾親臨獻香,並賜匾額「凌霄寶殿」。

12-2 無痕山林志工概念

　　臺灣無痕山林運動 (Leave No Trace)，源於美國無痕旅遊概念（Leave No Trace，簡稱 LNT）。美國自 1960 年起，在國民所得增加、休閒觀念改變與交通方便性提升，戶外遊憩活動逐漸受到廣大歡迎，美國林業署所管轄土地的遊憩使用人數，由 1924 年的 460 萬人提升到 1999 年的 9 億人、國家公園署的遊客由 1950 年的 3,300 萬人增加到 1999 年的 2 億 8 千 7 百萬人，境內遊憩使用的土地，使用的人數和頻率亦逐年以倍數增加。

　　一般大眾對於旅遊所製造的些微破壞，如踐踏草地、抄捷徑及發掘新路等的探險式行為並不以為意，有的旅客甚至為了尋求個人的幽靜，而遠離指定露營地、另闢營區，但根據相關研究，呈倍數成長之登山、健行、露營等活動的遊憩使用率，逐漸造成遊憩據點地表植物的損害和消失，甚至導致土地被侵蝕、樹木成長受影響、動物的生態及棲息地被迫縮小和遷移、深具歷史價值的人文資源遭受浩劫等現象。

　　之後開始，倍數成長的遊憩使用率，造成對自然及人文資源的衝擊和破壞，環境惡化的狀況逐漸引起美國相關單位關心，許多管理單位開始引用法令來規範遊客的行為，但經觀察卻發現，與其引用硬性的法令規範造成遊客的反感，不如教育他們正確的觀念、鼓勵低衝擊性的遊憩活動。於是低衝擊的健行 (Low Impact Hiking) 和正確露營的方式 (Camping Practices) 等觀念，便開始形成且被推廣。

　　臺灣是全球高山密度最大的島嶼之一，不僅 3,000 公尺以上的高山超過 258 座，中海拔或部分低海拔地區亦是山峰林立。隨著臺灣登山健行活動漸趨普及，近年來週休二日制度的落實，更引領戶外休閒風氣的蓬勃發展，然許多休閒旅遊的方式常對脆弱的資源造成嚴重的衝擊，尤其是集中在某些特定時段及地點的高密度使用，更易導致相關的環境破壞，如高頻率的登山活動即可能造成步道受到「踐踏」衝擊，因為「踐踏」導致土壤硬度增加、地被植物及土壤中生物的死亡、土壤流失、步道寬度增加、植群根系裸露、路基塌陷等環境的影響。此外，不當的遊客行為也嚴重影響生態環境，如登山健行所遺留的垃圾，尤其在高山地區，這些垃圾可能歷經數十年都不易分解腐壞；而隨意在樹上留下刻痕及破壞公共設施、歷史遺址等行為，也是步道常見的衝擊。林務局於 2006 年委由中華民國永續發展學會辦理「國家步道環境優化系列發展推動計畫」，後再委請臺灣外展教育學校 (OBT) 與臺灣生態登山學校 (TWEA)，辦理 LNT 教育訓練課程，推展無痕山林運動。辦理研討會研習活動、教育訓練與融入課程、落實無痕山林教師計畫。

12-3　國家風景區導覽解說規範

根據臺灣風景特定區管理規則，第2條：「國家風景區可設立觀光遊樂設施，有機械遊樂設施、水域遊樂設施、陸域遊樂設施、空域遊樂設施與其他經主管機關核定之觀光遊樂設施。」分為國家級風景特定區，由交通部公告。直轄市級風景特定區，由直轄市政府公告，縣（市）級風景特定區，由縣（市）政府公告。

主管機關為辦理風景特定區內景觀資源、旅遊秩序、遊客安全等事項，得於風景特定區內置駐衛警察或商請警察機關置專業警察，其中也包含志工協助管理的意義。

壹　國家風景區解說藝術

美國環境解說之父費門‧提爾頓 (Freeman Tilden)，在1957年出版的「解說我們的襲產」中，即為「環境解說」提出8項解說原則，可做為掌握解說內容的關鍵要素：

一、第一手經驗—解說

必須運用第一手資訊豐富解說內容，透過自身體驗過的經驗，將訊息栩栩如生的傳達給遊客，增加生動性。如，講述「泥火山豆腐」時，可以將親身體驗製作的過程趣味及品嚐後的滋味感受，藉由自己的經驗口吻來與遊客分享，而非只是從「聽說」的角度傳遞資訊。

二、引領遊客親身體驗

單方面解說無法讓遊客有參與感，因此適時引領遊客親身體驗，用心感受、用手觸摸、用眼欣賞、用耳聆聽、用鼻品聞。譬如：「如果是你，會怎麼做？」「深呼吸後你有聞到火山泥的味道嗎？」加強印象，使遊客獲得真實感。

三、將歷史帶入實際的生活

成功的解說是瞭解關心遊客的需求，內容可嘗試將歷史、生活、遊客經驗帶入實際解說中，觸發遊客熟悉的回憶，豐富遊客的遊憩體驗，帶給遊客鮮明的體驗印象。如在「赤柯山」可以帶入金針產業的歷史發展，和千噸龜的形成及傳說趣聞。

四、將解說與遊客經驗相結合

解說前必須瞭解遊客的相關背景，適時運用類似經驗結合遊客熟悉的事物來強

化遊客印象。如，年紀較大的遊客，則對於早期農業社會的開墾史較有興趣；年輕遊客則對 DIY 體驗有濃厚興趣，可以此方向引導解說。

五、關心遊客需求

以輕鬆、歡樂、幽默的氣氛分享豐富且簡單易瞭的知識內容，淺顯有趣地將主題表達出來，可拉近與遊客的距離，提升遊客興趣，達到解說認識之目的。進行解說時，要瞭解觀察遊客間的異同和偏頗行為，避免資源遭受破壞；若發現遊客破壞環境資源時，可用激勵、暗示、舉例或引導的方式使遊客產生自我尊重、愛惜資源的觀念。如先舉例說明之前的團體因錯誤行為，導致嚴重後果，耗費相當大的社會成本修復，以暗示法預防並糾正遊客行為。

六、將片段資訊組合成解說內容

解說不是將資訊本身直接反映，因過於艱深嚴肅的專有名詞會讓解說扣分，而是經過吸收、擷取、組合後，解說者用自己的語言將正確、精彩的內容畫面傳達給遊客，促使遊客體會瞭解大自然或人文史蹟的真實內涵。如，解說「利吉惡地」時，應思考如何以口語化的解釋介紹地質及外貌特性，讓遊客瞭解此地形為何稱「惡地」。

七、解說需要知識及研究做後盾

解說內容須依據實際狀況不斷地修正或新增內容，並利用針對特色資源加以研究和研讀相關論述，定期更新資訊，掌握縱谷景點最新狀況及本處動態發展，豐富自我專屬的知識庫，增加解說功力。

八、視對象的不同改變解說方法

遊客素質的差距使得解說方法有極大差異，因此針對不同對象、國籍種族、年齡性別、教育程度、職業文化的遊客，要提供不同的解說題材與方式。同時，注意不同國情的稱呼問題，如，不可以「小姐」稱呼大陸旅行團中的女性遊客，避免造成雙方誤會。中立態度處理爭議題材也是非常重要的觀念，當面對具爭議性的解說題材（如國家認同、政治議題、歷史真相），須以中性誠懇的詞語解釋說明，淡化個人色彩，並尊重遊客的不同意見，把是非對錯留給遊客自己思索評論。

貳 西拉雅國家風景區管理處招募導覽解說志工

西拉雅國家風景區管理處，為提升完善旅遊服務品質、加強本處偏遠轄區優質解說服務，並提供志願服務機會，特辦理本解說志工招募作業。招募對象為年滿20歲，高中職以上畢業，口齒清晰、表達能力佳、服務熱忱及負責精神。依報名之書面資料由進行初審，初審合格者通知參加複審。參加基礎訓練滿12小時。專業訓練及實習，基礎訓練合格者，皆需參加專業訓練12小時及實習，以瞭解風景區現況、解說基本觀念及服務工作性質，實習期間至少3個月，至服務據點實習滿20小時以上，實務解說考評及格者方予正式錄取，核發志願服務證、志願服務手冊，正式授與解說志工資格。正式導覽解說志工資格：服務時數未達年度最低基本時數64小時，次年不再續聘。

解說志工為無給職，可酌發交通費及誤餐費，其值勤期間為其投保意外事故保險，每人保額至少新臺幣100萬元（65歲以下均投保200萬元之保額），保障內容為其意外身故和傷害醫療保險金。服勤時應著本處規定之工作制服及配戴服務證。勤務內容，駐點服務，工作內容包含遊客諮詢、廣播服務、展示場之導覽解說、遊客秩序管理、安全維護，及協助本處資料調查、建檔、刊物及解說資料編撰登錄、支援其他解說服務之業務。

土耳其卡帕多奇亞區，PASABAG 帕夏貝又稱精靈岩石，因每個岩石都像極了戴著尖帽的精靈。傳說中有小精靈住此而得名，實際上是岩石風化形成之自然景觀

參考文獻 ✈ Reference

1. 全國法規資料庫，風景特定區管理規則，
   2016.09.11
   http://law.moj.gov.tw/LawClass/LawAll.
   aspx?PCode=K0110007

2. 行政院，交通部觀光局所屬 13 處國家風
   景區介紹，2016.09.11
   http://www.ey.gov.tw/state/News_Con-
   tent3.aspx?n=ED2C71BADA12080A&s
   =A291310F89C36204

3. 中華民國交通部觀光局，國家風景區。
   2016.09.11
   http://taiwan.net.tw/m1.aspx?sNo=0001012

4. 行政院農委會林務局臺灣山林悠遊網，無
   痕山林運動，2016.09.11
   http://recreation.forest.gov.tw/RWD/
   LNT.aspx

5. 花東縱谷國家風景區，志工導覽手冊－解
   說殿堂，2016.09.11
   http://www.erv-nsa.gov.tw/user/Me-
   dium.aspx?Lang=1&SNo=03005001

6. 交通部觀光局 (2016)，105 年度西拉雅國
   家風景區管理處導覽解說志工招募簡章，
   西拉雅國家風景區管理處

7. 連雅堂 (1997)，臺灣通史，臺北：中央研
   究院漢籍電子文獻

8. 荒野保護協會，水筆仔，2016.09.12
   http://sowhc.sow.org.tw/html/observa-
   tion/sea/plant/301/301.htm

9. 西拉雅風景區，碧雲寺，2016.09.12
   http://www.siraya-nsa.gov.tw/MainWeb/
   article.aspx?L=1&SNO=04000664

導覽解說單位與訓練

The Practice and Theory of
Interpretation and GUIDE TOUR

　　一般導覽解說單位與訓練分為兩個區塊，一為政府單位，如國家公園、國家風景區與文化部等單位，諸如此類的單位已於前兩章節談過了，亦有私人公司單位博物館、私人園區、觀光工廠等，但那是屬於營利單位，是比較高階的導覽專業人員，此章節主要著重在非政府單位 (Non Governmental Organization, NGO)，是非營利單位，如財團法人、公會與協會，該單位受內政部管轄，從事推廣、提升、教育、聯誼與合作等事項，雖不能營利，但是政府立案單位，可承接政府在推廣導覽解說人員的案子，亦有單位內之精英份子安排一些課程供學員參加學習，非協會成員也可以上課學習，幾乎安排在假日，酌收鐘點費，在受訓與考核過，該單位會開立課程證明與證照，之後藉由這些經歷與證照證明，再慢慢進階私人公司單位或從事旅行業工作。

松山文創園區導覽解説員

雪山隧道文物館導覽解説員

手信坊創意與菓子觀光工廠場區設置專業導覽人員

13-1 導覽解說單位概述

就已取得領隊導遊人員證照而言，其實已經是旅行業就業的保證，一旦進入旅行社上班不是指直接帶領團體出國當領隊或在國內接待來訪外賓做導遊的工作，一般取得證照後，旅行社主管，會安排進入到旅行社從事一些業務的或內部作業的工作，一是希望由此觀察品行，二是需要融入公司文化與熟悉團體作業流程。

一個團體從無到有是需要經過很多程序，一個旅行團體的經營管理有其深度，若是不嫻熟旅行社整體運作，一旦有狀況，公司的盈餘可能都不夠支付理賠，而領隊導遊沒有準備好，主管貿然派團，就等於接受過完整訓練的士兵，沒有學習養成戰場好觀念，就全副武裝上戰場，很快就會陣亡，大部分的重點有三，一還未有旅遊專業的養成，二是缺乏完整導覽解說之能力，最後無法瞭解旅客的需求，旅客花了大把鈔票沒有得到旅遊的目的，其滿意度可想而知。

藉由公協會開設的導覽解說的課程，課堂戶外實地演練操作，有一定的功效，主要經由這個管道可以認識很多專業人士，之後再積極的吸取旅遊專業知識，學習更多的導覽解說技巧，累積經驗瞭解旅客需求，相信日後會有更多更好的就業機會。

一、中華民國觀光導遊協會

以促進同業合作，砥礪同業品德增進同業知識技術，提高服務修養，謀求同業福利，以配合國家政策，發展觀光事業為宗旨，任務如下（需導遊人員證照才能加入）。

1. 研究觀光學術，推展導遊業務。
2. 遵行政府法令，維護國家榮譽。
3. 蒐集、編譯，並刊行有關觀光事業之圖書、刊物。
4. 改善導遊風氣，提升職業地位。
5. 促進會員就業，調配人力供需。
6. 合於本會宗旨或其他法律規定事項。

臺灣中正紀念堂華語導遊導覽解說

二、中華民國觀光領隊協會

　　為依法設立、非以營利為目的之社會團體,以促進旅行業觀光領隊之合作聯繫,砥礪品德及增進專業知識,提高服務品質、配合國家政策、發展觀光產業及促進國際交流為宗旨,任務如下(需領隊人員證照才能加入)。

1. 關於促進會員帶領旅客出國觀光期間,維護國家榮譽及旅客安全事項。
2. 關於聯繫國際旅遊業者與觀光資料之蒐集事項。
3. 關於增進觀光領隊人才以及專業知識辦理講習事項。
4. 關於出版發行觀光領隊旅遊動態及專業知識之圖書刊物事項。
5. 關於增進會員福利事項。
6. 關於獎勵及表揚事項。
7. 其他有關發展觀光產業事項。

三、中華民國旅行業經理人協會

　　以「樹立旅行業經理人權威,互助創業,服務社會,並協調旅行業同業關係及旅行業經理人業務交流,提升旅遊品質,增進社會共同利益」為宗旨,任務如下(需旅行業經理人證照才能加入)。

1. 協助旅行業提升旅遊品質。
2. 協助保障旅遊消費者權益。
3. 協助會員增進法律及專業知識。
4. 協助會員創立旅遊事業。
5. 協助研究發展及推廣旅遊事業。
6. 協助旅行業經理人資格之維護及調節供求。
7. 蒐集及提供會員各項特殊旅遊資訊。
8. 辦理會員間交流活動。
9. 辦理會員及旅行業同業之聯誼活動。
10. 其他符合本會宗旨之事項。

臺灣領隊在埃及開羅金字塔區帶團,左邊是導遊中間日助理,右邊是領隊

旅行業經理人協會理監事會議

四、中華民國國民旅遊領團解說員協會

以砥礪同業品德，促進同業合作，提高同業服務素養，增進同業知識技術，謀求同業職業福利，以配合國家政策，發展觀光旅遊產業，提升全國國民旅遊優良品質，任務如下。

1. 研究有關國民旅遊觀光學術，全面推展國民旅遊領團解說業務，並自行辦理職業教育訓練與測驗，推動並建立旅行業對本會核發領團解說員從業證之信賴。

2. 遵行政府法令，維護國家榮譽，加強與旅行業溝通合作，全方位綜合性打造全民國民旅遊優良環境。

3. 蒐集全國國民旅遊資訊，並發行、製作有關國民旅遊之視聽圖書、刊物。

4. 改善國民旅遊領團解說員風氣，依相關規定加強在職教育訓練和室內外研習活動，以提高國民旅遊領團解說員之社會與職業地位。

5. 提供國民旅遊領團解說員就業訊息，依相關規定促進國民旅遊領團解說員就業，調配人力供需，並協助國民旅遊領團解說員獲得適當待遇。

6. 合於本會宗旨或其他法律規定事項。

五、財團法人生態旅遊協會

以倡導維護自然生態環境，增進自然生態知能，提升國人生活品質，在環境永續經營之原則下推展旅遊活動為宗旨，任務如下。

1. 舉辦永續生態旅遊之各項推廣活動。

2. 本會接受國內外學術機構及機關團體委託辦理有關永續生態旅遊之資源調查、生態研究、教育及保育事項。

3. 舉辦永續生態旅遊相關人員之教育訓練及授證事項。

4. 推動永續生態旅遊之國際合作、交流及聯繫事項。

5. 編輯及出版有關永續生態旅遊之出版物。

6. 其他與永續生態旅遊相關事項。

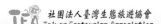

財團法人生態旅遊協會，第八期生態旅遊導覽人員培訓營

六、社團法人臺灣休閒旅遊 導覽解說員

以增進會員間互助合作，聯絡會員感情、增進會員專業知識、保障會員權益、謀取會員福利、改善勞動條件及會員生活，並協助政府推行政令政策，發展休閒旅遊事業為宗旨，任務如下。

1. 研究有關休閒運動觀光旅遊學術，全面推展旅遊領團解說業務。

2. 開辦田野調查、解說實務及運動休閒觀光相關職業訓練，國內旅遊行程安排規劃，提供國內深度導覽及提升觀光遊憩品質。

3. 改善旅遊領團解說員風氣，依相關規定加強在職教育訓練和室內外研習活動，以提高國民旅遊領團解說員之社會與職業地位。

4. 提供本會解說員就業訊息，依相關規定促進旅遊領團解說員就業，調配人力供需，並協助旅遊領團解說員獲得適當待遇。

5. 支援或承辦各機關、社團、社區、民間企業各種文化活動、觀光活動；規劃國內旅遊資訊展及戶外遊程導覽活動。

6. 辦理各項職前訓練、失業訓練、在職進修訓練、第二專長訓練，以協助解決各產業單位工作人力，減少勞工失業率，提升產值。

七、臺北市文化基金會

受臺北市政府文化局之託，經營管理之館所包括藝術村營運部（含臺北國際藝術村／寶藏巖國際藝術村）、臺北當代藝術館、臺北偶戲館及西門紅樓（兼電影主題公園），並策辦臺北藝術節、臺北兒童藝術節、臺北藝穗節、臺北電影節，及辦理臺北市電影委員會和創意發展部（兼松山文創園區）等業務。在上述的組織架構下，基金會統合肩負以下 7 大任務：

1. 大型藝術文化活動之策劃與執行：臺北電影節、臺北藝術節、臺北兒童藝術節、臺北藝穗節等大型活動。

2. 藝文館所之營運管理，包括臺北國際藝術村、寶藏巖國際藝術村、松山文創園區、臺北當代藝術館、臺北偶戲館、西門紅樓及電影主題公園。

3. 推動文化創意產業及相關活動策劃執行。

4. 辦理臺北市電影委員會相關業務，協助影視產業發展。

5. 以整合行銷推廣藝術文化活動。

6. 國際藝術文化交流。

7. 承辦企業或政府其他藝文專案。

八、基隆市觀光導覽解說協會

為依法設立、發展觀光導覽解說為目的之社會團體，以促進觀光產業及開發觀光資源服務社會，增進共同利益為宗旨，任務如下。

1. 辦理教育訓練、人員培訓、解說員認證。
2. 提供辦理導覽行程解說業務
3. 推廣辦理各項相關觀光旅遊活動。
4. 推動地方文化古蹟景點，發展生態教育環保觀光。
5. 建立旅遊網站，提供國民旅遊規劃。
6. 推廣生態旅遊教育普及學校民間社會團體。
7. 積極參與各類文化、教育、旅遊等大型活動，宣導基隆觀光旅遊行程。
8. 整合旅遊資源，建立網絡平臺。
9. 其他旅遊觀光有關未來發展事宜。

九、中華民國解說導覽協會

用生動活潑的解說導覽方式讓國人（外國人士）更清楚認識臺灣的人文、生態，並進而愛臺灣這塊土地，該會之任務如下。

1. 研究臺灣相關人文史料、生態環境。
2. 教育訓練以提升解說導覽人員素養。
3. 協助政府推動政策及政令宣導。
4. 推動國際學術文化交流活動。

十、臺灣導遊領隊協會

提升專業導遊能力，發展國內觀光事業；並以促進旅行業觀光領隊之合作聯繫及相互交流，期能為導遊、領隊提供雙向溝通平臺，使雙方能相互交流，以維護導遊、領隊基本權益等社會公益為宗旨，任務如下。

1. 辦理教育訓練、研究發表旅遊著作或編印會訊，以提升導遊、領隊專業能力。
2. 協調聯繫旅遊相關事業，以提供導遊、領隊就業機會。
3. 培養導遊、領隊優質風氣，提高導遊、領隊職業地位。
4. 輔導協助有志從事導遊、領隊工作之人士通過國家考試。
5. 保護導遊、領隊權益，減少旅行社層層剝削。
6. 要求導遊、領隊人員從事工作之際，須維護國家尊嚴及安全。
7. 接受政府機關團體之委託代辦相關事項。

十一、臺南市文化古蹟導覽解說發展協會

依人民團體法設立，非以營利為目的之社會團體，以發揚傳統文化，培養鄉土感情，活化再生古蹟，推廣生態保育為宗旨。

1. 搶救及保存大臺南有形文化資產。
2. 對於無形文化資產進行蒐集、調查研究與記錄。
3. 維護大臺南導覽解說員之權利與義務。
4. 協助公部門推動有關文化資產各議題、計畫或政策案。
5. 進行有關文化資產之文化創意創作。

臺南文化古蹟導覽

臺南古蹟赤崁樓智慧導覽系統

臺南古蹟億載金城導覽平面圖

十二、臺中市生態旅遊導覽解說協會

　　以培訓對推動發展生態旅遊有濃厚興趣市民或人員，對社會大眾或機關團體做導覽解說、傳播生態旅遊之理念與做法，以提升臺中市旅遊品質並維護臺灣生態美景之永續利用為宗旨，使命如下。

1. 培訓對推動發展生態旅遊有濃厚興趣市民或人員。
2. 針對社會大眾或機關團體做導覽解說、傳播生態旅遊之理念與做法。
3. 提升臺中市旅遊品質並維護臺灣生態美景之永續利用。

十三、臺中市觀光導遊協會

　　以提升導遊專業能力，發揮服務效能，配合政府，依據法令發展觀光事業為宗旨，任務如下。

1. 協助政府辦理導遊在職訓練，以提升導遊的專業能力。
2. 協調旅遊業，推薦導遊就業機會。
3. 培養導遊具國際觀及優質風氣，提高導遊職業地位。
4. 培養導遊，秉持熱心、周到的精神，服務旅客。
5. 研究發展導遊環境生態並發表相關著作。
6. 培訓有志導遊工作之學員。
7. 配合政府，協助公私機關單位規劃推展辦理觀光旅遊活動。

8. 促進兩岸良性互動，舉辦國際間參訪及各項交流活動。

十四、臺中市自然人文生態解說協會

　　以認同鄉土、關懷自然人文生態為宗旨，結合熱愛鄉土人文及自然生態之民眾，舉辦有關鄉土文化及自然生態觀察等解說教育活動，並協助政府共同推動鄉土文化及生態保育工作，達到全民參與鄉土文化及自然生態提升之目標，任務如下。

1. 舉辦有關鄉土人文解說培訓課程。
2. 舉辦有關自然生態觀察與解說培訓課程。
3. 提供中小學及民眾戶外鄉土文化生態解說服務。
4. 協助中小學發展學校本位課程及相關鄉土教材。
5. 協助國中、小學之鄉土生態教學舉辦相關座談會及研討會。
6. 協助政府推動關懷鄉土及生態保育之工作。
7. 出版會勘及有關書籍，宣導有關政府法令與本會宗旨。
8. 推動鄉土文化及生態保育團體聯誼及資訊交流。
9. 接受政府機關及民間委辦事項。
10. 其他有關本會宗旨之發揚與執行事項。

十五、社團法人澎湖縣旅遊
解說協會

以推展澎湖地區休閒旅遊活動、提升解說水準及遊憩品質、促進觀光發展為宗旨，招募對觀光休閒有興趣的會員，協助縣府辦理觀光旅遊解說課程活動，並提升本縣解說人員之解說品質，為旅行社培育優秀領隊及政府觀光服務單位志工，促進觀光發展。

澎湖奎壁山奇景摩西分海，分海前

澎湖奎壁山奇景摩西分海，分海後

13-2　導覽解說單位訓練

　　導覽解說訓練課程，課堂課程以理論為重，戶外課程以實務操作為重，兩者缺一不可，若只有理論課，無法得知實務操作；若是操作課程太多，缺乏理論根基，如同 F1 賽車手，只會操作賽車，卻一點也不瞭解車子性能與結構，這車子再好，隨時可能會出狀況。

　　課程要如何安排才是適當的，端看上課者的經驗，初學者應多重視課堂課程，要求理論基礎，進階者多以實務操作為主，務求融會貫通，很多的公協會都有機制讓學員之間相互導覽解說評分，來審視別人與自己的優缺點，才能截長補短，

　　越有豐沛講解能力的導覽解說員，肯定是下最多工夫。

壹　生態旅遊協會培訓營

　　生態旅遊是一種旅遊的態度，除了在可能的狀況下應用食、衣、住、行中的綠色原則外，最重要的還是在旅遊過程中帶給遊客對到訪的景點、體驗的主題產生興趣，進而引發遊客對於在地的關懷以及對環境的關心。培訓生態旅遊導覽人員，向遊客進行專業的生態、人文解說，讓遊客自解說中領略大自然的奧妙及人文歷史的內涵，進而激發愛鄉愛土的心理。期望藉由本訓練提升臺灣國內導覽人員的素質，成為真正生態旅遊專業導覽人員，共同為提升國內旅遊品質並維護臺灣生態美景之永續利用共盡心力。

　　培訓營以訓練如何運用臺灣自然生態、社會人文等資源於帶隊解說實務技巧，提升國內領團、導遊人員等帶領生態旅遊之能力。課程內容涵蓋了自然生態、在地文化、原民部落、登山健行、地質地理、古蹟建築與民俗宗教等主題，全面介紹臺灣生態各大主題旅遊特色，以利導覽人員日後的實際應用。

　　訓練班包含室內及戶外研習課程，並在課程結束後安排考核認證，通過者將頒與「生態旅遊導覽人員導覽證」，成為認證通過的生態旅遊導覽人員。

　　對象為華語及外語導遊和領隊、國內旅遊領隊人員、解說志工（含國家風景區、森林遊樂區、國家公園等）或其他有意從事生態旅遊導覽工作者，課堂課程 40 小時，戶外課程 42 小時，由各領域專家帶隊研習。完成相關指定作業並達合格標準者，始能參加考核。考核採筆試及分關面試。通過考核者，核發生態旅遊導覽人員導覽證。

生態旅遊

宜蘭市臺灣戲劇館，
傳統民俗歌仔戲

新北市野柳地質公園蕈狀石

貳 城市導覽員訓練

臺北市政府觀光傳播局為配合捷運路線開通所帶動捷運沿線觀光商圈及其周邊富有特色的景點、美食、文化、文創產業、節慶活動等範疇，辦理城市導覽員訓練課程，讓商圈、景點導覽志工、導遊、旅遊服務中心、觀光產業相關人員等對觀光資源與觀光旅遊發展現況有更全面的認識、提升觀光相關知能、賦予專業使命感及建立城市認同感，並遴選受訓學員在主要推廣商圈擔任駐點導覽諮詢服務人員，實際運用所學，以協助推展觀光。

訓練對象為領有交通部觀光局製發導遊人員執業證之導遊人員、臺北市景點導覽志工或臺北市旅遊服務中心及觀光商圈相關人員，需由臺北市政府觀光傳播局審核通過才得錄取，訓練時間，二天室內課程及半天戶外訓練課程，合計 20 小時。課程分室內與戶外訓練課程（戶外訓練課程使用無線導覽器材）室內課程授課講師分別介紹不同主題路線的歷史沿革、文化、美食、特色景點、文創產業、節慶活動等，並透過各組學員成果驗收加強城市導覽員對觀光商圈及其周邊的導覽深度。戶外課程，每梯次共有 4 條不同主題商圈路線，並全程使用無線導覽器材進行，以提高訓練品質。並有達人帶路，邀請授課講師及商圈在地協會成員進行導覽教學與商圈特色說明。實地訪查，分別在達人帶路之後，由助教帶隊，深度實地訪查，蒐集在地故事、民眾與遊客可能詢問的資訊，並透過小組討論，整理建立日後駐點導覽所需的資料庫。

參 臺北市文化基金會招募

臺北市文化基金會轄內包括眾多館節皆有志工之招募，包括臺北藝術節、臺北藝穗節、臺北兒童藝術節、臺北電影節、臺北偶戲館、西門紅樓、臺北國際藝術村、臺北當代藝術館、松山文創園區等。

一、臺北藝術節、藝穗節與兒童藝術節

每年 7 月到 9 月舉辦的「臺北藝術節」、「臺北藝穗節」、「臺北兒童藝術節」需要具服務熱忱及責任感的志工群，協助推廣各項藝術節演出及現場活動支援，需要年滿 18 歲，熱愛文化藝術。

二、臺北電影節

每上半年舉辦的臺北電影節，都會招募一群不同專業能力的志工，歡迎對電影有興趣、具服務熱忱者加入！服務項目包括「攝影」、「美工與場地布置」、「服務諮詢」、「交通支援」、「行政支援」等。志工須接受系列集訓課程，期以在影展期間提供多元化的服務，呈現更具質感的影展文化。

三、臺北偶戲館

每半年舉辦志工招募與培訓，服務項目包括「教育活動」、「導覽解說」、「公眾服務」等，可依興趣選擇服務項目，須接受教育訓練及考核，培育全方位志工。

四、西門紅樓

每半年舉辦志工招募，年滿 16 歲、65 歲以下，無不良紀錄，服務熱忱、喜歡接近人群，歡迎加入紅樓人的行列。志工服務內容分為「諮詢服務組」、「古蹟導覽組」及「演出前臺組」。

五、臺北國際藝術村與 寶藏巖國際藝術村

不定期招募一批熱愛藝術的種子志工，透過訓練及課程，將當代藝術的知識及藝術村相關服務內容，結合觀光導覽、外賓與藝術家接待、展演活動支援之實務演練，培養種子志工專業知識和服務態度。種子志工採固定排班制度，需定期到點服務，服務期滿鐘點數後，種子志工將享有志工福利，臺北藝術進駐最後並將頒予種子志工證明狀一只。

六、臺北當代藝術館

不定期招募志工，歡迎年滿 18 歲、熱愛當代藝術、具服務熱忱及責任感、能嚴守值勤時間及基本時數要求者。工作內容包括「展場值勤」、「展場導覽解說」、「教育推廣活動」、「文書資料處理」、「義工室聯絡活動」、「資料建檔」等行政支援，志工需接受相關教育訓練課程。

七、松山文創園區

臺北市政府松山文創園區為有效結合社會人力資源，協助本園區為民服務、導覽解說及展演活動，不定期辦理志工招募，以培養愛好文化藝術展演與歷史古蹟並具服務熱忱之志願服務人員，提升文化服務績效和品質。

參考文獻 ✈ Reference

1. 中華民國觀光導遊協會，協會章程，
2016.09.10
http://www1.tourguide.org.tw/news5_
list.asp

2. 中華民國觀光領隊協會，協會章程，
2016.09.10
http://www.atm-roc.net/front/bin/cglist.
phtml?Category=250733

3. 中華民國旅行業經理人協會，協會章程，
2016.09.10
http://travelec.travel.net.tw/eWeb_ct-
study/Travelec/pageG1.asp

4. 中華民國國民旅遊領團解說員協會，協會
章程，2016.09.10
http://www.ante.org.tw/1.asp

5. 財團法人生態旅遊協會，第八期生態旅遊
導覽人員培訓營招生簡章，2016.09.10
http://www.ecotour.org.
tw/2016/08/8th-ecotourguide.
html?m=1

6. 財團法人生態旅遊協會，協會章程，
2016.09.10
http://www.ecotour.org.tw/p/blog-
page_9103.html?m=1

7. 社團法人臺灣休閒旅遊導覽解說員，協會
章程，2016.09.10
http://bar02kimo.blogspot.tw/p/blog-
page.html?m=1

8. 財團法人生態旅遊協會，104 年度城市導
覽員訓練課程，2016.09.10
http://www.ecotour.org.
tw/2015/06/104-698.html?m=1

9. 基隆市觀光導覽解說協會，協會章程，
2016.09.10
http://ksightseeing.org/index.php/2015-
07-05-03-27-43/2015-07-05-03-35-12

10. 中華民國解說導覽協會，協會章程，
2016.09.10
http://superspace.moc.gov.tw/Cycle/
PointDetail.aspx?oid=f8e925fc-2d35-
4062-9377-1f21e2a0275c

11. 臺灣導遊領隊協會，協會章程，
2016.09.10
http://www.xn--3krzny1svxl1mldu0c9e-
j76c.tw/about-us.html

12. 臺南市文化古蹟導覽解說發展協會，協會
章程，2016.09.10
http://sixstar.moc.gov.tw/blog/
tainancul/communityAction.
do?method=doCommunityView

13. 臺中市生態旅遊導覽解說協會，協會章
程，2016.09.10
https://m.facebook.com/ETGA.TW/
about/?ref=page_internal&mt_nav=1

14. 臺中市觀光導遊協會，協會章程，
2016.09.10
http://www.ttg.org.tw/About_4.aspx

15. 臺中市自然人文生態解說協會，協會章
程，2016.09.10
http://www.natural.org.tw/?itemID=2&st
ruID=7&contentID=5

16. 社團法人澎湖縣旅遊解說協會宗旨，單位
簡介，2016.09.10
http://www.kpptr-multi.nat.gov.
tw/Group/IntroductionContent/
C003?groupType=01

17. 財團法人生態旅遊協會，第八期生態旅遊
導覽人員培訓營，2016.09.10
http://www.ecotour.org.tw/

▪ MEMO ▪

• MEMO •

國家圖書館出版品預行編目資料

導覽解說實務與理論 / 吳偉德編著. - 二版. - 新北市：
新文京開發, 2019.08
　　面；　公分

ISBN　978-986-430-545-2（平裝）

1. 解說　2. 環境教育

541.84　　　　　　　　　　　　　　　　108013445

導覽解說實務與理論（第二版）　　　　　　（書號：HT42e2）

作　　者　吳偉德
出 版 者　新文京開發出版股份有限公司
地　　址　新北市中和區中山路二段 362 號 9 樓
電　　話　(02) 2244-8188（代表號）
Ｆ Ａ Ｘ　(02) 2244-8189
郵　　撥　1958730-2
初　　版　西元 2017 年 03 月 01 日
二　　版　西元 2019 年 09 月 10 日

法律顧問：蕭雄淋律師
ISBN　978-986-430-545-2

New Wun Ching Developmental Publishing Co., Ltd.

New Age · New Choice · The Best Selected Educational Publications — NEW WCDP